SW
MINERVA
社会福祉叢書
㊻

中国の社会福祉改革は何を目指そうとしているのか

―社会主義・資本主義の調和―

沈　潔著

ミネルヴァ書房

中国の社会福祉改革は何を目指そうとしているのか
―― 社会主義・資本主義の調和 ――

目　次

目　次

序　章　中国社会福祉改革への視角 …………………………………… 1

1　中国社会福祉改革の途 ………………………………………………… 2
（1）社会福祉近代化への改革　2
（2）社会主義計画経済期の社会福祉改革　3
（3）社会主義市場経済期の社会福祉改革　4

2　本書の視点 ……………………………………………………………… 6
（1）福祉文化への経路依存　6
（2）政党による政策主導という中国特有の福祉政治　7
（3）独自の資本主義様式と社会主義の遺産　8

第Ⅰ部　中国社会福祉の本質

第1章　中国における社会福祉概念の形成 …………………………… 12

1　社会福祉の捉え方 ……………………………………………………… 12
（1）社会福利とはなにか　12
（2）社会福祉の概念をめぐる議論　15
　　　──制度の枠組みから理解する社会福祉と社会保障の相関関係

2　近代社会福祉の受容及びその特徴 …………………………………… 19
（1）近代社会福祉の受容　19
（2）近代社会福祉政策の特徴　22

3　社会福祉改革の道のり ………………………………………………… 26
（1）「社会救済」理念の受容──1911-1927年　26
（2）資本主義と社会主義の社会福祉政策の対峙と交差──1928-1949年　27
（3）社会主義計画経済期における社会福祉の実験──1949-1978年　28
（4）社会主義市場経済改革における社会福祉の再構築──1978年-現在　28

目　次

第2章　社会福祉進化の経路 …………………………………… 32

1　近代国家設立期の社会福祉政策──1911-1927年 …………… 33
（1）近代国家成立期における社会救済理念の受容　33
（2）労工保護政策　38

2　国民政府の社会福祉政策──1928-1949年 …………………… 41
（1）「臨時約法」と労働保護　41
（2）資本主義「社会改良」路線の社会福祉政策　42
（3）社会救済法と社会行政　46

3　共産党革命根拠地の社会福祉政策──1928-1949年 ………… 52
（1）「社会革命」路線の社会福祉政策　53
（2）革命根拠地の合作（組合）事業　59
（3）社会福祉行政の整備　61

第3章　社会福祉文化の経路依存 …………………………………… 66

1　中国福祉文化の原点──「大同」と「普恵」………………… 68
（1）「大同」「普恵」福祉観の源流　68
（2）「大同」「普恵」福祉思想の内包　70

2　康有為の『大同書』と大同思想の進化 ……………………… 72
（1）康有為と『大同書』　72
（2）康有為の大同社会の構図　73

3　孫文の国家社会主義論と大同福祉観 ………………………… 75

4　毛沢東の社会主義的ユートピアの幻想 ……………………… 79
　　──毛沢東の絶対平等的大同理想

5　「小康社会」構想と大同福祉観の葛藤 ……………………… 82
（1）鄧小平の「小康社会」プラン　82
（2）胡錦濤政権の「和諧社会」と「適度普恵型」社会福祉　84

第Ⅱ部　中国社会福祉の改革

第 4 章　毛沢東時代の社会福祉改革 …………………… 92

1　毛沢東時代における社会福祉改革 …………………… 92

（1）「相互扶助」伝統文化の温存　92
（2）国民政府の社会救済事業との断絶と継承　95
（3）社会主義計画経済期の福祉構造　96

2　毛沢東時代の社会福祉の遺産 …………………… 103

（1）毛沢東の社会福祉観　103
（2）戦争体制の痕跡　104
（3）政治動員の手段としての社会福祉　105
（4）「単位制」生活保障制度の創設　107
（5）「城郷」福祉の二重構造　115

第 5 章　社会主義市場経済移行期の社会福祉改革 …………………… 118

1　鄧小平の「先富論」と社会福祉改革 …………………… 118

（1）鄧小平の「先富論」と市場経済改革　118
（2）社会福祉改革の必要性　120
（3）社会主義市場経済期における社会福祉改革の流れ　121

2　社会福祉基礎構造改革の構図 …………………… 123

（1）社会福祉基礎構造改革とは　123
（2）民政救済制度から最低生活保障制度へ　126
（3）「単位制」生活保障から社区服務へ　128
（4）労働保険から社会保険へ　131

第 6 章　「適度普恵型」社会福祉の構築へ …………………… 136

1　社会主義市場経済の進化 …………………… 137

（1）社会主義市場経済が移行期から安定期へ　137
（2）経済発展段階説──離陸期（テイクオフ）　139
（3）社会主義計画経済＋市場経済の特徴　142

　　　　（4）「社会的課題」に向けて　143

　2　社会福祉改革の新しい転換点——「適度普恵型」社会福祉……………145

　　　　（1）胡錦濤政権が構想した「適度普恵型」社会福祉とは　145
　　　　（2）社会的危機下における「適度普恵型」社会福祉の意図　148
　　　　（3）基礎年金・医療の保障を農民に行き渡らせる　150
　　　　（4）社会サービスの拡充による所得再分配　152
　　　　（5）社会福祉改革の評価と今後の課題　155

第7章　福祉政治の変革……………………………………………………161

　1　言説政治としての福祉政治………………………………………………161

　　　　（1）政治統治としての社会福祉　162
　　　　（2）言説政治と社会福祉政策との相関関係　163

　2　「民主社会主義」モデルをめぐる論争…………………………………171

　　　　（1）「福祉国家」の公的保障モデル　171
　　　　（2）「08憲章」及び「普遍的価値」の議論　173
　　　　（3）胡錦濤政権の姿勢——民主主義より「民生主義」を　174

　3　福祉政治の変革と社会福祉制度の再編…………………………………177

　　　　（1）社会福祉制度の再編成　177
　　　　（2）社会保障行政の改革　179
　　　　（3）「適度普恵型」社会福祉の構築　180
　　　　（4）「社会保険法」の公布と実施　182

　4　福祉政治再編の意味………………………………………………………183

第Ⅲ部　中国社会福祉の実像

第8章　社会福祉改革と専門職制度の確立………………………………188

　1　福祉人材の需要……………………………………………………………188

　　　　（1）社会福祉行政の再編　188
　　　　（2）社会福祉の再編によってもたらされた福祉人材の需要　189

2　福祉人材の養成と確保……………………………………………………191
      （1）ソーシャルワーカー養成と資格制度の導入　191
      （2）ケアワーカー養成及び資格認定制度の導入　198
      （3）社会保障事務所職員の研修制度　200
   3　福祉人材の育成における日本との比較…………………………………200

第9章　地域社会の変容と社区福祉……………………………………………203
   1　中国にとって「社区」（Community）とは……………………………203
   2　地域社会変容の3つのステージ…………………………………………205
      （1）社会主義計画経済期における居民委員会の成立と住民の「生産自救」　205
      （2）住民の自助・自救機能の衰退と「単位制」社会の形成　207
      （3）市場経済改革期における社区への復権──社区政策概念の登場　211
   3　「社区服務」の展開………………………………………………………213
      （1）「社区服務」概念の導入　213
      （2）「社区服務」政策の取り組み　214
      （3）「社区」サービスセンターの整備　215
   4　社区建設……………………………………………………………………217
      （1）「社区建設」への戦略　217
      （2）「社区建設」の取り組み　218
   5　社区福祉概念の提起………………………………………………………220
   6　社区福祉の実践事例──社区公益事業の創出…………………………225
      （1）社区公益事業の概念　226
      （2）新たな公共を求め──社区公益事業の実践例　227

第10章　児童福祉………………………………………………………………234
   1　児童福祉の捉え方…………………………………………………………234
      （1）児童福祉の理解　234

（2）児童福祉政策の変容　237

　2　中国における児童福祉に関する主な法律 …………………………… 239

　　　（1）未成年者保護法　239
　　　（2）未成年者犯罪予防法　240
　　　（3）母嬰保健法　242
　　　（4）中華人民共和国収養法（養子縁組法）　243
　　　（5）人口と計画生育法　244

　3　対象別の児童福祉の施策 ……………………………………………… 244

　　　（1）孤児の問題と孤児保護　245
　　　（2）里親制度及び養子縁組　249
　　　（3）障害児施策　250
　　　（4）子どもの健全育成施策　252
　　　（5）児童保健・母子保健の施策　254

　4　児童福祉施設 …………………………………………………………… 255

　　　（1）養護施設――児童福利院　255
　　　（2）知的障害児・身体障害児施設――残障児童施設　256
　　　（3）障害児教育　256
　　　（4）教護院――工読学校・少年教養所・少年管教所　257
　　　（5）SOS児童村　257

第11章　障害者福祉 ……………………………………………………………… 261

　1　障害者権益保障意識の醸成 …………………………………………… 262

　　　（1）障害者の定義　262
　　　（2）障害者人口の構成　263

　2　中華人民共和国残疾人保障法の改正 ………………………………… 265

　　　（1）ノーマライゼーション理念の提唱　265
　　　（2）障害者差別の禁止と社会参加の権利保障　266
　　　（3）医療とリハビリテーション　266
　　　（4）共に学ぶ教育の権利　267
　　　（5）就労促進　267

　　　　（6）生活扶助　269
　　　　（7）バリアフリー及び文化的な生活の促進　269
　3　障害者福祉事業推進5カ年計画 …………………………………………270
　　　　（1）第9次5カ年障害者事業発展綱要——1996-2000年　270
　　　　（2）第10次5カ年障害者事業発展綱要——2001-2005年　271
　　　　（3）第11次5カ年障害者事業発展綱要——2006-2010年　272
　　　　（4）第12次5カ年障害者事業発展綱要——2011-2015年　273
　4　家庭扶養の責任からの脱出に向けて …………………………………274

第12章　高齢者福祉 ……………………………………………………276

　1　急速に進む中国の高齢化 ………………………………………………276
　2　高齢者福祉政策の構築 …………………………………………………278
　　　　（1）高齢者問題の提起　278
　　　　（2）高齢者政策の取り組み　279
　3　高齢者介護福祉基盤の整備 ……………………………………………284
　　　　（1）貧困高齢者対策から高齢者の生活支援へ　284
　　　　（2）高齢者介護福祉サービスの社会化　288
　　　　（3）介護福祉サービスのコミュニティ化　289
　　　　（4）介護福祉の産業化・市場化　292
　4　中国高齢化社会の課題 …………………………………………………293

あとがき
索　　引

序　章　中国社会福祉改革への視角

　中国が目指している社会福祉の道しるべとは何か。社会福祉学界においては，常にこれが関心事になっている。本書は，中国の独特な社会変革の連続した流れの中で社会福祉について見直し，その道しるべが何なのかを追究する。

　近代国家成立以来，中国は，常に2つの対立する資本主義と社会主義の思想や諸政策に関心を持ち，中国に活用できる利点を敏感に捉え，また両者の利点を組み合わせ，自らの土壌で成長させようとしてきた。孫文の「国家社会主義論」，毛沢東の「社会主義的ユートピアの幻想」，鄧小平の「中国特色社会主義」，胡錦濤政権の「和諧社会」などは，いずれも資本主義的，そして社会主義的な社会政策を中国の土壌に移植し，改良しようと試みてきたものである。市場経済改革開放以来，社会政策の指向において，資本主義と社会主義の両者の利点を融合しようとする姿勢がより顕著になってきているように見える。

　これらの動きに対して，現実の資本主義の観点から「新自由・資本主義福祉」の現れであるという見解が聞かれる一方，社会主義の立場から「ポスト社会主義福祉」という解釈も聞かれる。そして福祉国家の理論から「福祉国家の中国」とする見方もあった。確かに，様々なものを寄せ集めた中国の社会福祉は，見る角度が異なれば，感じるイメージもそれぞれ異なってくる。

　様々な角度から提示された見解は，それなりに理論的な根拠があると思うが，どの見解も変革し続けている中国のあり方にそのまま当てはまるとは思わない。つまり，中国社会福祉の道しるべを考えるときは，断片的に捉えるのではなく，長い目でその変革を見つめ，連続した流れの中で社会福祉の行方や本質を追究することが肝要なのである。

1　中国社会福祉改革の途

　本書は，中国社会福祉の改革が1978年以後から始まったという定説を見直し，改革の起点を1920年代後半まで遡って探るものである。1920年代以降，中国の社会福祉改革を巨視的な視点から区分すれば，3回にわたって大きな改革が行われてきたと考えられる。すなわち，第1回目の社会福祉近代化への改革は1928～1949年まで，第2回目の社会主義計画経済期の社会福祉改革は1949～1978年まで，第3回目の社会主義市場経済期の社会福祉改革は1979年～現在までに区分することができるため，それぞれに位置づけながらその改革の連続性と断絶性を見極めていきたい。

（1）社会福祉近代化への改革
　1928～1949年の間で展開された社会福祉近代化への改革は，社会福祉近代化の道へと導く役割を果たした改革ともいえる。その改革の特徴は，以下の3点にまとめることができる。
　第1は，資本主義に基づく社会改良志向を取るのか，社会主義の社会革命志向を取るのかについて，迷いながら社会福祉近代化を探ってきたことである。当時，対立していた国民党と共産党の両者は，世界の社会福祉の新潮流を懸命に吸収し，外国の制度を中国のために利用し，古いものから新機軸を見出すことに様々な努力をしてきた。
　第2は，同じ母体である中国において，国民党政権は自己の支配地域で私有制を保護する理念に基づいた社会福祉改革を行う一方，共産党政権は自己の支配地域で私有制を徹底的に排除する社会福祉改革を行っていたことである。民衆を味方に引き入れるため，両者はつねに対立しつつも，お互いの社会政策をよく参考にしていたという事実があり，これは特徴でもある。
　第3は，国民党政権が，その時期に社会保障の発展期に入った欧米諸国の統治策を積極的に取り入れ，労働者保護及び防貧対策を中心とした改革に取り組

んでいたことである。また，労働者が集まる都市部に力を注ぎ，都市部の救貧政策を重視し，農村部を軽視する傾向も明らかに見られる。一方，「解放区」と呼ばれる共産党ソビエト政権の支配地域では，社会主義国家のソ連をモデルにし，地主・富農の農地を剥奪し，これらの土地を無償で農民に与えるという土地所有制改革を行っていた。また，国民党政権の福祉改革は主に都市部を中心に展開されたのに対し，共産党ソビエト政権の福祉改革は主に一部の農村地域で展開されたことも特徴の一つである。このような「城郷分治」体制は，現行の福祉政策の中にも継承された。

社会福祉近代化への追求において，資本主義及び社会主義の両者の実践から積み重ねた貴重な経験は，1949年以後の中国社会福祉の改革に大きな制限をもたらした。

（2）社会主義計画経済期の社会福祉改革

社会主義計画経済期の社会福祉改革は，社会主義の「社会革命」志向を選択し，多くの場合，強硬手段により旧制度を打ち壊す，国家統制の下で新しい社会福祉システムを創設した。これまで民間が主体で社会福祉供給を支えてきたシステムは，社会主義の国家組織に切り替えられたため，市民を主体とした社会福祉の基盤が成り立つことができなくなった。伝統社会とのつながりも切られるという断絶の側面が見られた。

社会主義計画経済期の社会福祉体制は，「単位制」生活保障制度，労働者年金，医療保険制度，民政救済制度という3つの柱から構成された。

毛沢東らの社会福祉問題に対する認識は，社会の諸問題の根源には所有制の経済問題，そして貧困問題があるという理解に基づいている。従って，この立場から資本主義経済を社会主義経済に作り直し，貧困問題，差別問題を解決しようと考えていた。新中国の社会福祉政策の基本方針は，まず，生産手段の社会化・公有化を達成し，そして，資源・資産分配の段階で国家の介入を通じてプロレタリアートの生活を保障するとともに貧困問題を解決しようとした。これは，資本主義社会における所得再分配を行わず，国家が計画的に生産手段や

労働力及び総生産物などを分配するという仕組みであった。

　また，社会主義計画経済に基づいた生産関係を作るためには，一定の仕組みの中で共同活動し，その活動を相互に交換するしかないと考えられていた。「単位制」生活保障制度の創設は，以上のような"公有制"資本の保障によって，プロレタリアの生活を保障することから始まったのである。

（3）社会主義市場経済期の社会福祉改革

　1980年代頃から現在まで続いている社会福祉改革は，第3回目の改革として位置づけられる。市場原理の導入による中国の経済改革は，1950年代に確立した社会主義計画経済のもとで一体化となった「生活・労働」の機能を分離させることを目指していた。従って，生活と労働がセットになった「揺りかごから墓場まで」の「単位制」生活保障制度の崩壊も避けられない運命となった。そうなると，それを代替する新しい生活保障システムの構築が当然の課題となってくる。

　1980年代における国際的な動向から見れば，イギリスのサッチャー政権の「サッチャリズム」，アメリカのレーガン政権の「レーガノミクス」に代表される「小さな政府」を目指し，市場メカニズムを重視した経済政策が，当時の主流になっていたといえる。この時代は，様々な規制緩和，国有企業の民営化とともに社会保障・福祉国家の「見直し」が行われた時代であった。

　岐路に立つ中国の第3回目の社会福祉改革は，こうした国際的な動きを敏感に捉えて，「小さな政府」を目指し，自国企業の国際競争力を高める上で有利に働いた。1980年代より本格的に取り組んでいた社会福祉改革は，国有企業の民営化とともにこれまで国や企業が担っていた公的な社会福祉を，市場に，個人に，転嫁していく流れであったといえる。つまり，経済システムから捉えた社会福祉観のもとで，年金・医療保険改革をスタートさせたのである。結果的には，失業者の増加，所得等の格差の拡大，医療や公的教育などの公的サービスの質の低下等が発生し，社会主義計画経済期に求めてきた平等性が後退するという弊害がもたらされた。

序　章　中国社会福祉改革への視角

　2003年に発生したSARS危機及びエイズ蔓延・拡大などの問題をきっかけに，医療福祉領域の市場化によってもたらされた課題が，民衆を目覚めさせた。その後，生存権を求める社会運動が絶えず続くようになった。当時の胡錦濤政権は，国家責任不在の社会保障・社会福祉の改革を見直し，軌道修正を行おうとした。その結果として，社会主義計画経済期の公正性と市場経済改革期の効率性を両立させ，両者の結合を目指す，調和の取れた社会構築のプランが実施された。社会福祉改革について，ナショナル・ミニマムとした「適度普恵型」社会福祉の政策案が明示されたのである。

　第3回目の社会福祉改革について，仮に前半と後半に分けるとすれば，前半に行われた社会福祉改革は，市場経済を利用すれば資本市場の育成によって社会的なリスク分散という問題が解決できるという考え方に基づいているといえる。前半は，社会主義計画経済から社会主義市場経済へ移行する時期に当たる。そして，当時の主な課題は「経済的な問題」の解決であり，取り組まれた社会政策の指向も新自由主義的に傾斜した傾向が見られる。また，中国は，社会主義時代の非効率性の教訓の是正が過度であったため，その反動として，リスクの国民分担や効率の向上に行き過ぎてしまった部分もあった。その他，社会保障制度の機能を十分に活かすノウハウを，社会保障制度の設計者及び運営者が十分に活用していなかったと考えられる。

　2003年のSARS危機以後，社会主義市場経済改革の安定期に入り，国民生活の保障という「社会的な問題」が新たな課題として出現した。社会福祉改革の後半における胡錦濤政権によるすべての国民に年金・医療保障を与えるという「適度普恵型」社会福祉政策は，社会主義的な平等分配政策に親和的であった。すなわち，社会的な課題を解決することは，社会主義計画経済期に築き上げた政治・行政機能を発揮するために有効であり，政権にとって便利な道具であった。つまり，経済的な問題に関して，市場経済のアプローチから対応し，社会的な問題に関して，従来の経路に踏襲するという特徴が明らかである。

　ここまで分析したように中国が目指している社会福祉の道しるべは，社会主義計画経済期に築き上げた政治・行政機能を発揮しつつ，伝統的福祉理念を復

5

活しながら，市場経済の中に生じた様々な格差問題，生活問題を解決しようというものである，中国は，この道しるべで社会主義でもない，資本主義でもない，対立した両者を結合しながら，自分の国のあり方に合う道を探りつつあるといえる。これは，目指している道しるべより限定された道しるべといってもよい。

2　本書の視点

その背景ないし理由を考えてみると，以下のような視点により中国の社会福祉を考察していくことが必要ではないだろうか。

（1）福祉文化への経路依存

経路依存の視点から現在及び今後の中国社会福祉を見つめていくことが重要であろう。経路依存性とは，歴史的な経路によって現在は制約を受け，将来もその影響を受けるということである。中国社会福祉の展開の中で，長い歳月をかけて形成された福祉価値観や行動様式を規定する有形無形の装置が仕掛けられていて，相互補完的に機能していることが特質である。

第1部「中国社会福祉の本質」に述べられているように古代から伝わってきた「大同」「小康」「普恵」という福祉思想・文化の継承性がいかに強いかを実感させる。近代国家成立後，孫文をはじめとした各時期のリーダーらは，いずれも意欲的に欧米社会福祉思想の中から公的救済思想や平等の原則などを受け入れ，伝統的福祉文化の中に詰め込んだ。中身はすでに新しい時代のニーズに合わせて取り替えられたものであったが，表面的には伝統文化の「大同」「小康」「普恵」という理念が不変の目標として掲げられていた。つまり，彼らが構想した社会福祉の理想像は，いずれも伝統的なユートピア思想の「大同社会」や「小康社会」を演繹するものであった。21世紀に入っても伝統的福祉文化への回帰現象が見られる。貧富格差が広がっていく現在，伝統的な文化や民族精神の重要性を強調し，国民にそれらの発揚を強く求めるようになっている。

胡錦濤政権によって提唱された「和諧社会」や「適度・普恵型」社会福祉の政策目標は，伝統的福祉文化を復活するもので，古色蒼然としている。これは社会主義イデオロギーに取って代わる国民統合理念としての有効性をそこに見出すことが期待されているからである。

こうした福祉文化への回帰は，歴史的な変革期の只中にある中国共産党が，時代の進行方向を探りつつ，必死に思想的模索を続けていることを示唆している。

他方，その理想的な社会福祉像は，中国人の精神世界の中に常に存在している。達成するためのプロセスや手段などがいくら変わっても，その心の中の信仰は崩れなかった。よって，このような「大同社会」や「普恵万民」の理想は，中国国民にとってもっとも受け入れやすい，納得できる政策案なのである。すなわち，「大同社会」や「普恵万民」などは，中国の社会福祉思想の歴史的な流れを貫く基本的な理想像であり，内的な連続性がきわめて強いといえる。その成否にかかわらず，大同理念はつねに中国福祉思想の特質として，今後も中国社会福祉発展の道を規定し続けるであろう。

福祉文化の経路依存は，中国社会福祉の一つの特質である。

（2）政党による政策主導という中国特有の福祉政治

社会保障の財政及び制度の形成に対する政府の役割が非常に強い。国富の分配を通じて支配体制の正当性を確保することが特徴である。

中国では社会福祉領域における独自の課題性を有する問題群は，政治介在を通じて実践的な政治問題へと収斂されつつある。このような現象は，学問領域と政治領域の関係のみならず，各領域で共通に見られる特徴でもある。中国の現行の政治システムは，基本的に社会主義時期の体制を維持しており，党と政府が一体化している。こうした政治体制は，すべての政策決定権限やイデオロギーの解釈権などが共産党中央に集中するという特徴を持っている社会福祉制度及び財政の形成に対して，政党の役割が非常に強く，政党が資本の分配を通じて支配体制の正当性を確保している。従って，社会福祉問題を考察するとき

には，そうした独特な政治体制及び政治問題を視野に入れなければならない。

しかし，市場経済改革の進展によって中央トップにおける各利害関係の権力や緊張関係が顕在化し，政策決定の過程に多元主義的な側面が見られるようになった。こうした変化の中では，政治操作や利益集団の代弁者たちの政治言説が重要となってくる。「第7章 福祉政治の変革」で考察する「医療改革」をめぐって，広範囲にわたって生じた数回の大論争は，政府が国民による政策策定への関与を拒否できなくなった。また，従来の中国の福祉政治では，国民の批判や反抗に対し，回避せずに「非難を封殺する」手段をよく使ってきた。しかし，2003年のSARS危機以後においては，国民の怒りに対し圧力をかけるという従来の手法を使わず，代案的施策の「国民皆医療保険」を実施することによって補償するようになった。すなわち，福祉政治の手法が変化しつつあるのである。

こうした福祉政治及び政策策定の過程の変化は，社会福祉の構築に直接的な影響を与え，変化する福祉政治としての視点から見ていくことも重要であろう。

（3）独自の資本主義様式と社会主義の遺産

社会主義市場経済における社会福祉政策の基本的な考え方とは，市場経済を通じて社会主義の理想を追求する中で，各層の人々の生活を平等に支える基本的制度として，社会福祉制度の総合的な充実と確立を図るということである。いわゆる平等社会を目指すという社会主義の基本的な理念は，継承されている。例えば，胡錦濤政権によって実施されたすべての国民に年金保険，医療保険を与える「適度普恵型」社会福祉は，資源・資産分配の段階で国家の強力的な介入によって実現しようというプロセスの使用が社会主義的な発想と見られる。従って社会主義計画経済期に築き上げた政治，行政機能を発揮していくことは，正当化される。一方，市場経済を前提とした社会主義の改革は，あらゆる領域において私有財産を保障しなければならないことになる。これは，従来の私有制を徹底的に排除する毛沢東時代の社会主義に対する妥協及び修正である。

言い換えれば，中国はお互いに相容れない社会主義体制と資本主義体制の和

解を求め，両者の調和できる道を探っているのである。

　実は近代以来，所有制問題や所得再分配及び貧困問題の解決に当たって，社会主義的体制を取るか，それとも資本主義的体制を取るか，そうした選択及び価値判断の争いが絶えずに続いてきた。その中でいかなる共存ないし妥協ができるか，2つの対立的な体制及び価値観の調和的な戦いも行われてきた。

　また，近代国家の父といわれる孫文から胡錦濤政権に至るまで，純粋たる「社会主義」及び「資本主義」に対する見解が明確にされたことはなかったと思われる。孫文が自ら明示した国家理論に対して，国家資本主義として捉えた評価があるし，国家社会主義として捉える評価もある。また，毛沢東も日中戦争後，蔣介石率いるブルジョア民族主義の国民党政府との連立政権を求めた経緯があった。文化大革命頃に資本主義に走る者として批判されていた鄧小平の「黒い猫でも，白い猫でも，鼠を捕るのが良い猫だ」という言葉は，対立軸となった社会主義と資本主義の世界観の和解を求めようとした明白な指示であったと思われる。胡錦濤政権が「和諧社会」建設に弾みをつけることも社会主義的社会福祉と資本主義的社会福祉の和諧を意図していると解釈することができる。

　いわば，中国が抱えている主な課題は，どうすれば貧困化した中国と貧困化した国民を救うか，この課題が解決できれば，社会主義と資本主義の和解が可能だと考えていた。民族主義的な考えや実用的な考えに近いものといってもよいかと思う。

　それゆえに，現実資本主義やマルクス社会主義の価値判断から中国の社会福祉を評価することは，妥当ではないように思われる。

　中国原産動物の中に「四不像」という野生動物がいる。これは角がシカに，尾がロバに，蹄がウシに，首がラクダに似ているが，全体として見ればどれにも似ていないといわれている。ある意味でいえば，中国社会福祉の姿は，中国原産動物の「四不像」のようなものであろう。外から見ると，中国の社会福祉は典型的な福祉モデルのどれにも似ていないが，中国ではどれにも似ていない福祉といわれたものこそ，中国らしいものであると思っている者が多いであろ

う。
　20世紀初頭から社会福祉の近代化を目指し，中国は資本主義的な，社会主義的な社会福祉のどちらが自分の国のあり方にふさわしいか？　理想社会の構築に役に立つか今まで懸命に追求し，また様々な壮大な社会試験が行われてきた。今後もこの探求は凄まじい勢いで行われ続けるであろう。

第Ⅰ部　中国社会福祉の本質

第1章　中国における社会福祉概念の形成

　本章では，中国における社会福祉概念の生成及びその捉え方を整理し，近代社会福祉の受容及び展開過程の中に現れた特質をまとめる。

　近代国家成立後，社会福祉概念の生成に関して，外的な要因が強く，その内的非連続性が弱いことは事実である。しかし，長い歴史を持っていた儒教的な慈善救済理念を伝統として誇っていた考え方も根づいていたため，権利性意識を中核とした社会福祉概念は，儒教的な考え方との間で対抗と融和を繰り返してきた。その結果，工業化が進んでいた沿海部や都市部では，権利性意識とした社会福祉理念の普及が徹底されていたが，内陸部，農村部においては，伝統的な理念を重視した。こうした社会福祉概念の受容と生成における不均衡性が一つの特質とも言えるであろう。

1　社会福祉の捉え方

(1) 社会福利とはなにか

　中国では，日本の社会福祉の意味に相当する専門用語の表記は，社会福利である（以下に概念として論じる時には，「社会福利」を使い，一般的な意味で論じる時には，社会福祉とする）。福利の言葉は，舶来品ではなく，古代から現在まで使われてきた言葉である。そもそも『後漢書・仲長統伝』の中で「是使奸人擅无窮之福利，而善士挂不赦之罪辜かん」と，はじめて書かれた。その「福利」の意味合いは，「福」が幸福であり，「利」が利益である。すなわち人々の幸福を達成するため，常にお互いに利益の均衡を図る必要があることを主張している。そして，「福利」という言葉のほか，「福祉」という漢字そのものの語源は，もっとも中国の漢時代の文献『易林』に記されている。これは「天の授ける極み

のない齢いを全うして喜びに預けること」といわれている。「福祉の『福』は祭りに参与した人からもらう神酒の意で極て現実的な神福をいい,『祉』もまた神の賜物を表すということである(1)」という解釈はある。長い間に封建社会の統治者らは,臣民に幸福を下賜する意味で,たびたび「福祉」の言葉を使っていた。近代社会に入ってから「福祉」を使う頻度が少なくなって,つねにお互いに利益の均衡を図るという言い合いの「福利」の言葉が,共通用語として定着した。

　「社会」プラス「福利」という言葉の登場は,おそらく20世紀はじめ頃と推測され,政策用語として頻繁に使われはじめたのは,1940年代頃と思われる。当時の南京国民政府は,従来の消極的な慈善救済事業のイメージを一新するために社会福利を政策用語として登場させた。例えば,1940年に国民政府は「社会部組織法令」に従って社会部の中に社会福利司を新設し,政府刊行物の中に『社会福利統計』等も作られた。また,社会福祉実践の場づくりとして,1943年に社会部が「職工福利金条例」「農民福利公社の設置方法」などの条例を打ち出した。一つの試行錯誤だが,1945年前後,全国各地に社会福祉事業の実体として「農民福利公社」「労働者福利公社」が生まれはじめた。

　しかし,社会福利の言葉が政策用語として使用される前に,社会救済という政策用語が使われたことがあった。社会福利の言葉が登場した後も両者を同一意味で使ったことがあり,また,社会救済を貧困対策として,社会福祉を一般国民に向けての厚生福利として使い分けるケースが多かった。その他,国民政府の公文書の中には,民間の福祉活動を表現するときに慈善救済事業や慈善救済団体の用語が使われ,公的な福祉活動を表現する時に「社会」が冠した社会救済や社会福利の用語が使われていた。すなわち,官が積極的な事業として社会救済や社会福利を使って,民が消極的事業として慈善救済を使うように,民と官がはっきりした一線を画すことがあった。

　日本では,社会福祉発達史の視点から解釈すれば,日本の社会福祉は「慈善・博愛から社会事業へ」「社会事業から社会福祉へ」という発展段階を経て辿ってきたとする通説がある。中国は必ずしも日本のような明確な3段階論を

持っていなかった。しかし，前述したように当時の国民政府が，慈善救済，社会救済と社会福利を区別しながら使ったのは，その異なった発展段階を示したいという考えからであると思われる。

　一方，社会事業という言葉は，日本から伝わったことで1930年代頃にテキストや雑誌に掲載された論文にしばしば使われたが，定着しなかった。

　しかし，社会主義計画経済期に入ってから慈善救済，社会救済と社会福利の意味合いは変わった。どのように変わっていたのか，考察してみよう。まず，従来の民間慈善救済団体の活躍の場が無くなったため，慈善救済という言葉も政策用語から消えてしまった。また，「社会救済」については，1930年代から定着した被災地域や貧困地域及び貧困者に対する公的な救援を示す言葉としてそのまま継承された。「社会福利」に関して，社会主義時代に出版された『中国現代漢語辞典』では，「政府及び企業の労働者に対する最大限の生活サービスの供給を通じて，生活の利益を保障する」と解釈されている。当時，各企業や事業体が国の代わりに従業員に提供した無料住宅，無料教育，無料医療などは，まさにこうした公共資源の分配によって公平・平等を図る「社会福利」であった。[2] そのため，長い間，「福利」や「社会福利」は，一般用語及び政策用語として，人々の公共福祉及び生活の状態を図る行動を指す用語として使われてきた。

　しかし，1980年代以後，経済改革開放によって民間福祉活動が活発になり，この活動を評価する必要が生じたため，慈善救済の用語が復活した。そして，現在も慈善救済は私的な社会福祉活動を示す言葉として使われている。一方，社会救済は被災地域や貧困地域への公的な救援活動を示す言葉に限定された。本来，その中に含まれていた貧困者への援助という意味は，別途に作られた最低生活保障という政策用語に取り込まれた。

　また，1980年代頃，中国人になじまない社会保障という言葉が登場しはじめた。社会福祉と新たに使われはじめた社会保障の概念の区別は，どうすべきか，行政においても学界においても戸惑った時期があった。そのため，社会福祉と社会保障の定義や使い分けについて活発な議論が行われてきた。

（2） 社会福祉の概念をめぐる議論
——制度の枠組みから理解する社会福祉と社会保障の相関関係

　社会主義計画経済期において「社会福利」は，社会制御の主なプロセスとしてすべての労働者に平等的な生活保障サービスを提供した。こうした政策及び実践は，社会福祉に対する一般的な理解につながった。ところが，1980年代以後に市場経済が導入されるにしたがって失業問題が社会に与えた衝撃は大変深刻で，失業によって貧困に陥った人々の最低生活保障の観点から，社会保障の整備が急速に取り上げられるようになった。これまで社会主義時代に普及した社会福祉への理解を，どのように市場経済の導入によって登場させた社会保障と結びつけて理解するかが，新しい課題となった。これを背景に，社会福祉と社会保障をどのように区分するか，どのような相関関係を持つか，といった点に関する議論が起きたと思われる。

　両者の相関関係についての議論は，主に以下の3つの考えにまとめられる。

　一つは，社会福祉を狭義的な概念として捉え，社会福祉を社会保障システムの中のサブシステムとして位置づける考えである。そこでは，社会福祉は，国家扶助の適用を受けている者，身体障害者，児童，その他援護育成を要する者が，自立してその能力を発揮できるよう必要な生活指導，更生補導，その他の援護育成を行うことに限定されている。

　狭義の社会福祉を主張していたのは，社会保障を管轄している労働社会保障部（2009年以後，人力資源社会保障部に改称）である。また，この場合，社会福祉は社会保障の一分野として捉えられており，具体的には，社会救助（公的扶助），社会保険，社会福祉，公衆衛生・医療，住宅保障の5部門から構成される。

　次は，社会福祉を広義的に捉える考えである。社会主義計画経済期に通用してきた社会福祉概念の延長で，年金・医療・住宅・教育福祉を含む，国民に最大限の幸福を満たすための政策と実践を，すべて社会福祉という。すなわち，理想的な社会づくりの目的概念として使われるとともに，実体概念として「揺りかごから墓場まで」という言葉に象徴される生活保障政策や実践までも包含した概念として捉えられる。

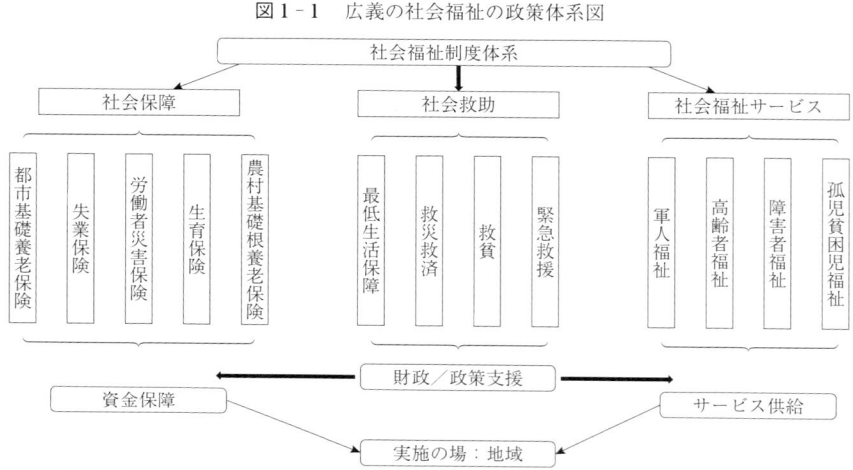

図1-1　広義の社会福祉の政策体系図

```
                    社会福祉制度体系
         ┌──────────────┼──────────────┐
      社会保障          社会救助       社会福祉サービス
    ┌──┬──┬──┬──┐  ┌──┬──┬──┐  ┌──┬──┬──┬──┐
    都  失  労  生  農  最  救  救  緊  軍  高  障  孤
    市  業  働  育  村  低  災  貧  急  人  齢  害  児
    基  保  者  保  基  生  救      救  福  者  者  貧
    礎  険  災  険  礎  活  済      援  祉  福  福  困
    養      害      根  保                  祉  祉  児
    老      保      養  障                          福
    保      険      老                              祉
    険              保
                    険
                    ↑
          ┌─────財政／政策支援─────┐
      資金保障                     サービス供給
          └─────→ 実施の場：地域 ←─────┘
```

出所：周良才編『中国社会福祉』北京大学出版社，2008年，19頁より作成。

　しかし，広義の社会福祉は，1980年代後半に中国が直面した市場改革，経済発展優先の課題とかみ合っていなかった。当初，抱えていた社会福祉問題は，主に正規労働者のリストラ，社会福祉・医療サービスの市場化などであったため，広義の社会福祉概念を主張する人は，ほとんどいなかった。

　広義の社会福祉が登場したのは，21世紀になってからである。特に民政部高官の社会福祉司長が自ら執筆した「21世紀社会福祉の構築」[3]の論文は，広義の社会福祉の概念に関する論争を再び生じさせる契機となった。この論文は「社会福祉制度とは，国家及び社会が社会福祉の状態（幸福の状態）を実現するためにつくられた制度である」と定義し，社会保険及び公的扶助が社会福祉の枠組みの中に含まれるべきであると主張していた。また，この論文の特徴は，社会福祉が独立した政策体制を有する点であった。

　広義の社会福祉の概念を支持した学者グループがまとめた社会福祉の体系は，図1-1の通りである。

　しかし，この広義の社会福祉という概念には，正規労働者の年金，医療保険及び公共衛生などが含まれていなかった。なぜかというと，狭義の社会福祉概

念の提唱者は，各種の社会保険を管轄する人力資源社会保障部であり，広義の社会福祉概念の提唱者は，人力資源社会保障部の守衛範囲以外の部分を積極的に自分の管轄領域に取り込む民政部である。外から見れば，この概念に関する論争は，学問レベルの論争に過ぎないと思われるが，実は，労働社会保障部と民政部の間には社会資源の分配や権益をめぐる闘争が繰り広げられているという裏事情がからんでいた。いま，民政部では広義の社会福祉概念が使われており，人力資源社会保障部では狭義的な社会福祉概念が使われている。両者の権力闘争が続く限り，社会福祉概念の決着は難しいだろうと予測される。

最後は，社会保障と社会福祉の両者は，それぞれ独立した体系を持ちながら平行に進める関係なのかどうか，であった。

この論点は，主に筆者が1990年代半ば頃に発表した数本の論文の中で問題提起し，多くの学者の支持を得た考えである。筆者は社会福祉及び社会保障の制度や実践などが常に変化しているため，静止的な捉え方ではなく，動態的に捉えるべきである，と主張した（図1-2を参照）。

また，この考えでは，社会主義計画経済期に取り組んでいた「単位制」生活保障システムを社会福祉Ⅰ期に位置づける。この時期には，国家が，雇用保障及び生産手段の保障を通じて，国民の基本的な生活を保障するという政策を実施していたが，この政策によって資本主義国家で通用していた社会保障制度が否認された。しかし，労働者の老齢，病気，労働災害などに対する労働者保険は存在していた。当時の体制は，都市部を中心とした「単位制」生活保障，農村部を中心とした人民公社，そして身寄りのない貧困者などを対象とした民政救済から構成されていた。いわば，国家によって運用される一種の生活共同体社会福祉であるといえる。

社会主義市場経済移行期及び安定期に実施された様々な社会保障改革は，社会福祉Ⅱ期に位置づけることができる。この時期には，市場経済の導入によって，従来では否定されていた労働力の商品化を認めざるを得ない状況となった。そして，これまで生活共同体福祉制度を支えてきた雇用保障は崩壊し，大量なリストラが発生した。それに伴って，貧困問題も急速に社会全体に広がった。

第Ⅰ部　中国社会福祉の本質

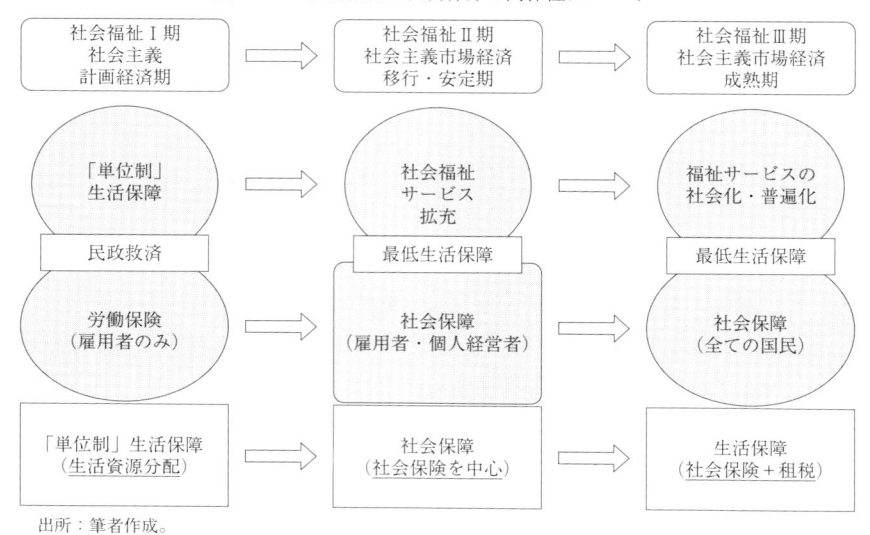

図1-2　社会福祉と社会保障の関係性について[4]

```
┌─────────────┐      ┌─────────────┐      ┌─────────────┐
│ 社会福祉Ⅰ期  │  ⇒   │ 社会福祉Ⅱ期  │  ⇒   │ 社会福祉Ⅲ期  │
│  社会主義   │      │社会主義市場経済│      │社会主義市場経済│
│  計画経済期  │      │  移行・安定期 │      │    成熟期    │
└─────────────┘      └─────────────┘      └─────────────┘
```

  ╭─────────╮   ╭─────────╮   ╭─────────╮
  │「単位制」│   ⇒   │ 社会福祉 │   ⇒   │福祉サービスの│
  │ 生活保障 │   │ サービス │   │社会化・普遍化│
  ╰─────────╯   │   拡充   │   ╰─────────╯
                    ╰─────────╯

  ┌─────────┐   ┌─────────┐   ┌─────────┐
  │ 民政救済 │   │最低生活保障│   │最低生活保障│
  └─────────┘   └─────────┘   └─────────┘

  ╭─────────╮   ╭─────────╮   ╭─────────╮
  │ 労働保険 │   ⇒ │ 社会保障 │   ⇒ │ 社会保障 │
  │(雇用者のみ)│   │(雇用者・ │   │(全ての国民)│
  ╰─────────╯   │個人経営者)│   ╰─────────╯
                   ╰─────────╯

  ┌─────────────┐   ┌─────────────┐   ┌─────────────┐
  │「単位制」生活保障│ │ 社会保障   │ │ 生活保障   │
  │(生活資源分配) │ │(社会保険を中心)│ │(社会保険＋租税)│
  └─────────────┘   └─────────────┘   └─────────────┘

出所：筆者作成。

　こうした問題に対応するため，1980年代頃から社会保障制度の構築がスタートした。また，生活共同体社会福祉の崩壊によって，社会福祉サービスの外部化，市場化が進み，社会福祉サービスの需要がますます高まっていった。その変化のもとで，従来の「単位制」生活保障制度は，抜本的な改革を行った。すなわち，従来の生活共同体内部で行われた厚生福利が地域福祉及び社会福祉施設サービスへ移行し，また，労働者に限定されていた社会保険が農民も含めた全国民をカバーする社会保障制度へと拡充し，身寄りのない貧困者に限定されていた民政救済制度が最低生活保障理念に基づいた最低生活保障制度へと拡大されたのである。このことから，労働力の商品化を認める市場経済改革の対応として社会保障制度が成立したともいうことができる。以上から，社会福祉Ⅱ期においては，従来の枠組みから拡充した社会福祉と新たに構築された社会保障の両者が，それぞれ独立した体制で並行的に存在していた構造といえる。

　社会福祉Ⅲ期は，将来を展望する趣旨で設定したものである。この時期にお

いては，成熟した社会福祉と社会保障は，交差する形で再構築される。この時期における社会保障政策では，社会主義計画経済時期に経験した雇用と社会保障を結びつけた「単位制」生活保障モデルを再構築する可能性が残されている。「単位制」生活保障が失敗した原因は，経済発展が立ち遅れていたため，生活保障が基本的に生活共同体内部で行われ，生活保障の水準や範囲などが限定的であったことである。また，経済及び政治の決定権が中央政府に集中していたため，計画が硬直的になり，労働者の生産性を抑制していたことも一因である。この失敗を克服すれば，雇用を軸とした「生活保障」モデルは，人々の生活の不安を取り除くために有効な社会システムになると考えられる。筆者は，計画経済期における雇用を軸とした生活保障で実現されていた平等性・公平性，そして，市場経済期における生産性と効率性のノウハウを活かしていく形で，「生活保障」システムを再構築することが可能であると主張したい。

しかし，現在でも定着した社会福祉の定義はなく，それぞれの立場から安易に社会福祉を解釈し，安易に社会福祉の言葉を使っているのが現状である。

本書では，基本的に筆者が堅持してきた広義の社会福祉の概念を支持する立場で，社会福祉と社会保障の関係性を重視しながら論じていきたい。

2　近代社会福祉の受容及びその特徴

（1）近代社会福祉の受容

日本の近代社会事業の発展に関して，「外的な要因が強く，むしろ内的連続性が弱かった」と指摘した意見がある。同じく儒教理念が根づいた中国近代社会福祉にも，同じような傾向が見られる。

長い間，中国社会では，儒教の道徳と慣習に基づいて，様々な慈恵救済事業が自発的に生まれ，さらに社会の発展に応じて徐々に形成されてきた。特に明の末期と清朝初頭には，中国の一部の地方において，紡績業・蚕糸加工業等の分野で資本主義的な経済要因が芽生え，慈恵救済事業もこのような経済的活性を吸収しながら成熟してきた。この点は，たとえ外来からの資本主義の進出が

第Ⅰ部　中国社会福祉の本質

表1-1　労働者ストライキ件数表

年	件　数	参加人数
1918	25	6,455
1919	66	91,520
1920	46	46,140
1921	49	108,025

出所：馬場明男『中国近代政治経済年表』国書刊行会，1980年，184頁より作成。

なくても，中国社会内部の発展によって資本主義社会に到達できる可能性が十分にあることを示唆した。しかし，1840年のアヘン戦争の勃発により，中国の「国門」は大きく開かれ，外国資本主義諸国の勢力が続々と押し入ってきた。外国資本の進出は，中国社会の近代化を促進させる役割を果たしたと同時に，中国の資本主義独立国への道を遮断した。その後，中国は次第に半植民地・半封建社会という方向へ向かっていき，慈恵事業が近代社会福祉へと脱皮していく契機と条件を限定的ながら提供した。

　その条件についてだが，1つ目は，低賃金労働者の結集と労働運動の高揚である。

　外国資本の中国への進出は，中国に資本主義的な生産様式をもたらし，その結果，労働者及び産業予備軍と日雇労働者が生まれた。中国近代化の主役となるプロレタリアはまず外国資本系の工場で形成され，さらに，外国資本の進出がますます増加するにつれて人数も増えていった。大機械工業の外国資本・官僚資本・民族資本の搾取の下で急速に成長してきた中国のプロレタリア階級は，最も苛酷な労働・低賃金などの条件下で重労働が強要されたことにより，資本家階級への対立意識が強くなり，自身の労働・勤務・報酬への改善要求が表面化していった。

　例えば，1906年から1916年まで続いた経済恐慌の際には，中国の産業界は大きな打撃を受け，労働者の生活状況も急速に悪化した。そのために，1918年から中国の労働運動は嵐のような勢いで活発になり，表1-1で示されるように，ストライキの件数も急増した。

　また，1919年の「五・四運動」以後，中国のプロレタリア階級の勢力も急速に増大した。1921年7月，プロレタリア階級の利益を代弁する中国共産党が結成され，生存権を獲得しようとする労働者運動をさらに高揚させた。第一次世界大戦の終了から1921年までの間，中国各地で約20万人の工場労働者が様々な

組合を結成したとする統計も存在する(6)。まさにこうしたプロレタリア階級の労働運動により，近代社会福祉の基盤は築かれたのである。

　2つ目の条件は，人権思想の受容である。

　近代に入ると，資本主義生産様式と同時にその背景となるヨーロッパ文化も流入したため，自由・平等・博愛などの近代的人権思想が中国の近代社会福祉の変貌に大きな役割を果たした。

　中国最初の共和国の創立者である孫文の博愛観が最も典型的な事例である。孫文の博愛観は，基本的にヨーロッパ式の「平等・自由・人間理念」を中心とした博愛思想に基づいたものと考えられる。しかし，彼は終始自分の博愛観を通して西洋式の「博愛」と東洋式の「仁愛」との間の架け橋を探そうとしていた。孫文の考えによると，博愛と仁愛は実はお互いに通じ合っているものである。それを証明するために，彼は仁愛の理念を出発点として，これまで中国歴史の流れの中に形成されてきた慈善事業を3つのタイプに分類した。第1のタイプは「救世の仁」というものであり，仏教やキリスト教などの宗教家の仁である。およそ宗教は「自己犠牲の精神によって，衆生を救済する」ことを目的とするのであり，このような考え方によって世を救う者が仁人である。第2のタイプは「救人の仁」というものであり，「お金を投げ出して人を救うのは慈善家の仁」というように慈善家の仁を指す。彼らは善事をなしたり，人に布施をしたりすることを楽しむ，財産で世を救う仁人である。第3のタイプは「救国の仁」というものであり，すなわち「志士愛国の仁である」。彼らは，慈善家や宗教家らと「心掛けは同じであるが，目的が異なっている(7)」。すなわち，革命運動で世を救う仁人である。この3種類の「仁」がいずれも「博愛」の角度から評価すべきところがあると孫文は主張した。

　ヨーロッパの人権思想の受容は，中国社会の各方面に強い影響を与え近代的社会福祉理論の出発点にもなった。

　3つ目の条件は，20世紀初頭，隣国のロシアでソビエト社会主義革命が成功したことである。この画期的な出来事によって自由・平等・博愛といった近代人権思想と同時にマルクス主義が中国に伝来し，もう一つの近代化への道を提

供してくれた。そして，マルクス主義の平等思想は，共産党政権の社会福祉の理論と実践に対して多大な影響を与えた。

以上のような歴史的な契機により始動の機運が高まった結果，伝統的な慈恵事業を脱皮し，資本主義的及び社会主義的な社会福祉に対する考え方を参考にしながら近代社会福祉への道のりが始まったといえる。

（2）近代社会福祉政策の特徴
1）家族・地域協同体の観念に立つ合作事業（組合事業）

近代の中国社会においては，国民党政権による社会改良主義の社会福祉と共産党政権による社会革命主義の社会福祉が並行して行われていた。双方の間には様々な対立や分岐が存在し，それぞれの支配地域において異なった社会福祉政策や施設システムが実施された。しかし，ともに助け合う精神に立つ合作事業（生活協同組合）の推進については，双方の足並みがそろっていた。

合作事業に関して，1933年版の『申報年鑑』の編集者は，同『年鑑』の「社会事業」というコラムの中で中国社会福祉の実情に関して，「現在中国で実施している社会事業は，慈善救済事業の性格が強く，現代的社会事業の性格があまり見えていない。しかし，合作事業には現代的社会事業の性格が見られる」[8]と解説した。つまり，近代的なイメージを持つ社会福祉事業として位置づけられたと思われる。

なぜ，見解が異なる国民党及び共産党は，中国における合作事業の導入に足並みがそろったのか，その要因として，双方が伝統的な家族・地域共同体を社会的土壌としている点が挙げられる。本来，近代国家の形成とともに，社会福祉における公的責任による救済は，強化されるべきである。しかし，当時の状況では，公的責任による救済は，水害と旱魃による災害と飢饉救済に限定され，社会変動によってもたらされた貧困問題の対応はやはり共同体や家族・親族に課されていた。そのために，相互扶助の合作運動を通して慈善救済組織を建て直し，貧困問題の緩和を狙っていた。

この時期の合作事業が社会福祉の重要な一部分として際立った成果を収めた

ことは，明らかな事実である。

　第2の要因は，中国の特殊な社会経済構造によるものである。中国近代の社会経済において農業経済は全体の80％以上を占めるが，その大半が未開発の小農経済のままであった。資本主義経済の農村浸透は沿海地域に止まっていた。救済活動においても，家族や地域共同体を中心とする自発自助的な援助が，基本スタイルであった。欧米や日本のような資本主義国家が，近代的社会福祉政策を受容するときの主な社会的基盤は，都市部の貧民を主体とした下層社会であった。こうした相違は，中国社会福祉の生成時期からも受け継いできた大きな特徴といえる。

　中国農村の合作事業は，1920年代からまず北洋軍閥の統治した華北地方で興起した。当時の首唱者は西洋人が創立した「華洋義賑救済総会」という団体であった。実際には1924年1月の国民党第1次全国代表大会の「宣言」の中に，すでに「農村組織の改良」「農村生活の増進」などの内容が盛込まれ，その手段としての合作問題が重視されはじめた。また，「農民協会章程」「工会条例」「農工庁組織法」などの法令の中にも，例外なく合作事業の提唱などの内容が明記された。同年，国民党が初めての合作社中央執行委員会を設立し，1924-1927年第1次国共合作時期には，中国合作運動協会も設立された。1926年，さらに農民信用合作社も組織された。

　1927年，理論と政策を準備した上で，南京政府は「全国合作化法案」を上程し，農村向けの社会政策を作り始めた。そして，1928年には，合作運動が7つの「国策運動」の一つとして組み込まれ（ほかの6項目は，国貨・衛生・保甲・築路・造林・識字であった），江蘇省を中心にして本格的に展開された。

　合作社を通して農村で展開された社会事業政策としては，主に農賑（農業生産の回復のため，農民に低金利または無利子で融資するもの），急賑（災害があった時の臨時的救済策），工賑（農民の失業問題を解決するために，臨時的な仕事を与えるとともに災害で壊れた農業施設の修復工事を行う）等があった。

　急賑・工賑が臨時的な救済策であるのに対し，農賑は長期的な救済策である。農賑の方法は，まず「自主自助」の原則に基づいて，農民が「互助社」を組織

表 1-2 浙江省・江蘇省における合作社数の一覧

(単位：個)

省＼年	1929	1930	1931	1932	1933	1934
浙江省	142	415	541	731	1,072	1,322
江蘇省	309	668	1,226	1,721	1,897	4,171

出所：上海申報社『申報年鑑』1935年版，「合作事業」4頁より作成。

し，生活の維持と農業生産の回復のために，政府から無利息融資を受ける。ただし，個人としての農民は対象にならない。互助社が順調に成長すれば，合作社として昇格される。1933年の安徽省の互助社に関する資料によると，融資金の85％は農事に使われ，生活補助に使われたのは25％であった。[10] 合作事業は単なる救貧にとどまるのではなく，生活の手段を与え貧困を予防するのが基本的な趣旨であった。

1930年代には，農村における合作社の普及率は87.5％という高い比率に達した。[11]

浙江・江蘇両省の統計から見ても，合作事業が1930年代において大きな発展を遂げたことがうかがえる（表1-2を参照）。

この時期の合作社運動は，外国資本に対抗するという意味が含まれていたこともあり，融資事業を中心として展開されていた。合作社運動は農村で一応の成果を上げ，都会に展開する動きも現れるようになった。全国的な統計によれば，1927年国民党政権の確立から1947年までの間，各地では合計16万の合作社が設立されたという。[12]

2）労働者保護運動

労働者保護運動は，都市における社会福祉の中でも重要な要因の一つである。労働者階級が労働運動と労働立法を通じて労働者保護事業を展開したことは，中国の近代社会福祉の特徴である。外国の資本が中国の大・中都市に集中したため，都市部では資本主義の発展によってもたらされる社会問題が深刻になっていた。具体的には，外国資本の流入に伴って，中国の伝統産業や中小民族資本が次々と破綻したため，失業者が増加し，労働者の生活が極めて不安定な状態に置かれたのである。さらに，このような労使間の対立に，外国資本による

支配への民族的な反抗も加わって対立は激化し，生存権・民族権を得るための労働運動の勃発はもはや避けられない状態になっていた。このような背景の下で労働者保護を目的とする労働立法と労働福祉政策が生まれた。

3）　社会福祉発展の不均衡性および非連続性

中国における慈善事業は，近代的な要素を吸収し，成熟しながら社会福祉へと脱皮していったのではなく，近代性と封建制を混合させながら発展してきたところにその特徴がある。この点は，中国社会福祉の発展に不均衡性と非連続性をもたらした。半封建，半植民地という社会状況の下で生まれた中国の近代社会福祉は，ヨーロッパ諸国の社会福祉の発展過程には見られない非常にまれな特徴を有している。

この特徴が生まれた具体的な原因を分析すると，次の3点が挙げられる。

第1は，外国の独占資本の流入である。外国資本の流入はほとんど広州・上海・天津など東南地方の沿海都市に集中したため，内陸地域および農村との間に経済上の格差が生じ，社会福祉の形成に大きな影響を与えた。

第2は，19世紀初頭の中国では，軍閥による内戦が頻繁に起こり，各地に割拠していた軍閥がそれぞれ異なる政治・経済・軍事制度を実施していた点である。特に東北・西南・西北・華北・両広（広東・広西）などの地域ブロックは，長年地方軍閥の支配下に置かれており，それぞれ異なる社会福祉体系を有していた。その後，国民党と共産党が対立する時代になると，共産党政権は自らの支配を「赤い割拠」と称し，国民党政権とは異なる社会福祉体系を取り入れた。このような諸政治勢力の影に，諸外国資本の支持があったことは事実である。

第3は，中国の広大な国土が，内陸と辺境，内陸と沿海などの異なった地域間に大きな隔たりを生み出した点である。地方差・民族差・経済発展のテンポの差によって，各地方の間で極めて不均衡な状況があり，社会福祉の発展レベルに関しても格差を生んだ。以上のような3つの原因のために，中国の近代社会福祉の発展は，複雑な局面を呈していた。

内部の非連続性とは，中国近代社会福祉の発生は，民族資本主義の発展・成熟に伴って内部から形成されたものではなく，外国独占資本の経済的・政治的

な圧迫の下で生まれたことを指している。中国最初の労働者階級は外国資本の集中している近代大工業の中から生まれ，中国社会福祉制度及び社会福祉思想は，外国独占資本との闘いの中で形成されたのである。よって，前近代の民間慈善事業との直接的なつながりが弱く，縦方向の連続性が少ない。また，各地域間の経済発展の格差が大きいため，横方向のつながりも意外に少なかった。さらにこのような中で発生した労働運動は，外資の進出に反抗する民族的な動因が強く働いていたため，ヨーロッパ諸国の社会福祉との連携もまた少ない。

このように，中国の近代社会福祉は，半封建・半植民地という特殊な社会状況の中で独自な発展を遂げたのである。

3　社会福祉改革の道のり

中国において，その近代福祉政策の受容・展開の過程を，中国の資本主義及び社会主義の受容の流れの中で見直し，その特殊な性格を考察することが重要であることを再び強調しておく。また，中国の社会福祉を考察するに当たって，社会主義国家成立以前の段階から連続した流れの中で見直し，その性格及びゆくえを分析することも重要であろう。

以上の趣旨に基づいて，近代国家の成立から現在まで，中国における福祉政策の選択及び道のりを簡単に整理すれば，以下のようなストーリーがあった。

（1）「社会救済」理念の受容——1911-1927年

1911年，中国では大きな出来事があった。それは封建社会の清朝支配を終わらせた辛亥革命の勃発である。1912年に孫文が南京で臨時大総統への就任と共和制度の導入を宣言し，近代国家としての中華民国が誕生した。

近代国家の成立によって，資本主義生産様式がさらに社会の各方面に浸透し，伝統的な慈善救済事業分野でも，国家資本主義の思想と共同体経世思想が次第に結び付いた。そして，伝統の慈恵事業の領域においてヨーロッパの「博愛・人権」や「社会救済」の理念及び制度が導入されるようになった。

この時期、プロレタリアが以前より大きな発展を遂げたことにより、労働者の生活権力の保護を標榜した労働保護事業が成立した。しかし、中国における資本主義生産関係の不均衡性のため、このような近代的な社会救済事業は全国へ広がることはなく、一部の地域にとどまった。「先進地区」と言われていた南京や上海では、社会救済思想の宣伝と関連法律の策定を進めていったが全国的に見ると、依然として伝統的な救済慈善事業が主流であった。

（2） 資本主義と社会主義の社会福祉政策の対峙と交差——1928-1949年

この時期には、蒋介石政権が中国の大半を統一し、中国社会は相対的に安定した状態に入った。中国共産党は一部分の農村に「革命根拠地」を作って、中華ソビエト共和国を樹立し、国民党の国民政府との間に対峙局面を形成した。

社会福祉事業は、社会動員にとってもっとも有効な手段として国民党と共産党の2つの異なる支配地域において展開された。国民党支配地域の社会福祉は社会改良思想の基盤に立ち、欧米諸国の社会福祉モデルを学んで、様々な試みを行った。これは、現存の社会制度及び階級制の維持を原則とし、社会政策面での改良を通して、社会の不安の種になる貧困問題を解決しようとする政策志向である。共産党の「革命根拠地」では、マルクス主義の社会革命理論の基盤に立ち、ソビエト・ロシアの社会福祉をモデルにして、国民党の理念と違った社会福祉を興した。これは労働問題・生活問題の根底となる資本主義自体を取り壊すことによって、社会問題・労働問題の抜本的な解決を目指したものである。このようなプログラムは、プロレタリア階級の利益を表している。

この時期は中国の近代社会福祉が相対的な発展を遂げた時期であり、展開期ともいえる。現実的には、日本の中国侵略戦争は、中国の社会福祉を停滞または後退させる結果をもたらしたが、戦争によって様々な社会問題がさらに深刻化したため、社会福祉及び関連する社会諸問題を解決する必要性も増大したのである。この時期、国民党と共産党は連携したり分裂したりしていたため、両党はライバル意識を持ち、社会福祉政策を押し進める側面もあった。

国民党及び共産党の社会福祉政策は、いずれも新しい展開が見られた。特に、

国民党統治地域に社会福祉事業の組織化・専門化が始まり，防貧事業として労働者福利公社や農民福利公社の実践が推進されるようになった。また，国民党と共産党の支配地域において，労働組合，友愛組合運動がいずれも盛んになった。

(3) 社会主義計画経済期における社会福祉の実験——1949-1978年

中国の内戦で共産党に敗れた蔣介石率いる国民党が台湾へ流れ込み，共産党は，1949年に北京を首都とする社会主義国家を樹立した。社会主義中国は，計画経済及び生産手段の公有に基づいた社会主義福祉モデルを選んだ。資本主義の社会改良的福祉との対峙構造がなくなり，社会革命が理念とした社会主義的福祉が勝利を収めた。

生産手段の社会的共有と国家の集中管理を目指した社会主義計画経済期の福祉構造は，基本的な教育・賃金・住宅・医療などが保障され，社会平等の下で身分・民族・男女などによる差別は公式には否定されている。しかし，市民が主体的に営んだ生活共同体の地域社会を独立させる基盤は弱くなり，個々の生産主体であり，共同生活の空間である「単位社会」に再編成された。「単位社会」の構想は，戦時中に共産党政権の根拠地で運用した軍隊式のような地域支配と共通する。つまり，個々の「単位社会」は，それぞれ地方政府の下部組織に位置づけられ，また地方政府は，中央政府の下部組織に位置づけられる。生産と消費は，常に計画経済であり，中央計画機関が資財，資金，労働力の配置計画を立てて，その計画に基づいて財・サービスの生産・流通・分配が，生産主体でもある単位社会の活動を通して実現される。いわゆる，国の計画によって生活資源分配を通じて第1次再分配のみ行い，所得再分配が行わないことである。従来，民間福祉団体が担っていた相互扶助的な福祉活動や生活組合運動などは，活躍する場を失っていた。

(4) 社会主義市場経済改革における社会福祉の再構築——1978年-現在

社会主義市場経済改革の深化に伴い，社会福祉に関する抜本的な改革が行わ

れた。社会主義計画経済期に否定されていた資本主義社会の社会保障制度の導入は画期的といえる。しかし、社会保障制度の改革は、主に市場経済メカニズムの導入によって生じた貧困や失業問題に対応するため、あるいは、従来のシステムに欠けていた部分を補うために進められたといえる。しかし、この事は社会主義計画経済期の体制を全面的に否定する訳ではない。それゆえに、中国の社会保障改革は、石橋をたたいて渡るという漸進的な方法で進められたといえる。

1980年代半ば以降の社会福祉の構造改革は、3つの流れに沿って進められた。まず、「単位社会」を改革し、新たに作られたコミュニティ（中国語では「社区」という）に移行した。これまで「単位社会」が担っていた社会福祉サービスの供給は、コミュニティに移行したり、社会福祉の市場化に吸収されたりしていた。また、従来の「単位社会」福祉制度の中に組み込まれた労働者保険は、正規雇用者の枠を越えて、非正規雇用者や農民にまで拡大した。そして、最後に、欧米や日本の資本主義国家のように、国民の最低限度の生活を保障する最終手段となる失業保険と最低生活保障制度を導入したことが挙げられる。

その3つの改革の流れから見れば、まず、これまで「単位社会」が担っていた厚生福祉サービスをコミュニティへ移行することは、「単位社会」生活保障システムの温存を意味すると考えられる。すなわち、「単位社会」生活保障で重視されていた社会福祉サービス供給の基盤を現在の社区に継承させる形で進めていく考えである。もっとも、「単位社会」生活保障及びコミュニティサービスの双方とも、生活共同体の相互扶助精神を重視している点で共通している。

また、胡錦濤政権以後、雇用者に限定されていた年金・医療保障制度を全国民へ拡大したという急展開は、社会主義計画経済期に浸透した「平等・公平」理念に執着している国民に対する妥協である。つまり、現行の社会福祉改革は、常に社会主義期の福祉制度や福祉文化に影響されているといえる。

そして、失業保険と最低生活保障制度の導入は、市場経済改革に生じた失業と貧困問題に対応したものと見られる。

以上の分析から、1980年代以後の改革は、社会主義計画経済期に実施された

社会制度を否定し，排除するものではないといえる。むしろ，当時の制度を温存しながら，成熟した欧米資本主義の社会保障制度を導入・活用し，独自の社会福祉制度を作り上げていくものといえる。

改革開放以降，中国は急成長を遂げてきた。中国における資本主義発展は欧米や日本とどう異なるのか。中国の独自性はいずれ消滅し，欧米型資本主義と同じものになっていくのか，それとも社会主義・資本主義の調合を目指して独自の発展を遂げていくのか。このような問題を社会福祉近代化の連続した流れの中で考察すれば，ヒントが得られるのではないか。

注
(1) 張紀潯「中国における社会保障思想の生成と歴史的考察」『城西経済学会誌』29(1)，109-131頁。
(2) 中国社会科学院語言研究所編『中国現代漢語辞典』商務印書館，1978年。
(3) 竇玉沛「21世紀的社会福祉制度」民政部HP（2012年10月5日アクセス）。
(4) 沈潔「建立我国社会福利基礎理論的思考」華中師範大学学報・哲学社会科1994年2期，沈潔「社会福祉問題と中国社会福祉改革」華中師範大学学報・哲学社会科1996年5期，沈潔『日本社会保障制度』労働社会保障出版社，2007年を参照。
(5) 「現代社会事業史研究」『吉田久一著作集3』川島書店，1990年，9頁。
(6) 馬場明男『中国近代政治経済年表』国書刊行会，1980年，184頁。
(7) 「在桂林対求袴粤軍的演説」『孫中山全集』第6巻，1985年，22頁。
(8) 上海申報社『申報年鑑』1933年版，「社会事業」77頁。
(9) 張士傑「中国近代農村合作運動的興起和発展」，『民国档案』1992年第4期，参照。
(10) 同前。
(11) 米鴻才編『中国合作社簡史』中央党校出版社，1988年，138頁。
(12) 上海申報社『申報年鑑』1935年版，「合作事業」4頁。

参考文献
一番ヶ瀬康子『新・社会福祉とは何か――現代の社会福祉　第3版』ミネルヴァ書房，2007年。
岡村重夫『社会福祉原論』全国社会福祉協議会，1997年。
岡村重夫『地域福祉論』光生館，2009年。
京極高宣『社会福祉学とは何か――新・社会福祉原理　改訂版』全国社会福祉協議会，

1998年。
末崎栄司『社会福祉の本質への接近』文理閣，2006年。
胡鞍鋼『2030年中国——邁向共同富裕』中国人民大学出版，2011年。
鄭功成『中国社会保障改革与発展戦略』（総論巻）中国人民大学出版社，2011年。
鄭功成『社会保障制度変遷与評估』（中国）人民大学出版社，2002年。
宮本太郎『生活保障——排除しない社会へ』岩波書店，2009年。

第2章 社会福祉進化の経路

　本章では，中国近代社会福祉の基盤作りともいえる第1回目の改革を主題に，その進化経路の歴史的な経緯を明確にする。また，社会福祉構築へのアプローチの特質も明らかにする。

　近代的社会福祉政策の受容に関して，「近代化と中国の伝統」「資本主義と社会主義」というキーワードから分析すると，受容された社会福祉政策の理念と体系に特殊な性格があることに気づくことができる。

　まず，中国社会福祉の受容と進化経路においては，「資本主義」「社会主義」という価値判断から捉えることが主流であった。一方，南京国民政府の支配地域で実施された資本主義的社会福祉政策と共産党ソビエト政権の支配地域で実施された社会主義的社会福祉政策は，それぞれ支持層が異なっていたが，実はお互いの政策を学び合って浸透し合う関係を持っていた。

　また，戦争時に生まれた共産党ソビエト政権の社会福祉体制は，成熟しないまま中華人民共和国に引き継がれた。1950年代から1980年代に実施されていた「人民公社福祉」や「単位福祉」は，軍隊式の発想から作られた社会福祉モデルといえるだろう。このような戦時体制の色合いが強い社会福祉モデルは，1980年代以後の経済改革の波にあらわれ，新しい転換期を迎えたのである。

　そして，中国社会福祉制度の形成及び変革において，国際的な影響を無視することはできない。日中戦争後，国際組織による中国に対する社会福祉の援助は，中国社会福祉政策の形成に大きな影響を及ぼしており軽視できない要因の一つである。その延長線として，東西冷戦陣営の成立と崩壊，グローバル化の進行などがあり，これらの国際動向が中国社会福祉政策の選択に決定的な影響を与えた。

1　近代国家設立期の社会福祉政策──1911年-1927年

　社会救済とは，資本主義の発展が高度に到達した段階で広がってきた貧困層における社会的問題に対処する施策である。それはまた，封建時代から近代社会に慈善救済活動を組織化したものでもある。この問題は資本主義体制が進展する中で，その生産関係の矛盾から生まれた様々な社会問題に対して，相互扶助的な助け合いの他，社会救済という形を通して，政府をはじめ社会全体の努力で対応しなければならないものである。そこで，中国における近代社会救済の生成及び成立について，いくつかの角度から検討を加えてみたい。

（1）近代国家成立期における社会救済理念の受容

　1911年10月，封建主義制度に代わる共和制度の樹立を求める辛亥革命運動が勃発し，1912年1月1日，近代国家の性質を持つ中華民国臨時政府が，孫文を臨時大統領として南京で成立した。この歴史的な出来事は，中国封建帝政の崩壊とブルジョア民主共和制度の誕生を意味していた。その後，1949年10月1日の中華人民共和国成立まで，中国は形の上ではブルジョア共和国の体制を取っていたが，ごく短い時期を除けばほとんど統一されず，南京臨時政府と北京の北洋軍閥政府，華南の革命政府と北京の軍閥政府，国民政府と共産党支配地域のソビエト政府の対立が前後して続いていた。そのため，中国社会は複雑な様相を呈していた。

　1912年に成立した中華民国臨時政府では民政部と内務部が前後して新設され，救済・慈善・教化・衛生などの事務を担当した。これは中国ブルジョア的な救済事業社会行政の成立を示した出来事である。

　しかし，中華民国政府の創立初期，中央政権はつねに極めて不安定な状態に置かれ，政権の交代も頻繁だった。まもなく，袁世凱をはじめとする旧官僚・軍閥・大地主階級が反逆という手段によって北京で北洋軍閥政権を作り，中国は軍閥混戦の時代に入った。

以下，この近代国家の形成期における社会福祉受容の内容と変遷を考察する。

1) 行政と法律の整備

1912年8月，北洋軍閥政府は「内務部官制」を公布し，民治司と衛生司を設け，民治司に①貧民の賑恤，②罹災者の救済，③社会救済設施の設立・廃止に関する管理，④慈善団体の統制を主宰させ，衛生司には①伝染病と公衆衛生の管理，②医療機関の管理を主宰させた。[1]

1912年6月，社会秩序の整理のため，芸娼妓の虐待と売春強制の禁止，自発的廃業の許容について規定する「北師楽戸管理規則」と「京師済良所章程」を制定した。[2]

第一次世界大戦期間中，中国の近代民族資本の急激な成長と外国資本の中国での勢力拡大に伴って，中国労働者階級の人口が民族ブルジョア人口の倍以上にまで急増し，本格的な労働運動が勃興した。北洋政府は厳しい弾圧政策を取ると同時に，さらに大きな労働運動が続発しないように労働者の待遇関係の法規を整備しはじめ，1914年3月に「商人通例」と「砿業条例法令」を制定し，労働保護条項規定を設けた。ここには例えば，労働者が業務上，負傷した場合や病気になった場合，雇用者は診察費と医療費，および賃金の3分の1以上に相当する休業慰籍金を支給しなければならず，廃残・死亡になった場合は，規定どおりの医療費や遺族慰籍金，葬祭費を支給しなければならないという規定などが含まれる。これは中国最初の労働保護条例として注目に値する。[3]

1915年，「遊民習芸所章程」を公布し，浮浪者の収容・扶助・職業指導などについて具体的な項目を規定した。

1922年，憲法起草委員会によって国会に提出された「生計章程草案」には，社会福祉事業に関わるものとして以下のような内容が含まれる。

> 第1条　国民の生計は正義に合うようにし，人それぞれ相当の生活を得られることを原則にしなければならない。個人の生計の自由はこの範囲内ならば保障されなければならない。
> 第2条　累進税法を行い，併呑を防止する。

第3条　国民には善良なる風俗に違わぬようにし，精神上或いは体力上の原因で労働の義務を達成できない者や，老弱不具で労働できない者等は，国或いは地方が之れを救恤しなければならない。労働の能力を持ちながら怠惰や過失によらず失業した者は，国或いは地方が之れに労働の機会を与え協力しなければならない。

第4条　労働は国に保護され，凡そ労働者に関わる立法は，国際労働会議の決議原則を尊重しなければならない。[4]

　また，広東革命政府の政治的な攻勢と全国の労農運動を受け，1925年7月，初めての組合組織に関する条例である「工会草案条例」が制定された。これは，組合の職務を①労働条件を改善すること，②組合員に対する職業の紹介や相互扶助を実施すること，③労働保健と組合員の知識・技能の向上に努めること等と定めると同時に，組合に対し，ストライキの防止や労働者に対する管理の強化等を求めるものであった。[5] しかし，北洋軍閥政権はこの時期，既に斜陽の段階に入っていたため，「工会草案条例」を含む法令を実行する力をすでに失っていた。

　1923年5月，北洋軍閥政府は農商部総務庁内に労工科を増設し，職務として労働者の待遇の改善，労働者教育の提唱，労働保健の監督，失業予防及び職業の斡旋などを定めたが，実際には実績がなかった。[6]

2）　経済保護政策の実施

①　農民に対する経済保護政策

　農工銀行の設立　1915年，農工商部は政府の主催する救済政策の一つとして，主に農民・工場主・商人等に低利息借款を提供するための「農工銀行条例」を公布し，同年，京兆通県と昌平の2カ所に実験銀行を開設した。用途で最も多いのは，肥料購入金，家畜購入金，次いで農具や種子である。融資先から見ると，農業関係者は88.5％であり，工業関係者は9.9％である。その後，農工銀行は各地で多数設立された。

　同時期に「貧民借本所」（貧民融資所）という施設もあった。1919年，北京で

初めて作られた貧民を対象に貸付金を提供する融資機関である。具体的に，政府が民間の寄付資金を集め，貧民たちが自力で生活できるように資本を貸し，小資本営業をさせる。借款は無息で，融資期間は1カ月から半年まで様々であった。その後，上海・江蘇等にも同じような「借本所」事業が受け入れられつつあったという。[7]

華洋義賑救済総会と農村信用合作社　また，同じ時期，民間の慈善組織・救済組織も発展を遂げた。例えば，1920年北方五省を襲った大旱魃に際し，募金と中国政府からの資金により，中国各地で飢饉救済活動に従事する華洋義賑救済総会（China International Famine Relief Commission）がある。

この華洋義賑救済総会は，外国人を主体として設立されたが，実行委員の中には中国人高級官僚が少なくなかった。また，中国各地で飢饉救済活動に従事するほか，農村建設活動（道路と用水路の土木工事実施，農村信用合作社の普及）にも携わった。1923年に農民建設活動及農民救済の目的で，初めての農民協同組織である「香河県第一信用合作社」を設立した。この組織はライファイゼン型農村信用合作社であり，農村救済，復興，農村自立を目指し，キリスト教の理念に基づいて指導された。さらに華洋義賑会は河北地方に多くの合作組織を作った。

華洋義賑会は中国農村状況に対する調査に基づいて，2つの農業救済方針を定めた。1つ目は，「以工代賑」つまり凶作などによって貧困に陥る農民に働く場を提供することによって，救済を行うという方法である。大規模な水利・道路などインフラ整備を主な働き場として提供し，一方，このようなインフラ整備によって，農村地域の水利灌漑と交通状況を改善する。2つ目は，農村信用合作社（農村信用組合）を作ることによって，農民を高利貸の搾取から救うことである。1923年から1932年にかけて，義賑会が河北省で創立した農村信用合作組織は379件に及び，公式に承認されていない組織に至っては497件もあった。これらの信用合作社は，農民に対して低息の融資を提供することが主な業務であった。統計によれば，義賑会の合作社に対する融資額は，1923年に3,290圓だったが，1933年には370,167圓となり，112倍あまりに増額した。こ

うした低息融資は主に農業生産に使われ，その使い道としては，農業生産用具の購買費が最も高く，28.7％を占め，債務返還用は14.10％，食糧代金用は11.3％であった。一般的な高利息融資の場合，金利が大体10％以上であるのに対し，賑義会の金利はわずか1.2～1.5％であり，信用合作社運動が展開された地方では，生産と生活状況にある程度の改善が見られた[8]。

表2-1　恵工事業実施会社一覧表

会社名	開始年
印書館	1915
双輪牙刷廠	1920
三友実業工廠	1921
滬東公社	1920
恒豊紗廠	1926
中華書局	1922
同済大学工廠	1925
大隆鉄廠	1926
江南造船場	1926

出所：呉止信『中国恵工事業』世界書局，1940年より作成。

② 労働者の失業保護政策

失業紹介所　1919年の「五・四運動」以後，全国各地で労働運動が起こったため，労働保護政策も重要視されるようになった。1920年，北京に全国で初めての半官半民的な性格を持つ失業紹介所が設立された。規定によれば，同所の主旨は家庭事情に問題のある男性労働者の家計を維持するために，職業を紹介することである。料金は無料であった。1920年11月から1922年10月まで，当所に登録した人数は3,520人であり，紹介成功者は1,067人に達した[9]。「五・三〇事件」の発生後，失業者が急速に増加したことを受け1925年6月，工人工会（労働者組合）は上海に「上海工人失業介紹所」を，各地に弁事所（事務所）6カ所を開き，失業者のための臨時救済と職業紹介に当たった。

民間企業における女子労働者の保護と労働者教育　同じ時期，一部の進歩的な企業では，「恵工事業」という社内福祉事業を次第に取り入れ始めた。天津の塘沽久精塩公司や永力制鹸公司は，1924-1926年の間に労働者のために宿舎・食堂・浴室・医院などの福祉施設を設け，上海の商務印書館は「女工保産」（女子労働者の出産保護）という制度をつくり，出産前後には2カ月の休暇を与え，一定額の保産金と出産費を支給すると規定した。また同社には，哺乳室も設立された[10]。当時の労働者に対して補習教育を行った会社とその開始年代は表2-1に示す通りである。

（2）労工保護政策

ここで孫文を中心とした広東護法軍政府の労工保護政策を分析する。

1）労働運動と「労働法大綱」

① 労働運動勃興の背景

1906年から1916年まで続いた経済恐慌は，中国の産業界に対し大きな衝撃を与え，労働者の生活状況も急速に悪化した。そのため，1918年から，中国の労働運動は嵐のような勢いで発生し，ストライキの件数も急増した（表1-1参照）。

また，1919年のヴェルサイユ条約の結果に不満を抱いた結果として勃発した大衆運動の「五・四運動」は，抗日，反帝国主義を掲げ，またたく間に全国に広がり，中国のプロレタリア階級の勢力も急速に拡大した。1921年7月，プロレタリア階級の利益を代弁する中国共産党が結成され，生存権を獲得しようとする労働者運動をさらに高揚させた。第一次世界大戦の終了から1921年までの間，中国各地で工場労働者が数々の組合を結成したとする統計も存在する労働運動を高揚させた原因としては，①近代大工業の流入がプロレタリア階級を作り出し，また先進的な思想を広めたこと，②ロシア革命の成功，共産党の設立，国共合作の成立，③広東革命政府が，北伐を成功させるために，民衆を喚起する目的で労働政策を強化したこと，の3点が挙げられる。

1924年1月，中国国民党の第1次全国代表大会が開かれたのを契機に，中国共産党の幹部党員は党籍を保有したまま個人の資格において国民党に入党し，「国共合作」と称される両党の協力体制を構築した。

孫文自身は，広く欧米諸国を遍歴した経験から労働問題に対し深い理解を持っていた。その影響で民主主義革命の達成を目的とする広東軍政府は，社会政策の面においても積極的な政策を策定した。

② 「労働法大綱」の策定

1922年3月に，孫文が統率する広東政府は，「工会条例」（組合条例）を制定し，労働者の共同利益を目的とする相互扶助・生産・消費・住宅・保険等の各種事業の経営や管理，科学教育と社会教育の実施，組合員のための職業紹介，

就業と失業状況の調査，労働者の経済状況と生活状況の調査等について規定した。また，同年5月，「第1次全国労働大会」が行われ，全国の組織労働者20万人の代表として170名の代表が出席し，全国総工会の設立等の問題を討論し，「労働法大綱」を公布した。

1923年1月，国民党は正式に党の政綱を公表し，社会救済について，「労働者保護法の制定により，労働者の生活状況を改善し，労資間の地位の平等を徐々に図ること」「農村組織の改善により，農民の生活を向上させ，農民と地主間の地位の平等を徐々に図ること」等といった施政方針を定めた。[11]

1924年1月，国民党は第1次全国大会を開き，国民党と共産党の2党の意志をまとめた改組宣言を発表した。国内政策においては，土地の税金収入・地価の増益・公地の生産物等は，すべて地方政府の所有とし，地方人民の事業経営や養老・育嬰・救貧・救災・衛生等の公用事業の経費に充当するとした。教育では全力を挙げて児童本位の教育を発展させようと提言した。特に労働者保護問題については，「中国工人生活無保障則以為工人失業者国家当為之謀救済之道尤当為之制定労工法，以改良工人生活（中国労働者たちの生活は保障されていないため，国は失業者の生活保護の道を整えなければならない。労働者の生活を改善する為には，労働者法を定めることが当面の課題である）」と強調した。[12]

前述した政綱は，融資・保険・衛生・給料・労働時間等の新しい概念を導入したものであり，これによりかなり具体的な福祉政策が行われたと考えられる。その背景には，当時の帝国主義・軍閥・大資本階級の圧迫のもとで喘ぎながら立ち上がろうとしていた労農階級と支配者たちの対立があり，また，労農階級・共産党・ソビエト・ロシアの力を借りて，帝国主義・北洋軍閥の支配を打倒しようとした国民党側の思惑もあった。

③　疾病保険制度の出現

1926年10月，国民党中央執行委員会等は，教職員，公務員ら国家機関職員の疾病保険制度について定めた「中国国民党最近政綱」を公表した。学校教職員の福祉政策としては，「月給基準を上げ，疾病・死亡保険及び養老年金の金額を定めなければならない」とし，国家公務員の社会福祉政策としては，「疾

病・死亡保険の金額を定めるとともに，ある程度の勤務年数を満たせば，養老金が受けられるようにしなければならない」とした。また，農民に関する社会福祉政策としては，「農民らが各種の農民合作社を組織する場合，政府は協力し」，「凶作や天災が発生した際，政府は責任をもって対策を講じなければならない」と定めた[13]。

④　失業労働者救済局の設立

具体的な労働者政策としては，1927年4月武漢の国民政府が設立した「失業工人救済局」を取り上げる。同局の「組織大綱」の社会救済関係の内容は次の通りである。

> 第1条　国民政府労工部失業救済局は失業労働者の救済と北伐の成功のため，特別に失業工人救済局を設立する。
> 第2条　救済局は必要に応じ，職業紹介所及び其の他の失業労働者関連事業を設ける。
> 第7条　2種の実行方案を提案する。一つは緊急法案である。当面の生計維持のため，財政部から10万元の救済費を拠出し，1人当たり1日2角の救済金を配る。もう一つは長期方案である政府は生産停止の工場の再開を促し，また土木工事を起こし，失業労働者の再就職を斡旋する等[14]。

また，1926年10月，国民党中央執行委員各省区連席会議は，農業政策として田租を25％引き下げることを決議した。この決議によって，「二五減租」は国民党の重要な農業綱領の一つとされることになった。その後，減租は共産党においても取り入れられた。

この時期の特徴は以下のようにまとめられる。

> ①　大資産階級の代表と民族資産階級の代表という2つの政府が並び立っている状況ではあったが，両者ともに労働者の保護を重視する社会政策に取り組んだこと。

②　欧米の近代的な社会救済制度や法律の受容によって，中国の社会救済発展の基盤が作られたこと。

2　国民政府の社会福祉政策——1928-1949年

　1927年4月，蔣介石は，共産党反対のクーデターを興し，1924年以来の国民党と共産党の「国共合作」体制が崩壊した。その後，旧軍閥を制圧し，中国全土をほぼ統一した蔣介石は，南京で国民政府（以下，国民政府）を樹立した。一方，大きな打撃を受けた共産党も自力で立ち上がり，農村を革命の根拠地にする戦略を取り，国民党と対立するソビエト政権を作った。

　1928年以後，政権を握った国民党は，中央集権的国家への編成が進む中で，防貧的・社会経済的視点に立つ社会救済のあり方が問われた。長い間に政治不安定によってもたらされた様々な社会問題に対して，国民政府は，社会救済事業の面でも積極的に新しい政策を打ち出した。しかし，これらの政策の実施目的は，基本的には資本主義の体制を強化しながら，階級間の調和を図り，漸進的に生活問題や労働問題を解決していこうとするところにある。また，社会主義の浸透を防止する策として社会救済事業を取り入れる意図もあった。国民政府が築いた社会救済事業の基盤が，1949年以後，台湾に持ち込まれ，少なくとも1970年代までその影響が続いていた。

　国民政府の社会救済事業及び政策は，以下のいくつかの視角から整理することができる。

（1）「臨時約法」と労働保護

　具体的な社会救済政策を述べる前に，まず1929年6月国民政府が採択した「訓政工作時期政府施政綱要」を取り上げる。というのは，この「施政綱要」は当時（いわゆる「訓政工作時期」）の中心的な施政方針として出されたものであるからである。この中で，社会救済事業方面の政策は重要な地位を占めていたのであるが，その具体的な内容は，①救済事業を行うこと，②農民の社会福祉

を増進すること，③組合組織を健全化すること，④労資関係を調節すること，⑤工場視察制度を実施すること，⑥労働者の生活を改善すること，⑦失業労働者を救済すること，の7項目であった[15]。

さらに，この「施政綱要」は，救済事業のための具体的な方法を，「救済機関を増設し，救災や救済などにあたる」とし，農民の福祉を増進するための具体的な方法を，「農業を改善し，農民経済を発展させ，農民の生活を改善する」とし，組合組織を健全化するための具体的な方法を，「労働組合・商業連合会を立て直し，相互の連絡を促進する」とし，失業労働者の救済の具体的な方法を，「職業紹介機関を設立し，失業労働者の再就職や転職の斡旋に努める」等を明示した[16]。

また，この時期の終盤に当たる1930年5月5日，国民政府は国民会議を開き，訓政時期の憲法にあたる「臨時約法」を作った。「臨時約法」第41条には，「国は労働者の生活状況を改善するために労働保護関係の法規を制定し，女性や年少者が労働に従事する場合は年齢及び身体の状態に応じて特別の保護を加えること」という条文があった。また，第42条には「国は傷病・障害・老齢によって就労することのできない農民・労働者，その他のものを保護し，貧困の発生に予め備える。救済するために労働保険制度を実施すること」という条文があった[17]。国家基本法としてのこれらの条例の規定は，社会救済政策の整備に対しては重要な意義を持っていた。

（2）資本主義「社会改良」路線の社会福祉政策

1）公的救済制度の強化

1928年5月23日，国民政府は「各地方救済院規程」の中で，「各省区・各特別市・各県市の政府は自活力のない老人や幼児や障害者を扶助するため，または低所得者の健康保護と生計向上のため，各省区の省都・特別市政府及び県・市政府の所在地において，本規則に依って救済院を設立しなければならない。郷・区・村・鎮自治体でも人口の多い地域に，事情に応じて救済院を設立しなければならない」と定めた[18]。つまり，「救済院」は，政府が運営する総合的な

第2章　社会福祉進化の経路

社会救済施設という性格を持つものであったのである。

　各救済院の中には「養老所」「孤児所」「残廃所（障害者施設）」「育嬰所」「施医所（救療所）」「貸款所（融資所）」が設置され，それぞれの役割は，「各地方救済院規程」の中で次のように規定されている。

① 養老所は，およそ自活の能力を失った身寄りのない60歳以上の男女を収容する。
② 孤児所は，6歳から15歳までの身寄りのない子どもたちを収容し，無料で学校に入れさせ，教育を受ける機会を与え，また成年になって施設を出るときには仕事を紹介する。
③ 残廃所は，身寄りのない障害者を男女問わず収容し，その能力に応じて教育を与え，自活能力を育成する。
④ 育嬰所は，身寄りのない6歳以下の幼児を収容する。
⑤ 施医所は，病気に罹った貧困者に治療を与える。
⑥ 貸款所は，自営業者の経営再建のために，無利子で融資する[19]。

　次に，救済院の財源について同「規程」は，「地方政府の財政から相応の助成金を支出し，あるいは募金によって賄う」と明記している[20]。

　1933年前後から，国民政府は救済院制度をさらに整備するために「修正各地方救済院規則」を公布しており，「救済院の設立は各地方政府・各自治体の義務であり」「救済院の基金来源は，各地方政府の予算の中に固定支出として編入し，転用することのないように」と強調したことが注目される[21]。

　「各地方救済院規程」が公布された後，各地方政府は積極的に地方の救済院の設立に着手しはじめた。社会救済事業調査によれば，1929年から1931年までの全国の主な18省市における救済院の設立状況は，表2-3～4に示す通りである。

　国民政府は，「救済院」の設立によって，それまでの慈善救済事業を近代的な社会救済事業へと移行させようとしたのであり，1949年に蔣介石政権が台湾

表 2-2　主な18省市の救済院の設立状況　（単位：カ所）

地方別	江蘇省	湖北省	江西省	湖南省	山西省	河南省	河北省	浙江省	福建省
救済院数	43	26	51	44	37	21	50	77	18
地方別	広東	雲南	遼寧	吉林	黒竜江	新疆	熱河	察哈爾	綏遠
救済院数	44	27	20	16	12	49	10	10	11
合計	565								

注：合計の数字は，実際の合計数字と異なることがある。文献資料を尊重するため，そのままにした。
出所：中華民国民国政府内務部編『内政年鑑』1936年版，403頁より作成。

表 2-3　主な18省市の救済院の施設分類　（単位：カ所）

分類	養老	孤児	育嬰	施医	残廃	貸款	合計
施設数	83	58	18	94	70	43	466

注：合計の数字は，救済院の合計数字と異なることがある。文献資料を尊重するため，そのままにした。
出所：中華民国民国政府内務部編『内政年鑑』1936年版，403頁より作成。

に移ってからも救済院に関する行政はなおも継続した。そして，1949年の共産党による中華人民共和国建国以後も，これらの救済院施設はほぼそのまま残され，公的救済施設としての役割を果たした。

2）民間慈善団体の組織化

国民政府は慈善団体の組織化を図るため，1929年6月12日「監督慈善団体法」を公布し，続けて翌年「監督慈善団体法施行規則」を公布した。これは，慈善団体の性格を「貧困者や被災者の救済，老人や孤児の救済，及びその他の救済を事業の目的とする団体である」と定め，また組織について，「財団法人格以外の慈善団体は，5人以上の発起人を必要とする」「社団法人の慈善団体は，毎年少なくとも2回の総会を開かなくてはならない。総会開会時，取締役は収支の詳細を報告し，また運営状況や運営経過を説明しなければならない」「政府は慈善団体の運営状況及びその財産管理を定期的にチェックしなければならない[22]」と規定した。

「監督慈善団体法」の実行によって，従来統一されていなかった慈善団体は統合され，社会救済事業の組織化へと一歩踏み出した。

第2章 社会福祉進化の経路

表2-4　各地の慈善救済団体の数及び分布

(単位：カ所)

行政区域	総計	総合救済	安老	育嬰	育幼	残疾	習芸	婦人教養	施医	その他臨時救済
浙江	202	75	12	30	24	2	11	1	25	22
安徽	53	20	1	3	7	1		1	4	16
江西	411	98	29	55	67	28	20	4	70	40
湖北	17	14		1					2	
湖南	168	82		2	45	1	7	1	8	1
四川	499	319	5	35	39	6	13	6	48	58
西康	28	20					1	1	2	4
河北	72	5		1	2			2	11	51
山東	1				1					
山西	9			1	2				2	4
河南	155	87		2	46		2		11	7
陝西	202	47	7	18	46	8	2	3	32	39
甘粛	69	22	22	1	4		3		11	28
青海	10	2	2						5	3
福建	200	71	71	17	33	6	3	1	43	23
広東	203	93	93	15	19	3			52	21
広西	130	38	38	4	6	1	1		17	61
雲南	118	20	20	4	7	1	1		61	22
貴州	96	67	67		2		3	2	5	16
綏遠	1	1	1							
寧夏	12	6	6		3				2	1
新疆	16	8	8		1		4		1	2
台湾	73	39	39		4	1			10	19
南京	1	1	1							
上海	2	1	1		1					
北平	32	39	1					1	1	29
天津	94	39	39	2	33			1	4	13
青島	93	93	9		2			2	1	79
重慶	78	20	20	7	15	1			10	24
総計	3,045	1,205	65	189	409	59	72	26	437	583

注：総計の数字は各地の総計数字と異なることがある。文献資料を尊重するため、そのままにした。
出所：行政院新聞局印行『社会救済』1947年、4頁より作成。

表2-5 社会救済団体分類一覧（1930年）

（単位：カ所）

	官営	公営	私営	合計
救貧	49	66	73	188
融資	12	29	14	55
医療	64	221	144	429
埋葬	7	93	92	192
総計	132	409	323	864

出所：上海申報社『申報年鑑』1933年版，80頁より作成。

　社会救済事業の組織化が進展するにつれて，公的施設は増えていった。社会部の統計によれば，1946年末，施設の数は3,045カ所あり，このうち中央政府が直接管理するものは25カ所，省地方政府のものは165カ所，県・市政府のものは1,844カ所あった。一方，民間慈善団体に所属するものは919カ所，宗教団体のそれは92カ所あったという[23]。実際の状況はともあれ，統計上の数字だけを見れば，公的援助を受けた施設は全体の3分の2を占めている。また，施設全体の数は，1930年の統計では2,088カ所だったものが[24]，16年の間に，1.5倍の増加を遂げたことがわかる。またこの中で，時代に即した新しいタイプの施設も次々と登場し，「児童福利站」（児童に対して，医療教育のサービスを提供する施設）や「工人福利社」（労働者に対して福祉サービスを提供するもの。企業自ら運営することが多い）や「社会服務部」（地域において，住民たちに生活サービスを提供する施設）等が，かなり流行っていた。もちろん，当局者が自らの実績を宣伝するため，人目を引く施設を多く作ったとも考えられるが，それにしても，それなりの新鮮な空気がすでに社会救済事業に吹き込んでいたといえよう。表2-4と表2-5に示された数字から当時の様子をうかがうことができる。

（3）社会救済法と社会行政

1）「社会救済法」の制定

　社会部はその成立以来，相次いで一連の社会救済事業関連法規を策定した。その中で，中国社会救済事業の転換点ともいわれる「社会救済法」が，1943年

に民国政府により公布され，その後の1944年に「社会救貧法実行細則」も公布された。「社会救済法」の制定は，中国の社会救済事業近代化において重要な意義を持っている。同法は1929年に日本政府が公布した「救護法」との類似点が多く見られる。なぜ，当時，敵国と見なされていた日本の法律と似ている点が多く見られるのか，今後の研究課題として論じる価値があると思う。

　ここでは，「社会救済法」の構成について分析する。

　まず第1章で，救済対象について「60歳以上の老人，12歳以下の子ども，妊産婦，疾病や事故のため障害が残った者，あるいは精神・身体の障害により働けない者，災害により発生した貧困者または失業者，矯正保護に当たる釈放者など，貧困のため，生活能力のない者を法によって救済する」と規定した。

　また，社会救済事業の分類について，同法令は次のように区分した。

　　貧困救済──要救済者を救済施設内に収容し，無料で医療・助産を提供し，
　　　　　　　資金や食糧を貸与し，低価格或いは無料で住宅を提供する。
　　感化救済──道徳などの教化を通して，貧困者の蜂起を防止し，また，釈
　　　　　　　放者の矯正保護を行う。
　　職業救済──失業者に対する職業訓練と職業紹介を行う。
　　臨時救済──主に農民に対して土地租税の減免，現金・物資などによる臨
　　　　　　　時救済を行う。

　そして同法令は「この方法によって，従来の消極的な慈善救済は積極的な社会救済事業に変わり，従来の消費型救済は生産型救済に変わる。その目的はいずれも被救済者の自活能力を養うことにある」と述べる（第3章）。このことはつまり，社会救済事業の援助が，施設への収容という消極的な内容から，積極的な職業訓練及び自助・自力の養成へと転換したことを明示している。

　さらに，施設の運営については，官営と民営の2本の柱で支えることを強調した。また，伝統的な慣習を維持しながら，社会情勢に応じて職業紹介所・福祉住宅・公共食堂・社会服務部・災難民救済所など近代的社会救済事業施設を

設立する必要があると提唱した。

　社会救済理念及び財源の問題に関する論述は注目すべきものがある。同法の第4条には,「貧困者を救護することは,政府の義務であり」「貧困者は政府から適当な救済を受ける権利を持つ[28]」等と,社会救済に関わる義務と権利が明記された。これは従来の伝統的な慈善救済観念から近代的社会救済理念へと変化した傾向の一つだといえよう。また,財源面では,「救済資金は中央政府および地方政府の予算の中に組み込まなくてはならない[29]」と定め,生活保護の責任は政府が持つべきことが以前より明確化された。

　「社会救済法」の公布から実施に至るまでの間,国民政府は一連の関連法律,政策を策定した。1943年1月,社会部から公布した「職工福利金条例」では,「各工場,鉱山及び各企業は,従業員の福利事業のため,福祉基金を積み立てなければならない」と規定し,福祉基金の拠出については,企業創立資金の1～5％,毎月の売上の0.05％,従業員給料の0.5％をそれぞれ拠出することを定めた[30]。それまで,中国には失業保険がなかったため,深刻な失業問題に直面していた国民政府は,何らかの形で解決しなければならない状況に置かれていた。とはいえ,財政事情を考えると,失業保険の実施までにはまだ長い道のりがあるため,その責任を企業に転嫁する方法として「職工福利金条例」が作り出されたのだという説があったが,少なくともこの時期失業保険が特に重要視されたことは条例からも推測できるだろう。

　同時期の1943年1月,社会部からは「農民福利公社の設置方法」という条例も公布された。中国の農村地帯に福祉施設がなかったという状況を受け,相互扶助の理念に基づき,農村の社会救済事業を試みようとする考えが,この条例の出発点であると思われる。「農民福利公社の設置方法」が公布されると,全国各地で農民福利公社や労働者福利公社が続々と生まれることとなった。1946年の統計によると,1945年末までに新設された農民福利公社は全国で445件あったという[31]。これらの施設の中には,食堂,浴室,宿舎,図書室,娯楽部等を備えた総合施設もいくつかあった。

　また社会部は,民間社会救済事業団体を奨励するため「奨助社会福利事業暫

行弁法」と「捐資興弁社会救済事業奨褒条例」（1944年4月），「管理私立救済施設規則」（1944年5月），「私立救済施設減免賦税考核弁法」（1945年2月），「各省市県社会救済事業協会組織規則」（1946年7月）等の関連法律を整備した。

　1940年代前半，国民政府が社会救済・社会福祉・労働保護等に関する法令を続々と制定したことから見れば，中国の社会救済事業は法制化の軌道に乗りはじめていたということができるだろう。しかし，戦争後の混乱の只中にあった中国では，法律の制定から実施されるまでかなり長い時間を要したため，これらの法律が実施されたのは，国民党政権が台湾に移ってからのことであった。ただし，この時期に国民政府が制定した社会救済事業の関連法律は，今日の台湾に引き継がれ，大陸の中国にもその影響が及んでいると考えられる。

　2）　社会救済事業行政の組織化

　1927年，国民政府が首都とした南京は様々な社会問題を抱えていた。資本主義経済が農村へ浸透した結果，農民たちが土地を離れ都市へ進出したため，南京の失業者や浮浪者が急激に増加した。これらの社会問題を受け，1927年12月，国民政府は「社会の現状を客観的に解明するため」早い段階で社会調査処の設置を決め，国民生活の実態・貧困者の現状の調査を行った。1928年4月には，公私社会救済事業を行政統一管理するため，「社会救済事業整理処」を設けた。

　当時，南京へ視察にきた日本社会救済事業行政の担当者である磯村英一は，社会調査処及び「社会救済事業整理処」について，次のように紹介した。「本処は社会調査事業の完善を謀る為研究会を特設し，専門家を聘任し共同研究を行って，以て計画の周密と効用の増加を期する」。そして，「社会救済事業整理処」に関して，磯村氏はさらに，「本市の社会救済事業には，専門の管理機関がない。…（中略）…市政府・公安局・教育局にそれぞれの部門が属し，系統だっていない。経費も増加する一方であり，而かも，事業の発展はかえって害されるばかりである。市政府秘書処は，この状況に鑑み，ここで上述した諸機関を廃止併合し，1カ所に属することになった」と説明した。

　1940年10月11日，国民政府は「社会部組織法令」を公布し，11月に同法令の

規定に従って社会部を設立した。国民政府にとって，これは初めての中央行政レベルの社会救済事業行政機関であった。またこの中に設けられた社会福祉司により，それまで各部門に分散していた社会救済事業行政は一本化されることとなった。地方レベルの組織については，1942年9月に公布した「社会処組織大綱」の規定に従って，各省に社会処を設け，各市・県に社会科を設置することになった。また，同じ時期に公布された「教育部組織法令」の中で，障害者，知的障害者に関する教育事業は教育部が責任を持つと定められた。これにより，国民政府の社会救済事業行政は，中央から地方までを組織化する方向に向かって一応歩み出した。

同じ流れの中で，民間社会救済事業の組織に対する整備も次第に進んだ。それまで，行政院に付属していた賑務委員会が賑済委員会に改組され，各省・市・県でも地方レベルで賑済委員会が設けられた。地方レベル賑済委員会の一般委員は，地方団体や地方の名士の中から選ばれ，委員長は地方長官が兼任するという半官半民の性格を有していた。活動としては，主に戦時災難・臨時災難救済・難民救済・難民生産・難民救療などに積極的に当たり，社会救済事業行政の補完的機能を果たした。

社会部は社会救済事業行政の整備において，いくつかの具体的な施策を講じた。その施策とは，個々の社会救済事業施設に対して定期的に総合評価を行うこと，地方政府に社会救済事業資金や物資の調達，管理などに対し責任を持たせること，私的施設に奨励制度を制定すること，政府が公的施設に補助金を提供することなどである。実際，1946年と1947年の2年度にわたって，毎年4億圓の補助金を出して，公的施設の整備に当たっていたという[34]。

私設社会救済事業に関する行政管理としては，地方救済事業協会の存在が注目に値する。1941年社会部から「各省市県地方救済事業協会組織規則」が公布されて以来，全国各地で救済事業協会が次々と設立された。1945年以後の設立数の推移は，表2-6の通りである。

各地方の救済事業協会は，私設社会救済事業団体に対し監察と管理を行うことを任務とし，行政の別動隊として活躍した。協会のメンバーは，地元の名士，

救済施設の管理者及び地方官僚から構成されている。

海外の社会救済事業機関との提携の面では、1945年、戦争の被害国に対して救済援助する国際機関「国連善後救済総署」との提携によって、「中国善後救済総署」が設立された。その下に賑恤（被災者を救済する）・分配・儲運（貯蔵と運輸）・財務の4つの庁が設けられ、難民生活者の自立や帰郷に力を尽くした。設立後3年間、「中国善後救済総署」は、157万人の難民を帰郷させ、5,700万人の難民を救済したのである。他には、難民児童学校や医療衛生機関、営養站等の施設を設け、社会救済事業施設や学校に対して社会救済事業援助技術の指導も行った。一方、国連の機関を通して、欧米諸国から社会救済事業関係の専門家が中国に派遣され、社会救済事業に関する新しい援助・管理技術等を伝えた。このようにして、中国では、新しい社会救済事業研究の分野がさらに開かれ、中国と海外諸国の社会救済事業界との間に交流の橋が架けられたのである。

表2-6　各地の地方救済事業協会設立の状況

成立年	成立協会数
1945	235
1946	331
1947	629

出所：中華民国行政院新聞局『社会救済』1947年、1頁より作成。

3）社会救済事業の専門化

1930年代以後、中国の各大学は社会救済事業の重要性に目を配るようになり、社会救済事業の理論研究と教育のため、社会救済事業専攻と社会救済事業分野の関連科目を次々と設置した。国民政府は、社会救済事業専門の高級人材を養成するため、特別予算を設け、中山大学・金陵大学・燕京大学等の名門大学の社会福祉学科の教育研究に対する助成を行った。また同時に5つのキリスト教系の大学では児童福祉教育がスタートした。社会救済事業の現場職員の専門知識を高めるため、社会部が自ら社会救済事業研修施設を作り、専門教育を行った。

一方、社会救済事業理論に関する研究においても、1940年代に入ると、この研究のブームが発生し、1943年前後には一気に約30冊の専門研究書が出版された。その中の『社会救済』、『社会福利事業之理論和実際』、『社会工作』、『医院

社会工作』,『児童福利箇案工作』,『労工福利概述』,『職業介紹概述』,『社会保険概述』等は,社会救済事業の各分野に言及するものであった。ただし,これらの研究書の内容の多くはまだ基礎研究の段階にとどまり,ヨーロッパ諸国及び日本における社会救済事業思想や理論の紹介が多く,中国独自の理論形成は,後日の任務として残されていた。しかしながら,このような基礎研究の展開は,民衆の視野を広げ,社会救済事業に関する理論的・知識的な基盤をある程度整えたと言うことができる。

1942年,南京で「全国社会行政工作会議」が開かれ,出席者たちは社会問題及び社会救済事業問題の解決方法や政策のあり方や専門人材の養成について,議論を重ねた。翌年,「児童福利研究会議」が開かれ,会議の開催に合わせて『児童福利研究報告』という報告書シリーズも出版された。この『児童福利研究報告』は児童福祉の内包,定義,制度の設立及び実施方法などを詳しく論述し,かなりレベルの高い研究書とも言われた。

3　共産党革命根拠地の社会福祉政策——1928-1949年

国共合作体制の崩壊後,共産党は南昌,陝北など各地域に革命根拠地を作り,蔣介石の国民政府支配地域と対立する共産党政権を樹立した。この政権はソビエト政府と呼ばれ,農村部の貧しい農民を支持基盤とし,農民を主体とした労農紅軍を武力として有するものであった。

共産党政権の社会救済事業政策の基本方針は,資本主義を否定し,社会主義的公有制の平等分配原則の実現によって,無産者の生活権利を保護することである。従って,社会改良主義者の提唱した有産者と無産者の提携を批判し,有産者の財産を剥奪し,無償で無産者に平均分配する社会平等政策を主張した。

共産党支配地域の社会救済事業政策は,以下のように整理することができる。

（1）「社会革命」路線の社会福祉政策
1） 農民に対する土地保障政策

1930年11月，江西省の瑞金を首都とする中華ソビエト共和国臨時政府が設立された。

共産党政権の支配地域のほとんどが農村地域であったことから，その社会救済事業政策は農民を主な対象として展開された。社会革命理論に立脚した共産党政権は，中国農村の貧困の要因を次のように指摘した。

① 資本主義経済が農村の自給自足的な自然経済を破壊し，農産物を商品化したことにより，農産物の輸出と食糧の輸入が直接的に世界経済市場の制約を受けるようになったため，中国の農業と小手工業の破綻が引き起こされた。

② 中国の官僚や地主が外国資本と結託したことにより，大量の土地が兼併されたため，大勢の農民は土地を失い，土地分配の不公平が引き起こされた。実際，全国民の90％以上が農民であるにもかかわらず，彼らが所有する土地は，わずかに全国土の20～30％に過ぎなかった。

③ 中国国内における帝国主義列強同士の争い，及び官僚や軍閥による内戦の結果，その負担が農民たちの肩に大きくのしかかり，中国の農村は長期にわたる慢性的な飢饉状況に置かれた。

共産党政権は以上のような分析から，農村の貧困問題の解決および農民の生活権利の保護のためには，社会改良に基づく社会救済事業政策によるのではなく，地主の土地を押収し，農民に平等分配する土地革命の手段によるのがもっとも有効であると主張した。

そこで共産党政権は，1928年「土地法」，1929年「興国土地法」，1930年「ソビエト土地法」，1931年「中華ソビエト共和国土地法」等の土地分配に関する法令を相次いで公布した。

これらの土地法に含まれる，社会救済事業と関連のある内容としては，次の

ようなものがある。

① 農民の基本的な生活権利を保障するため，大地主もしくは大土地所有者の土地を無償で没収し，土地を持たないすべての農民に平均的に分配する。
② ソビエト政府は労働能力を失った者の生活を保障するための基金を備える。
③ 自然災害による飢饉を予防するため，自然災害防止用の各種工事を行う。
④ すべての苛酷な債務を取消し，農民に低利の貸付けを提供するため，農民銀行や農民信用組合を設立する。(36)

　これらの条項は，ソビエト政権支配地域で徹底的に実施され，農民の生活権利は保障された。しかし，政策実施の過程で，地主や資本家に対する押収政策が拡大され，これが資産を有する一般の階級にも及んだため，これらの人々の中に新しい貧困が生じ，新たな社会問題となった。
　いずれにしても，土地法の中に見られる平等の精神は，近代社会救済事業の基本原則を反映している一方で，自給自足の自然経済を基礎としているという面も有しており，克服できない矛盾が内包されていた。しかし，それは近代社会救済事業の発展の流れを反映していないという訳ではなく，典型的な近代社会救済事業とは異なる次元の特殊な社会救済事業体系に属しているのである。

2） 労働者に対する労働保護政策

　都市部の社会救済事業政策に関して，中国共産党は主に労働立法運動を中心として積極的な活動を展開した。
　1922年5月，広東で第1回全国労働大会が開かれた。その会議終了直後，中国共産党の中国労働組合書記部は19条からなる「労働法大綱」を傘下の各労働組合に通達した。これは，労働者の権利や利益，特に長時間労働や重労働等の問題に対して様々な規定を行うものであった。社会政策に関係するものとして

は，以下の数カ条が挙げられる。

> 第5条　労働時間は1日8時間以下，深夜勤務（夜工）の場合は1日6時間以下とし，週に1度，連続24時間以上の休息を与えること。
> 第7条　法定労働時間を超える就労は禁止する。特別の事情（事故）がある場合，労働組合の同意を得て時間外労働を行わせることは許される。
> 第9条　自営農民（他人を搾取しない労働者）の生産物の価格は保障される。その価格は農民代表の意見に基づいて法律により決定すること。
> 第11条　産前・産後の有給休暇については，肉体労働に従事する女性労働者の場合は8週間，その他の女性労働者の場合は6週間とする。
> 第12条　16歳以下の男女年少者の雇用は禁止する。
> 第17条　労働者の参加の下で保険事業規約（保険事業規章）を制定し，政府・公営（公共）或いは私営の企業・機関の労働者が蒙った損害を補償すること。保険料（保険費）は使用者（雇主）或いは国が完全に負担し，被保険者から徴収することは禁止する。
> 第18条　労働者は1年あたり計1カ月，6カ月あたり計2週間の有給休暇を取る権利を有する。
> 第19条　国は法律により，男女労働者が職業教育を受ける機会を保障すること。[37]

以上に加え中国共産党は，党大会や，全国労働大会，時局宣言等の機会を通して，次のような労働立法運動の事項を提起した。

> ①　女性労働者に対しては，1カ月に3日間の生理休暇と，3時間半ごとに30分の授乳休憩を与えること。
> ②　男女の均等待遇。
> ③　工場付属病院の設置，衛生施設と住宅施設の改善。
> ④　託児所と娯楽施設の設置。

⑤　失業労働者の救済，等。[38]

　1931年7月，中華労農兵ソビエト第1回労農兵代表大会において「中華ソビエト共和国労働法」が採択された。この労働法は「総則」と「附則」合計12章からなり，基本的にはソビエト・ロシアの労働法をモデルにして作られたものである。その基本内容は，次のとおりである。

① 　失業労働者の利益を保護するため，組合または各レベルの労働管理部門において失業労働紹介所を設立する。私営の失業紹介所の設立は厳禁とする。
② 　8時間労働制を基本とし，16歳から18歳までの青年労働者の労働時間は6時間まで，児童労働者は4時間までとする。
③ 　労働部は最低賃金を定め，いかなる労働者の賃金も最低賃金を下回ってはならない。男女を問わず同一労働同一賃金制を実施する。
④ 　社会保険制度を実施する。雇用者は労働者の給料の10～15％に相当する額の保険基金を支払うものとする。この基金は失業手当や補助や無料医療補助，労働者家族の貧困救済に使われる。
⑤ 　雇用者は労働者のために住宅を提供しなければならない。住宅の提供が不可能であれば住宅手当を支給しなければならない。[39]

　ところが，この法律の実施とともに様々な問題が発生した。ソビエト政権の支配地域では，近代的な大工業企業は極めて少なく，政府が経営する公営企業も僅かで，大半はやはり私営企業であった。やや強引ともいえる労働者福祉の推進や，いささか度を越した基準規程は，大量の工場の倒産をもたらし，国内産業の発展を妨げた上，各種の社会福祉事業も結果を出すことができなかった。
　この労働法が有名無実であったとすれば，延安時期に根拠地で公布された労働保険法規は，名実相伴うといえるであろう。1940年頃に共産党根拠地の人民政府は「辺区（共産党根拠地）戦時工場集体合同暫定準則」を公布し，そして，

1941年に「辺区労工保護暫定条例」を公布した。この2つの条例の中には，①労働者の有給病気休暇，②企業側の医療費負担義務，③女性労働者の有給出産育児期間，④労働者が病死した場合は，企業側が家族のかわりに葬儀を行うこと等が規定されている。また建国後，1949年に制定された「東北労働保護条例」では，医療保険，年金保険についての規定がより具体化され，適用地域においても，一部の地域限定ではなく，全国的に広がっていた。この条例によると，病気で入院した場合，3カ月以内なら50〜100％の給料が支給され，医療費は企業負担となる。直系親族が病気になった場合の医療費も企業が負担する。また各部門には，療養院・休養院・養老院・身体障害者施設等を設置する義務などが課せられた。

こうした戦争期に作られた労働者保護を理念とした社会福祉政策は，実際に1980年代まで社会試験として実行された。

3） 婦人保護と軍人援護政策

エンゲルスの言葉に，「婦人の解放を計る尺度は，無産階級の解放を計る尺度でもある」という名言がある。マルクス主義に立脚した共産党政権は婦人保護政策をきわめて重視し，保育園の設立や児童の健康診断など具体的な施策も考えていた。

1932年，中華ソビエト共和国が公表した「婦人権利の保護と婦人生活改善委員会の設立に関する組織及び活動」という訓令の中に，婦人権利の保護に関して次のような規定がある。

① 労働婦人の選挙権および財産所有権を保障すること。
② 婦人労働者の産前・産後の休暇を保護すること。
③ 男女賃金の不平等な差別を縮小すること。
④ 女子が教育を受けやすくするため，識字学校を設立すること。
⑤ 各レベルにおいて婦人生活改善委員会を設立すること。

また1940年，共産党の指導下にある陝甘寧辺区政府が公布した「辺区労働保

護暫行条例」の中には女子労働者の出産休暇に関して，出産の前後2カ月半を原則とし，勤続期間が半年未満であっても給料は半額とするが休暇は原則に従うとする具体的な規定がある。[43]

この時期に成立された婦人保護政策は，1949年以後も引き続き実施され，中国の婦人解放に対して大きな役割を果たしてきた。

当時，つねに戦争状態に置かれていたソビエト政権は，一般の救済よりも軍事支援に圧倒的な比重を置いていた。まさに軍事支援が民衆生活にとって重要な役割を担うことになっていたのである。そのため軍事支援は，社会救済事業政策の中でも重要な位置を占めていた。軍事支援の基本原則は，政府の補償と近隣同士の相互援助であるとされたためである。

1931年に公布された「中国労農紅軍優待条例決議」という条例の中には次のような規定がある。

① 政府は軍人保護院を設立し，傷痍軍人の一切の入院休養費用は国が負担し，入院を望まない者に対しては，終身優恤金（慰問金）を交付する。
② 軍人は国に対する一切の税金が免除され，また，子女が学校に通う一切の費用も免除される。
③ 45歳から退職・休養が認められる。養老金は国が支給すること。
④ 死亡者及び障害者の家族，兄弟姉妹等の生活費用は，国により支給される。[44]

社会救済事業行政の上でもこの軍事支援事業に対応するため，ソビエト共和国は中央軍事委員会の中に撫恤委員会を設置することによって現役軍人の保護事業を行うこととなった。軍人家族の慰問に関して，政府の内務部に軍人家族を支援する軍人家族委員会を設置し，軍人家族に対する慰問と支援事業を担当する。つまり，軍人及び軍人家族に対する生活支援は，軍事委員会と政府の双方が担っている。このような「軍・政」の二重体制及び軍人優遇政策は，現行の社会福祉支援体制にも根強く残されている。

（2）革命根拠地の合作（組合）事業

　革命根拠地でも，国民政府とほぼ同じ時期に合作社運動が盛大に推し進められた。ただ国民党支配地域の合作運動が目指した社会的連携及び生活の改善の主旨と異なり，中国共産党の指導の下で作られた合作社は，マルクス主義の合作理論の産物であり，経済支援的な互助組織というだけではなく，社会主義社会への移行を視野に入れて作られた社会組織の形式であった。またこれは，国家制度化という形を取っていたので，革命根拠地での合作社及び互助組織は，社会組織作りの欠かせないステップの一つとして組み込まれた。実施の具体的な方法に関しても，土地の私有を基礎に土地を出資し，統一経営，統一分配を行う半社会主義的性質を持つシステムである。基本的にはロシアの農業合作社のやり方に倣ったので，国民政府の実施した合作運動とは明確な違いがあった。

　共産党の指導によって工場で作られた初めての合作社は，1923年に設立された「安源路砿工人消費合作社」である。これは炭鉱労働者を主体とした労働者の自衛的な組織である。

　1927年以後，共産党が国民党政権に対抗するために設立したソビエト政府の統治地域内においても，合作社運動は積極的に展開された。特に1933年以後，「労働互助社組織綱要」「関于組織犁牛合作社的訓令（犁牛合作社の設立に関する訓令）」等の法令がソビエト共和国臨時政府によって公布され，1934年4月になると，労働互助社や合作社の数は1,400以上に達した。「労働互助社組織綱要」の当初の規定によれば，中農以下の農民は自らの志願で合作社に加入することができるが，地主と資本家の加入は禁止された。しかし，1944年にこのような制限は撤廃され，「所有農民，工人，地主，資本家都可以参加（すべての農民，労働者，地主，資本家はみな加入することができる）」となった。

　合作社組織の主な形態としては，①労働互助社（農民が日常生活及び生産活動において助け合うための末端組織），②生産合作社（融資・生産・消費などの機能を一体化させた総合的な生産互助組織），③自営業者間で相互扶助機能を果たすための合作社，④政府機関と軍事機関が組織した合作社（主な任務は，社員が互いに助

け合いながら，高齢軍人を慰安し，身寄りのない老人を支援すること)[46]」がある。

　共産党が作った「革命根拠地」では，土地革命を通して，一応「耕者有其田」の原則が実現されたが，老・病・障・弱等の弱者層の一部の人々は相応の土地を得ても，労働力あるいは農機具の不足から正常な耕作ができず，依然として貧困の境遇から抜け出すことはできなかった。その結果，再び貧富の差がもたらされたため，政策指導の下で労働互助合作社，耕牛合作社等の互助組織を作り，生産を発展させることによって，農民同士の貧富格差の拡大を抑制することが最も重要な課題となった。また，生産資源および生産物の分配の根拠がいまだ私有制であったため，合作運動の実施によって平等で互助的な集団的社会関係を自然に生み出し，社会主義的な社会救済事業を実施するための基盤を作ることが第2の重要な課題であった。かつて毛沢東は，「合作社是人民得到解放的必由之路，由貧困変富裕的必由之路（合作社は人民が解放を得るために必ず通らなければならない道であり，また貧困を豊かさに変えるために必ず通らなければならない道でもある)[47]」と強調した。もし，土地革命を「第1次革命」と呼ぶとすれば，農民たちが労働互助合作社を組織することによって，人間関係を変えようとした運動は「第2次革命」と呼ぶことができると，毛沢東は考えていたようである。

　このような合作社運動という形で展開された社会救済事業は，当時，生産力向上のために励んでいた農村の状況に合致するものだったため，1930年代から中国各地の革命根拠地で飛躍的な発展を遂げ，中国農村における社会救済事業発展の主流となった。

　ソビエト支配地域の社会救済事業政策の特徴としては，次の4点が挙げられる。

① 社会救済政策は，雇用などに関わる労働政策の一部として組み込まれ，独立したシステムとして形成されることはなかった。この点は中華人民共和国設立後も変わらず，社会救済事業政策が独立的なシステムとして発展するチャンスは提供されなかった。

② 全ての面で政府が責任を負うというソビエト・ロシアのモデルに従ったため，民間社会救済事業団体は発展のための土壌が与えられず，組織化されるまでには至らなかった。
③ 当時の経済的基盤の中心は小規模農業経済であり，資本主義経済が中国全土に広がることはなかったため，近代的な社会慈善家を生む環境が提供されなかった。
④ 戦時体制下の社会救済事業の特徴として，臨時的・強制的な内容が比較的多かった。

(3) 社会福祉行政の整備

　1931年の「地方ソビエト政府暫行組織条例」によれば，各省・区・県の地方政府は労働部を設置し，その下に労働保護科を設け，労働保護や労働法の実施状況に関する調査などに当たらなければならない。また社会保険局では，失業労働者の登録や統計，労働力の調整，仕事の斡旋等に当たる失業労働科が設けられ，その下にさらに労働紹介所が設けられ，同時に失業労働救済委員会も設置された。
　政府の内務部には労働保障科が設置され，戦争あるいは自然災害によって生じた貧困層に対する救済や非常時用の食糧備蓄等を管理した。政府機関職員の戦死や不慮の事故に際して救済に当たる社会保障科も設置された。
　他に末端組織としては，失業救済委員会と貧民委員会と備荒委員会が設置された。失業救済委員会の職掌は，協助失業労働科と協力して失業者の状況調査と臨時救済措置に当たることである。貧民委員会の職掌は，都市市民の人口調査と職業，失業状況の調査及び臨時救済である。備荒委員会の職掌は，食糧の調達と非常時食糧の保管，食糧を必要とする人々に対して適宜救災措置を実施することである。
　以上の分析から浮かび上がるその進化のプロセスにおける特徴では，以下のようにまとめることができる。
　第1に，中国社会福祉の受容と進化経路から追究すれば，「資本主義」「社会

主義」という価値判断から捉えることが主流である。しかし，分析したように国民党が提唱した「資本主義」にしても，共産党が提唱した「社会主義」にしても，いずれの陣営も世界の新潮流を吸収し，外国のものを中国のために利用し，古いものから新機軸を見出そうとしていた。

　国民党は，歴史上中国共産党と双子の兄弟のような政党で，組織や文化が似ており，常に対立しつつもお互いをよく参考にしている。つまり，表面では「資本主義」の社会改良政策と「社会主義」の社会革命政策が対峙構造となっていたが，実際には，依拠する伝統的慈善救済事業という母体が同じであった。これは中国社会福祉の経路依存性から生まれた一つの特質である。

　第2に，一方，社会福祉事業を取り巻く国際的な情勢に目を向けると，この時期，社会保障の発展期に入った欧米諸国では，各国の与党が重要な社会施策として社会政策を取り入れていたため，複雑な内外矛盾を抱えていた国民政府は，こうした統治策を参考にして，統治の危機を脱しようとしたとも考えられる。

　「革命根拠地」や「解放区」と呼ばれる共産党ソビエト政権の支配地域には，様々な社会政策が展開され，民衆からの支持を得たばかりでなく，国民党統治地区の知識人や民衆にとっても憧れの対象となった。これに対し国民政府は大きな脅威を感じ，民衆支持の挽回と社会安定のためにも，一層の社会救済事業政策を実施しなければならない立場に置かれた。

　第3に，中国社会福祉制度の形成及び変革において，国際的な影響を無視することはできない。特に国際組織による社会福祉の援助は軽視できない要因の一つである。この時期，中国は戦争被害国として，国際連盟及び国際的な救災組織から，経済や技術の面で様々な援救を受けた。例えば，「国際連盟善後救済総署」から経済上の支援が提供された上，さらに300人以上の社会救済事業専門家が中国に派遣され，中国の社会救済事業近代化の発展に協力したことも一定の役割を果たしたと考えられる。また，東西冷戦陣営の成立と崩壊やそしてグローバル化の進行などが中国社会福祉政策の選択に決定的な影響を与えた。

　しかし，戦争期に生まれた未熟な社会福祉体制は，そのまま1949年以後の新

中国に引き継がれる。それは「単位福祉」という言葉に代表される軍隊式の社会福祉モデルであったと言えるだろう。このような戦時下の社会救済事業モデルは，1980年代になってようやく経済改革の波に追われ，新しい転換期を迎えたのである。

　近代中国の社会福祉は，外国資本の流入や植民地支配の影響で「正常」な発展の道が妨げられ，長い模索の道を辿ってきた。しかしこの苦難の道のりを辿って来た経験こそ，今日の中国及び台湾にとって，中国独自の社会救済事業を築き上げようとする原動力となっていると考える。

注
(1) 民国政府内務部『内務公報』第1冊，1913年版，3頁。
(2) 小山清次『支那労働者研究』東亜実進社，1919年，153頁より。
(3) 商務編訳所編『民国法令大全』商務印書館，1924年，1148頁。
(4) 北平社会調査所編　第1回『中国労働年鑑』第3編，1928年，78頁，100頁。
(5) 宮脇賢之介『現代支那社会労働運動研究』平凡社，1932年，424頁。
(6) 中国労工運動史編纂委員会『中国労工運動史』第2冊，1959年，台北701頁。
(7) 前掲，第1回『中国労働年鑑』第3編，120頁。
(8) 張士傑「中国近代農村合作運動的興起和発展」，『民国档案』1992年4期。
(9) 北平社会調査所編　第1回『中国労働年鑑』第3編，1928年，178-181頁。
(10) 呉止信『中国恵工事業』世界書局，1940年。
(11) 鄒魯『中国国民党史稿』台湾商務，1970年影印，及び狭間直樹『中国国民革命の研究』1992年を参考。
(12) 邱創煥編著『中国社会福祉思想制度概要』上冊，台湾商務印書館，1977年，197頁。
(13) 邱創煥編著『中国社会福祉思想制度概要』上冊，台湾商務印書館，1977年，223頁（狭間直樹『中国国民革命の研究』1992年，鄒魯『中国国民史稿』も参考）。
(14) 北平社会調査所編　第1回『中国労働年鑑』第3編，1928年，128頁。
(15) 邱創煥編著『中国社会福利思想制度概要』上冊，台湾商務印書館，1977年，103-104頁。
(16) 邱創煥編著『中国社会福利思想制度概要』上冊，台湾商務印書館，1977年，103-104頁。
(17) 向山寛夫『中国労働法の研究』中央経済研究所，1968年，38頁。

第Ⅰ部　中国社会福祉の本質

⒅　中華民国政府内務部編『内政法規匯編』第3類・民政，1913年，407頁。
⒆　中華民国政府内務部編『内政法規匯編』第3類・民政，1913年，408頁。
⒇　同前書。
(21)　興亜院政務部調査資料第六号『中国社会救済事業の現状』17-18頁。
(22)　秦孝儀編『中華民国社会発展史』台北　近代中国出版社，1985年，1667頁参照。
(23)　中華民国社会部編　1946年度『社会福利統計』100頁。
(24)　中華民国政府内務部編『内政年鑑』1936年版，403頁。
(25)　中華民国行政院新聞局『社会救済』1946年，1頁。
(26)　同前書，3頁。
(27)　同前。
(28)　同前書，2頁。
(29)　同前。
(30)　叶楚生『社会工作概論』台湾芸豊彩色印制有限公司，1969年，78頁。
(31)　同前書，80頁。
(32)　磯村英一「南京特別市政に於ける社会行政」『社会救済事業』1929年，13巻2号，34頁。
(33)　同前書。
(34)　中華民国行政院新聞局印『社会救済』1947年，4頁。
(35)　叶楚生『社会工作概論』台湾芸豊彩色印制有限公司，1969年，80頁。
(36)　厦門大学法律系編『中華ソビエト共和国法律選編』江西人民出版社，1984年，370-375頁。
(37)　向山寛夫『中国労働法研究』中央経済研究所，1968年，340-341頁。
(38)　同前書。
(39)　蘭全普編『解放区法規概要』群衆出版社，1982年，87頁。
(40)　張紀潯「現代中国社会保障論」創設社出版，2002年，142-143頁。
(41)　方楽華編著『社会保障法論』世界図書出版公司，1999年，80頁。
(42)　厦門大学法律系編『中華ソビエト共和国法律文献選編』江西人民出版社，1984年，148頁。
(43)　方楽華編著『社会保障法論』世界図書出版公司，1999年，79頁。
(44)　厦門大学法律系編『中華ソビエト共和国法律文献選編』江西人民出版社，1984年，198頁。
(45)　「毛沢東談合作社」『解放軍報』1944年7月4日。
(46)　毛沢東「長岡郷調査」『毛沢東選集』第4巻，1947年版，人民出版社，148頁。
(47)　毛沢東『毛沢東選集』合訂本，人民出版社，1964年，886頁。

参考文献

磯村英一「南京特別市政に於ける社会行政」『社会救済事業』13巻2号，1929年。
周金声『中国経済思想史』台湾，周金声著作発行所，1956年。
上海申報年鑑処編『申報年鑑』1933・1935年版。
孫文「在桂林対求袴粵軍的演説『孫中山全集』第6巻，社会思想社，1985年。
鄧中夏編『中国職工運動簡史』北京人民出版社，1953年。
張士傑『中国近代農村合作運動的興起和発展』北京『民国档案』4期，1992年。
生江孝之　興亜院政務部調査資料第11号『支那社会救済事業調査報告』1940年。
馬場明男『中国近代政治経済年表』国書刊行会，1980年。
秦孝儀編『中華民国社会発展史』台北，近代中国出版社，1985年。
米鴻才編『中国合作社簡史』中央党校出版社，1988年。
毛沢東『毛沢東選集』合訂本，人民出版社，1968年。
吉田久一「現代社会救済事業史研究」『吉田久一著作集3』川島書店，1990年。

第3章　社会福祉文化の経路依存

　2007年以後，胡錦濤政権では，「民生」（国民生活を優先する）を優先させ，発展の成果が全国民に恩恵をもたらすようにすることを提唱し，「適度・普恵型」社会福祉プランを提示した。

　ここで提示された「普恵」や「民生」をどう理解すべきか。実はこの「普恵」や「民生」という思想は，中国伝統の社会福祉思想及び福祉文化まで辿ることができる。例えば，歴代の統治者たちは，「普恵万民」「恵澤万民」を理想的な治国策として取り上げてきた。また，「民生」に関しては，20世紀初頭に建国の父といわれる孫文が「民生」及び「民生主義」について系統的に論じていた。孫文は，民生主義を国家社会主義に解釈し，国家や政府による重要産業の国有化と統制経済を柱として，改良，改革の手段を通して，国民生活を改善することを考えていた。また，孫文は「民生」とは「人類が生存を求める」ことであり，「民生とは人民の生活，社会の生存，国民の生計，大衆の生命といえる」と説明している。彼の民生思想の核心は，国民の最低限の生活を保障することと理解できる。

　最近，中国での社会福祉思想的動向は，「普恵」や「民生主義」に含意された理念をめぐる問題が改めて議論の俎上に載せられてきたように見受けられる。なぜこのような現象が現れてきたのか，この福祉文化の経路依存に興味深い点がみられる。

　ここで用いる福祉文化の概念は，おそらく中国社会の文脈の中で捉えた共通の理解で，日本国内で議論される福祉文化の定義とは若干のニュアンスの違いがある。日本では，福祉文化の定義について，福祉文化学会が素晴らしい実践に基づいて様々な角度から福祉文化の概念を定義することを試みてきた。例えば，福祉文化論を首唱した一番ヶ瀬康子は，福祉文化を狭い意味で解釈する従

来の傾向を批判し,それまで社会福祉に関わるものであった「人の生活の質を高めると言う視点」を主張し,福祉文化はこれを補う使命を担っているという見解を述べている。これは,現在の社会福祉制度とそれに基づいた援助実践には,人々の人間としての尊厳や豊かな生活の追求といった重要な問題への取り組みが十分でないという観点を出発点としている。(1) また,馬場清は自らの地域福祉活動に基づき,福祉文化の理解についてより具体的な指標を提示しながら論じた。その具体的な指標は「①地域の人々の参加がある取り組みであること,②地域ならではの文化を活かす取り組みであること,③人々のつながりを形づくる共生を目指す取り組みであること,④人々の生きがいを保障すること,⑤創設的であり普遍的価値を求めること」であった。(2)

以上のように,「現状では,様々な立場や主張の人が,自分なりの解釈でこの言葉に意味づけをして用いている状態」である。そもそも福祉文化という概念は規定するのが困難であり,明確な内容を持たない言葉である。「この言葉が多くの人々にとっては福祉文化という言葉の便利さであり,同時に一般的コンセンサスをベースとした福祉文化研究を深める妨げにもなっているともいえる」という批判と評価もある。(3)

一方,中国では近年,福祉文化という言葉がたびたび研究者や実践者によって使われるようになってきたが,その概念は明確に規定されるに至っていないのが現状である。福祉文化という言葉が用いられる場合は,人々の望ましい生活やよりよい生活に対する追求,実践などを意味する傾向が見られる。このような理解は,日本の学界で主張された「人の生活の質を高めるという視点」と共通点を持っている。

しかし,本章で福祉文化という言葉を使用する場合は,その意味合いをより広く捉え,以下の意味を内包したいと考えている。それは,①人々の幸福が満たされた生活の状態及び幸福に対する追求,②この幸福を実現するための諸政策,③従来の福祉文化の理念,哲学との継承と再生等である。

本章ではこうした意味合いを前提として,分析作業を進めていきたい。

中国においては,その福祉文化の源流を追及すればするほど,その内在的な

つながり，いわゆる継承性がいかに強いかが感じられる。その福祉文化の主軸となっている「大同」思想が代表例である。

「大同」とは，中国古代より伝えられてきた一つの福祉理念である。その基本的な内容は，公共社会の公有化により，資源分配の原則を通して構成メンバーの生活を保障するものである。あわせて，貧富や貴賎の格差を縮小し，平等な人間社会を実現することと解説されている。この古い伝統を持つ素朴な大同理念は，「共有」と「均等」という2本の柱で支えられる。大同思想の基盤は儒教の倫理道徳や社会規範であり，人々に対して均等の生活を保障し，他人の悲しみや苦しみを除いて，喜びや楽しみを与えようとする平等・慈愛の思想からなるものである。しかも大同理念の中には，中国歴代の民衆が心に描いた理想的な社会像，あるいは不合理な現実社会を乗り越えようとした信仰などが潜んでいて，いわば一つのユートピアとも捉えられる。つまり，「大同」と「普恵」の社会観・福祉観は，古代の孔子から近現代の孫文，毛沢東，鄧小平及び現政権の習近平に至るまで，数千年にわたる中国福祉思想の展開を貫く永遠のテーマなのである。

改革開放以後，中国政府は目覚ましい高度経済成長を維持しながらも伝統社会の「小康」「普恵」「和諧」に回帰しつつある。伝統的歴史の中で必死に思想の継承を探求する姿勢が非常に印象的であった。現政権のみならず，これまで歴史の転換時期を迎える度にこのような伝統回帰の現象がたびたび現れてきた。こうして見ると，その伝統への依存性こそが中国福祉文化の特質であると言わざるを得ない。言い換えれば，その経路依存性の特徴は，中国社会福祉を理解するときの鍵になるであろう。

1　中国福祉文化の原点——「大同」と「普恵」

(1)「大同」「普恵」福祉観の源流

「大同」福祉観の源流は，儒教の『礼記・礼運大同篇』に遡ることができる。古代において系統的に大同理念を論述したのは，主に儒学者たちであった。紀

元前500年に儒学者によってまとめられた儒教の経典『礼記・礼運大同篇』には、「大道之行也，天下為公…（中略）…人不独親其親，不独子其子，使老有所終，壮有所用，幼有所長，鰥寡孤独残，皆有所養」いわゆる「大道の行なわれる世には天下は公有のものとされる。よって人々は、それぞれの父母のみを父母とせず、それぞれの子のみを子とせず、老人には安じて身を終えさせ、壮年には充分に仕事をさせ、幼少には伸び伸びと成長させ、やもめ・みなしご・かたわの人々には苦労なく生活させ」[(4)]という主張が見える。これはおそらく最も古い「大同」に関する論述だといえよう。言い換えれば、大同社会では私有財産がなく、誰の親も誰の子も、自分の親や子と区別なく大事にするので、身寄りのない人や障害者も安心して暮らすことができ、窃盗その他の犯罪も起きるはずのない、平和・平等な世界だと説く。

　他方、儒教福祉思想のもう一つの側面として「仁愛」という統治者の理念がある。紀元前500年にまとめられた代表的な経典である『周礼・司徒篇』では、「仁愛」福祉思想について、「一曰慈幼，二曰養老，三曰賑窮，四曰恤貧，五曰寛飢，六曰安富」として6つの原則を挙げている。これらは具体的に、幼児を愛護し、老人を扶養し、窮民を救援し、貧困者を救済し、飢饉の民に食料を与え、豊かな安定した生活を送れるようにするというものである。

　「普恵」思想に関して、特に宋唐以後の帝王たちは、「恵澤乾坤・普恵万民」（不分尊賎皆普施，同登同證大団円，甘露法雨潤万民）を理想的な統治理念として、また、これを統治の成果として自ら標榜することがたびたび見られる。このように、古代の福祉観は、福祉実践の規範としての「仁愛」「普恵」思想と、未来社会に向けて描いた理想社会像である「大同」の2本の柱によって成り立っていることがわかる。その後、「大同」「普恵」思想は儒学自身の発展と封建社会の発達に伴い、変化と進展を続けながら社会福祉を導いてきたと思われる。

　明の時代（1368-1644年）に入ると、伝統的な「大同」「普恵」思想は「士大夫」階層の理念という枠を越え、実践活動の中に積極的に取り込もうとする動きが生まれるようになった。

　明代の思想家で王陽明心学の何心隠（1517-1579年）は「民衆と欲求を同じく

する」ことを提唱し,「士大夫」は民衆と「すべてにわたってお互いに通じ合うこと」を最高の理想とするべきであるとした。彼はまた,「人々がそれぞれの幸せを得られるべきである」という大同理想を実践しようと「聚和堂」という公社を設立した。これは,コミュニティ（宗族という）の人々が貧富を問わず,私有財産を出し合って作った運営基金を財源とするもので,宗族のすべての子弟が教育を受けられる「公学堂」や,労働力もなく身寄りもない人を公社のメンバーが援助する共同扶養システムなどを運営するものであり,平等な共同生活を実現するための実践活動を行うものであった。しかし,当時の社会事情により,こうした宗族の経済的統合による大同理想の実践は失敗に終わることになってしまったが,彼らの実践精神とその方策はその後の世代に受け継がれた。

　儒教の「大同」「普恵」思想とは,小農（小規模農家）を経済基盤とする平等な社会の実現を理想とするものであり,これは儒教を政治支配理論とした中国封建社会の集権政治と常に合致していたものである。儒教の大同理念に反映されている均等性と公有観は,高度な集権政治の形成によってもたらされるものであり,儒教の「仁政」でいう「養民・保息（安心に暮らせる社会の実現))」意識の体現でもあった。もちろん,ここでいう公有制とは,郷党共同体的な農業共同体のことを指す。

（2）「大同」「普恵」福祉思想の内包

　「大同」思想に関して特筆すべき農民戦争といえば,イギリスとのアヘン戦争によって鎖国政策が破られた後に勃発した「太平天国の乱」が挙げられる。この運動には,思想の面ばかりではなく実践の面でも,農民階級のこうした理想社会を追求する姿がはっきりと現れていた。この前例のない大規模な農民一揆が勃発したのは,1851年,広西の金田という地においてである。その後,農民軍によって南京に樹立された農民政権は13年間続き,造反の波は中国の広範囲に及んだ。太平天国は下層民衆が望む「太平」社会を実現するために,以下の施策を打ち立てた。

第1は,「耕者有其田」,つまり耕作する者に自分の田を持たせるという制度である。「太平天国」農民政権の経済制度綱領といえる「天朝田畝制度」の中には，まず「天下の土地は全て天下の人々が共に耕作する」という原則が定められ，具体的には以下のように記された。「此処が凶作なら，彼らを豊作の処に移し，此の凶作の処を救済する。また，彼の処が凶作なら，こちらの豊作の処に移し，以て彼の凶作の処を救済する。天下の民衆に天の恵みを共に享受させる」。太平天国政権はまさにこうした施策の実施によって，「畑があれば人々が共に耕作し，食べ物があれば一緒に食べ，衣服があれば平等に着，お金があれば共に使う。至るところに平等があり，至るところに豊かさがある」という社会の建設を目指したのである。⁽⁶⁾

　第2は，公養制度である。太平天国政府は「聖庫」（国庫）を設置し，「男やもめ・未亡人・孤児及び子どものいない老人らを国庫の資金で扶養すること」，また「子供の教育にも国庫の資金で支えること」を実践した。⁽⁷⁾

　第3は，救貧保護施設の設置である。太平天国は「士民公会」という施設を設置し，「特に浮浪者を収容し，自活力を育成するために彼らの能力に応じて，適度な授産を与える」方針を採用した。他には，「聾唖院」を創立し，「障害者を集め，自活力のない人が出ないように，彼らに民芸，書道，数学，雑学などを教えさせた」。⁽⁸⁾ これは，「生存中は詩・書など自活力を教え，死ねば憐れんで葬る」⁽⁹⁾ という太平天国の身体障害者の施策である。

　第4に太平天国政府は，もし民間人で医院，礼拝堂，四民院，四疾院等（救済，教化施設）を設立した者があれば，太平天国の最高首脳が必ず自ら訪ね，その事業を称え，その達成を支持することを宣言し，民間でこうした施設を運営することに対しても奨励した。

　また，太平天国が実施した施策には，次のような3つの特徴が見られる。

① 　社会の落伍者の基本生活を保障する消極的救済ではなく，自救自保の相互救済を行うこと。
② 　これまでインテリ層にとどまっていた大同社会福祉思想が，民衆へ普

及することで，儒教学者特有の田園式ユートピアの彩りが薄れ，貧困が社会的分配の不公平に起因するという考えから，財産の均等化を強調したこと。
③　まだ漠然としてはいたが，人権平等の傾向も見られること。

①②の2点だけをみても，儒教的「大同」「普恵」思想との相違点ははっきりとしているが，③はまさに時代の推移によって新しく生まれた特徴だといえる。この時代は，外国資本主義の影響が次第に中国全土に浸透し，「太平天国」の指導者たちも西洋キリスト教から平等思想の影響を受けていたのである。よって，伝統的な大同思想との調和を図った太平天国の施策は，伝統的な道教や儒教の大同理念から，農民を主体とする近代的な大同思想へ移行しようとした軌跡を表している。

現代社会福祉理論の基本的な原則は，人権を尊重し，差別を解消し，国家が国民全体の生活を保障し，それを向上させることにある。その基本原理から中国の伝統的社会福祉思想を考えてみれば，全体的にまだ漠然としており，具体的側面においても多くの不備を有しているものの，近代西欧の社会事業理論や社会福祉理論を受容する基盤が用意されていたといえる。

2　康有為の『大同書』と大同思想の進化

（1）康有為と『大同書』

19世紀末，中国の資本主義的要素は大きく発展し，次第に国際資本主義の市場経済に巻き込まれていった。一方，市場経済によってもたらさせた弱肉強食の姿が中国伝統社会に与えた衝撃は大きかった。こうした社会・経済状勢が変化するにつれて，新しい知識人階層も生まれ，彼らは一方で意欲的にヨーロッパの思想を取り込もうとしながら，また他方で中国の伝統思想にどのようにドッキングさせるかを考えざるを得なかった。また，近代の西洋資本主義が抱える様々な病弊をいかに避けることができるかをも模索しはじめた。代表的な思

第3章　社会福祉文化の経路依存

想家らは旧来の大同思想を基盤とし，ヨーロッパの人権思想の影響を受けながら，伝統的大同福祉観に対して，様々な改良を試みた。

清末民初の思想家・政治家である康有為はその先駆者の一人であった。康有為が大同社会の理念を賞賛し，名著の『大同書』の中で描いたのは，「天下の田を挙げて皆公有と為す」「農・工・商の業は，必ず公に帰す」というような，財産の公有化によって実現される，国家や階級のない平等，幸福な「大同世界」であった。「大同世界」では，政府は単なる経済・文化活動の管理機関で，国家機関としての権力をもたず，管理者はみな人民の公選によって選ばれる「智人」「仁人」である。康有為は，現在の社会では「乞食が至る所におり，孤老残疾者も救済してくれる人がなく，道路で死ぬ者は毎日あり……」と指摘し，このような悲惨な状態をなくし大同社会を実現するために「収恤之法」という法案を実施しなければならないと強調した。その具体的な方法は次の3点にまとめられる。

第1は「移民墾荒」であり，無職の民を移住させて荒地を開墾することである。第2は「教工」である。無職の人々を各地に設立した「警惰院」に集め，それぞれの能力に応じて，工芸等の職業訓練をすることである。第3は，「窮養」であり，鰥寡孤独・老人・病人・障害者等の無告の民に対して，各州・県の行政機関が保護施設を設立し，全員を保護することである。

康有為はさらに，救済の主体は公共政府であり，「人間は人間が為せる者に非ず，皆天に生れし者なり。故に人々は皆天に直属す。而して公立政府とは人々が共同で設立するものにして，公立政府は人間を公的に養い，教育し，救済すべし」と考えた。このように「大同世界」を支える社会的基盤は，個人の人権と平等であるといえる。康有為が提唱した福祉施設の基本的なプランは，表3-1の通りである。

（2）康有為の大同社会の構図

康有為の考えでは，これらの福祉施設が円滑に運営されれば，家庭の機能は不必要となる。家庭はなくなり，同時に私有制もなくなり，これによって公有

表3-1　康有為の構想した大同社会の構図

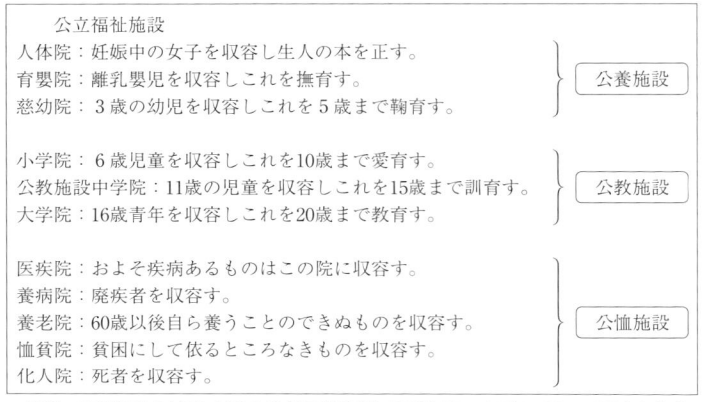

```
公立福祉施設
人体院：妊娠中の女子を収容し生人の本を正す。        ┐
育嬰院：離乳嬰児を収容しこれを撫育す。              ├ 公養施設
慈幼院：3歳の幼児を収容しこれを5歳まで鞠育す。       ┘

小学院：6歳児童を収容しこれを10歳まで愛育す。        ┐
公教施設中学院：11歳の児童を収容しこれを15歳まで訓育す。├ 公教施設
大学院：16歳青年を収容しこれを20歳まで教育す。       ┘

医疾院：およそ疾病あるものはこの院に収容す。          ┐
養病院：廃疾者を収容す。                          │
養老院：60歳以後自ら養うことのできぬものを収容す。     ├ 公恤施設
恤貧院：貧困にして依るところなきものを収容す。        │
化人院：死者を収容す。                            ┘
```

出所：田所義行『中国に於ける世界国家思想』昌平公司，1947年，109-110頁より作成。

的な「大同世界」が自然に実現されると主張した。

　康有為の「大同世界」の理論の枠組みは，中国伝統の大同思想を受け継いだものだが，理論的な基盤は異なるものだった。それは「仁愛」という道徳理念を離れ，ヨーロッパ式の民主・人権主張に近づいたものであった。「公有」概念も，今までの「大同思想」が小農経済を基盤とするのとは異なり，物質文明が十分な発達を遂げた社会を前提とするものであった。

　また『大同書』の中で，康有為は初めて西欧キリスト教の「聖愛」と儒教思想の「仁愛」および仏教思想の「慈悲」を結びつけて，中国にあるべき理想的社会像を描いた。『大同書』は，20世紀初頭，資本主義がまだ十分に発達していなかった当時の中国福祉思想を反映している。(12)

　これも従来の大同思想と比べて，著しい飛躍だといえよう。しかし，「大同世界」理論にもその限界があった。彼の思想において，博愛，仁愛，慈悲などの概念にはまだはっきりとした定義がなかった。その上，彼の構想した大同福祉プランも空想的な部分があり，中国社会の現実と合致しない部分が多かった。これは伝統的な大同・仁愛理念が，中国資本主義の発展にともない近代的な社会福祉思想へ移行する過程の中で生まれた特殊な形態であるといえる。このこ

とは，中国の半植民地（形のうえで独立しているが，実際には政治・経済・軍事において他国に支配されている国家社会）・半封建的な社会的特性，及び中国の新興勢力のブルジョアジーがまだ未成熟の状態にあることをも反映している。

3　孫文の国家社会主義論と大同福祉観

　康有為の「大同世界」の福祉思想が伝統理念に対する超克だとすれば，孫文の国家社会主義の福祉思想は伝統的理念からの離陸だといってもよい。

　1911年に勃発した辛亥革命により，中国では近代民主主義国家という形をとった中華民国が成立した。革命運動の首脳である孫文は資本主義の発展にともなって現れた社会問題に対して，公的な社会救済制度の実現を目標としたプランを立て始めた。

　国家資本主義の所有制を基盤とし，国家が分配を調整しながら民衆の生活向上をはかり，大同社会を実現しようとするのは孫文が構想した民主主義国家の福祉論のシナリオであった。人間の生存権を保障する意識や共同救済の意識等も，その中に強く現れている。

　民主主義国家の社会福祉像について，孫文は「国家は鉄道，鉱業，森林，航路の収入と人民からの地租・地税の払い込みによって国庫の財産を充実させ，…（中略）…様々な社会の幸福を図ることができる。平等な教育が実現され，人々が貴賤を問わずみな公的な学校に入り，教育を受けることができる。学費・食事代・衣服代や教科書代はもちろん，費用はすべて国家が負担する。…（中略）…公共養老院を設立し，老人を養護して，充実した生活を与え，最後まで快適な生活を送らせるべきである。…（中略）…公共病院を設立し，…（中略）…無料治療制度を実施し，貧しい人でも待遇は富人納税者と同じ。…（中略）…このような実践を進めてゆけば大同の世界の実現も難しくはない」[13]と考えた。「人類の最大の理想は，人々が同じように大同の幸福を楽しむこと」と孫文は述べ，大同を最終的な目標とした。大同の実現にあたっては，まず民生問題を解決しなければならないと，孫文は考えていた。

民生とは一体どういうものであろうか。それは「人類が生存を求める」ことであり，「民生とは人民の生活，社会の生存，国民の生計，大衆の生命と言える(14)」と孫文は説明する。彼の民生思想の核心は，国民の最低限度の生活を保障することと理解できる。

　若い頃，医師としてマカオに病院を開業していた孫文は，クリスチャンとしての精神から自ら困窮者に無償治療を施したが，同業者に排斥され，やむを得ず廃業することになった。自身の慈善実践活動から，孫文は慈善家・宗教家らが個人の慈善心によって一部の人々を救ったとしても，貧困を根絶することはできない，貧困を根絶するためには近代国家の力に頼るしかないと痛感した。その後，彼はたびたび，「国家の最も大きい役割とは，人民の幸福を図ることにある。一般の人々に教育を受けるチャンスを与え，すべての人々がみな養われるべきである。壮年で無職の人がいれば，国が工場をたくさん作って，人々に仕事を与えるべきである。老年で仕事ができない人，また子女や親戚などの扶養者のない人，いわゆる鰥・寡・孤・独といった寄る辺のない人に対して，国が養老費を出さなければならない(15)」という結論に至った。

　また，孫文は「国家運命を握る人は，イギリスでも，アメリカでも，ドイツでも，フランスでも同じように，①国民に食事のあること，②国民に衣服のあること，③国民に住居のあること，④国民の交通の便をはかること，という4点を徹底しなければならない(16)」などの考えを示した。

　以上の主張から見れば，孫文は国家が主導として資本主義を発展させることによって，分配の社会化を実現し，社会の中に溢れた不公平な現象をも解決することができると考えた。すなわち，国家による資本主義への介入が実現すれば，欧米資本主義国家に見られる激しい貧富の差を回避することができるという考えであった。

　実は，最近の研究成果によって辛亥革命後の孫文の国家建設及び民生の構想が国家資本主義ではなく，国家社会主義を目指したものであると，新たな論点提起がされた。

　2013年6月に出版された『孫文の社会主義思想――中国変革の道』（安藤久美

子，汲古書店）の序論である「社会主義者として生きた孫文」の中に，次のような文章がある。「孫文はレーニンと同じ頃生まれ，同じ頃に没した，ほとんど同時代の革命家である。2人は中国とロシアでそれぞれ異なる独自の社会主義を目指していた。社会革命としてロシア革命が先行したので，ロシア革命の孫文への社会主義的影響が強化されてきた。しかし，孫文はロシア革命よりずっと前に，辛亥革命より前に，中国における社会主義建設構想の骨格を築き上げていた[17]」。また，「孫文は，社会主義者と交流し，社会主義インターナショナル（第2インターナショナル）[18]に加盟し，中国革命を世界の社会主義革命の一環とする立場を表明していた」。

辛亥革命後，孫文は「社会主義者と自称し，地権平均と新たに提出した資本節制に基づく民生主義構想を，国家社会主義として説明した」。また，「この構想は，地主と資本家を一挙に無くすのではなく当初それらと妥協するが，制度を通じて着実にその搾取性と独占性を無形化して，土地と資本の公有を実現していく，相当長期にわたる平和的，漸進的社会主義建設の道であった」と，社会主義建設の構想について語ったという[19]。

また，孫文は，社会主義建設についてより具体的な構想を明言した。「我国で社会主義を実行するには，土地公有を主張し，地主所有の土地を調査し，土地にその時価を決めて，自由に申告させ，国家はその地価に応じて，土地の百分一の税を徴収する。…（中略）…その後の地価の増加分は，みんな公有とする」。つまり，私的大資本家の制限と国家資本の育成を図る。「国家には鉄道，鉱業，森林，船舶運輸，航路の収入があり，さらに人民の地代と地税が完納され，国庫は充実する」，こうしてこそ，「公共教育による教育の平等，公共養老院，公共病院の設立など，社会福祉充実させる」ことができると主張した[20]。

前述の安藤は，「孫文の社会主義は，暴力によらず，議会を通じた漸進的変革を主張する当時の社会民主主義と親和性を持っていたが，現有勢力と妥協しつつ，確実な変革を積み重ね，相当長い期間を経た後に実現するその最終目的は，資本主義制度の改良ではなく，世界中からの資本主義制度の廃業であった。そしてその先に共産主義社会，すなわち大同社会があった。遠大な理想と眼前

の具体的な妥協的政策の両方が,孫文の中にあった[21]」と,分析した。孫文がなぜ,辛亥革命前に国家資本主義を提唱したが,辛亥革命後に国家社会主義に言い直したのか。これは,孫文の思想の矛盾ではなく,孫文の思想の中に遠大な理想と眼前の具体的な妥協的政策の両方にあった。言い換えれば,舶来である国家資本主義や国家社会主義のいずれにも妥協できる範疇にあり,孫文の究極の目標は,中国が長年目指していた大同社会の実現そのものである。

以上の分析から,中国の近代において大同理念に新しい展開と融合が始まったことがわかる。これは私的領域である道徳から公的領域である政治への拡大,そして地域的な宗族福祉から一国の社会福祉へという展開の過程である。それは,様々な公有思想と公有制理念の融合でもある。公有制度を基盤にした大同社会は,そもそも中国歴史上,数千年来の憧れの理想社会であった。中国のインテリたちが大工業化を基盤とした未来社会の公有制度に興味を抱いたのは,まずそれが中国の伝統的な大同思想とよく似ているところがあるからであった。

また,「康有為の大同ユートピア,孫文の民生主義,その他多様な傾向の中国社会主義者たちによる資本主義批判——これらは彼らが政治,経済,軍事,文化などの領域で構築したさまざまな近代のプロジェクト(近代的国家政治体制,経済体制,文化価値)と相表裏していたのである」。つまり,「モダニティに対する懐疑と批判そのものが中国のモダニティをめぐる思想の基本的特徴であったとさえ言える[22]」。

いずれにしても,彼らは意欲的に欧米社会福祉思想の中から公的救済思想や平等の原則等を取り入れて,大同の理念の中に詰め込んだ。中身はすでに新しい時代のニーズに合わせて取り替えられたものであったが,表面的には大同という理念が不変の目標として掲げられている。毛沢東の時代になっても,このような姿勢は一貫していた。実際のところ,近年,胡錦濤政権が提唱した「民生」「普恵型」社会福祉政策は,孫文の民生思想を継承し,資本主義の市場経済に対する批判をもとに,先駆的な福祉理論と中国の大同理論をミックスさせたものともいえる。

4　毛沢東の社会主義的ユートピアの幻想——毛沢東の絶対平等的大同理想

　かつて，ロシアの革命家レーニンは，孫文の国家社会主義思想について，社会主義建設の構想が遅れたアジアでは進歩的であると評価したことがある。また，この構想はブルジョア社会主義であり，主観的社会主義であると批判したこともあった[23]。レーニンは平和革命を痛烈に批判し，階級闘争や暴力によって旧来の社会秩序を転覆することを主張したので，当時の社会民主主義と親和性をもっていた孫文の社会主義観を批判したのは当然であった。レーニンのこのような孫文観は，毛沢東を代表とする中国共産党に受け継がれた部分が多かったと見られる。

　毛沢東は若い頃，友人の黎錦熙へ宛てた手紙の中で「大同の実現は私の目標である」[24]と記していることからもわかるように，康有為の「大同世界」を崇拝していた。彼はまた，1919年12月に『湖南教育』という雑誌に発表した「学生のなすべきこと」という論説の中で，以下のような新しい社会像を提示している。それは，「現在の家庭制度を改革し，個々の家庭を併合して新しい社会を誕生させる。新しい社会を支える主な施設は，公共育児院，公共蒙養（幼稚園）院，公共学校，公共図書館，公共銀行，公共農場，公共工作場（国営工場），公共消費社，公共劇場，公共医院，公園，博物館，自治会などである」[25]というものであった。彼の考えによると，まずは，個々の学校や家庭を相互につなぐ基盤上で社会の改革を行えば，共同の労働や生活を通して人間の格差をなくすことができるという。これは毛沢東が若い時に憧れた「大同」社会の初期の形態である。

　その後，毛沢東はマルクス理論の影響を受けたため，毛沢東の新しい社会に対する構想およびその実現方法・道筋に大きな変化が現れた。『共産党宣言』の精神に触れた毛沢東は，労働問題，生活問題の根底には，資本主義自体が内包する解決困難な矛盾があるとした。そして，労働者階級や農民階級を主流とした革命によって資本主義を否定し，生産手段の私有制を排すれば，社会主義

的な生存権や公平な分配を手にすることができると主張した。彼の実現手段に対する考えは，すっかり変わったが，若い時代から持っていた大同への憧れまでが変化することはなかった。彼は新しい基盤に基づいて，この大同理念を後の中国における社会主義の実践の中で試みていった。

1949年，毛沢東を最高指導者とする新民主主義国家の中国が成立した。その後1958年までの間に，中国は毛沢東の指導のもとで，土地改革，合作化運動（組合運動），人民公社化運動を3本の柱としながら社会主義国としての社会福祉の道を歩んだ。

1950年，「地主階級の土地所有制を廃止し，農民の土地所有制を実行する」ことを目的とする「中華人民共和国土地改革法」が定められた。これは「耕す者に農地を所有させる」という原則に基づくものであり，いわば，中国伝統の大同思想を継承するものであった。都市部でも，中国の工業資本の3分の2を占めていた官僚資本を没収し，国家所有とした。1953年から，合作化運動が全国に起こった。この合作社というのは，私有経済をプロレタリア階級の指導する国家権力の管理下におき，民衆の集団経済組織とするもので，私有制から公有制への過渡期ともいえる。その後1958年に入り，大規模工業の公有化や，農民および小規模工業に対する合作経済の導入が完了したところで，人民公社化運動が突如始められた。8月に中国共産党政治局拡大会議が開かれ，「人民公社設立についての決議」が定められた。この決議からわずか3カ月後には，全国の農村で2万6,000の人民公社の設立が果たされ，都市でも試験的に一部地域に展開された。

人民公社化運動の核心部分は「一大二公」（第1に規模が大きいこと，第2に所有が公であること），「一平二調」（第1に平等であり，第2に調達すること）であり，その目的は公有制体制に移行することである。具体的な方法としては，①2,000戸から5,000戸の世帯が一つの人民公社となり，工・農・商・学・兵を一体化する。②私有制の残存を一掃するため，構成員の私有地や私有産業および私有財産などを無償で公社に移し，公有制にする。自由市場を閉鎖し，貨幣が使える範囲も縮小させ，そのかわりに配給券を発行する。③供給制度を導入し，

公社レベルで貧しい地域と豊かな地域の所得を均等的に分配する。(公共蓄積の名において過大な無償労働の強要も行われた。労働では集団的な労働点数制による収穫分配を行うとされたものの,実際には実行されず,供給制になってしまった)。④社会福祉は全部公的なものにし,公共食堂の普及によって,家庭での個別の食事をやめて,主として公共食堂で食事をとるようにする。幼児園をたくさん設け,子どもたちは幼児園で預かり,子どものための一切の費用は公的に保障される。男女共働きでは,教育も福祉も無料で,高齢者や障害者は養老院や障害者施設と福祉院で受け入れる。

毛沢東は長い間持ち続けた大同という民族的な理想と私有制の全面廃止や平等分配という共産主義の理想と結びつけて,人民公社という形を通じて試みた。

しかし,こうして人々の生活は集団行動が主体となったため,家庭の機能はしだいに弱められ,それぞれの人がみな同じような生活を過ごすことになった。工業化がまだ十分に発達していない段階で,このような公有化や均等化を目指す人民公社化運動を進めたことは,中国の社会発展を大きく失速させることへとつながった。

毛沢東の理想社会の構想に対して,国内学者は下記のように評価している。「毛沢東の社会主義は一面において近代化イデオロギーの一種であるが,また欧米の資本主義近代化に対する批判という別の面を持っている。しかし,この批判は近代化そのものに対する批判とは言えない。むしろ全く逆で,それは革命イデオロギーとナショナリズムの立場から生み出された近代化の資本主義様式また資本主義段階に対する批判であった。そのために,価値観と歴史観のレベルから言えば,毛沢東の社会主義思想は資本主義的モダニティに反対するモダニティの理論である。政治的結果から言えば,三大差別を解消させようという毛沢東の社会実践によって国家から独立した社会的カテゴリーの存在可能性が消滅し,すべてを覆い尽くす空前の巨大国家機構が作り出されたばかりではなく,社会政策のあらゆる部分が前衛政党を中心に組織されてしまったのである」[26]。

第Ⅰ部　中国社会福祉の本質

5　「小康社会」構想と大同福祉観の葛藤

（1）鄧小平の「小康社会」プラン

　1980年代以後，中国における福祉文化としての流れは，「小康社会」ビジョンの創設と小康社会の概念化，理論化ということであった。

　1979年，鄧小平が主導して中国の経済改革開放を推し進めるようになると，毛沢東時代の計画経済に立脚した絶対平等主義（ネガティブウェルフェア）及び目指すところの大同社会の実践である「単位福祉」は修正され，計画経済と計画経済指導による市場経済が併存する経済基盤をもととする「小康生活」という社会福祉プランが登場した。

　「小康社会」概念は，1979年12月，鄧小平が日本の大平正芳首相と会見した際に初めて提起したものである。大平首相は中国の近代化ビジョン及び経済改革後の中国の未来像に非常に関心を持ち，これについて鄧小平に質問したところ，鄧小平は「我々が目指している4つの近代化は中国式の近代化であり，我々の近代化の概念はあなた達（先進諸国を指す）に規定される近代化とは異なる。我々の近代化は『小康之家』である」と答えた。現実派の鄧小平は，空想派の毛沢東が目指した「大同社会」の理想から一歩引き，抽象的なユートピアを追求するより，努力すれば誰でも手が届く「小康社会」の旗を掲げたわけである。こうして絶対平等主義（ネガティブウェルフェア）から離れ，先に豊かになれる条件が整ったところから豊かになり，その影響で他も豊かになればよいという「先富論」を主張した。しかし，伝統的な福祉観にこだわることに関しては，歴代の先達や毛沢東と共通項をもっていた。

　実は鄧小平の「小康社会」の思想的な源流を追究すると，これもやはり「大同」思想と孫文の「国家社会主義」思想とつながっていると考えられる。『礼記・礼運・大同篇』で孔子は現在の世のあり方を嘆き，遠い過去にあった「大同」の世について説く。孔子が生まれたのは春秋戦国末期という乱世であるが，太古には「大同」という理想的な世界があった。それがやや乱れて「小康」と

なり，今はさらに乱れて全くの乱世になっている。いわゆる下降史観である。ここで彼らが考えていた社会像によると「大同」がもっとも理想的な社会であり，「小康」は大同社会ほどではないが，人々が豊かで満ち足り，安定している社会である。現世は乱れている乱世で，これを乗り越える必要がある。

また，小康と言う言葉の語源は中国古典の「詩経・大雅・民労」の中の「民亦労止，汔可小康」に由来する。その意味は，民衆は賦税労役により疲れ果てているため，彼らにすこし休息を与えるべきだろうというものである。その後，中国古代から近現代にかけて孔子を含む歴代の文人たちは，この小康の言葉及び趣旨を用いて，人々が豊かで満ち足り，社会安定しているような理想的な状態を描いた。小康はまた同時に中国の一般庶民が豊かな生活を追求する様子を表すものとなっていった。鄧小平が描いた小康社会は，まさに近代的な価値観と伝統的な福祉思想や思索を融合させたものである。近代化発展の視点から解釈すれば，小康社会では，国民の平均収入と国民総生産の大幅な向上，民主政治・社会の安定の実現，国民の住居と職業の安定がその重要な柱となる。1980年初頭に鄧小平は，様々な場において小康社会を論じ，そのさらなる概念化，理論化に努めた。

鄧小平の小康社会理論の基本構造は，次のようにまとめられる。第1に「小康は中国近代化の最低目標であり，人民の生活が少しずつ豊かになり，安穏に暮らせることである」。第2に「小康の現代化は中国的な現代化を目指すことにあり，西洋の現代化を求めるものではない」。第3に「健全な社会は物質的な豊かさだけではなく，精神を含む，文化的な豊かさも実現しなければならない」こと，第4に「社会主義の公有制は普遍的な豊かさを達成する基盤であり，共に豊かになることこそ，小康社会である」。

鄧小平の思案により「小康社会」は1982年の共産党第12回改革の目標，国策として明記された。1984年，鄧小平は小康の概念を再び具体化し，「我々の第1の目標は本世紀末に小康社会を実現すること，第2の目標は30年ないし50年以内に先進諸国の生活水準に到達すること」とした。

また，政府はいくつかの近代化指標をも同時に明示した。「小康目標」とは

具体的に、2000年までに全国1人当たりの消費レベルが1,000米ドルを超えること、1日当たりの摂取カロリーが3,246キロカロリーを超えること、平均寿命が73歳を超えることなどである。ほかに、生活レベルの向上、文化的生活の実現、社会福祉の充実を目指し、多くの人々が衣食足り、安定した暮らしを送れるようにすることである。

小康社会を実現するためのプロセスとしては、「一部の人々や地域が先に豊かになる」（先富論）ことを許容するとともに、「先に豊かになった人々や地域がその他の人々や地域を先導し、手助けをして、共に豊かになる」（共同富裕）という構想であった。

そして「白猫黒猫論」として有名になる鄧小平の持論が、「小康社会」を実現していく手段ともいえる。「白猫黒猫論」は、はっきりと言えば、資本主義であろうが、社会主義であろうが、「小康社会」の目標が達成できれば、基盤とする思想はどちらでも構わないという考えである。このような発想は、孫文の考えに類似している。

（2）胡錦濤政権の「和諧社会」と「適度普恵型」社会福祉

第3代、第4代の指導者は「小康社会」理論の継承を基礎としている。1990年代、第3世代の江澤民政権は、毛沢東思想と鄧小平理論を受け継ぎ、特に「小康社会」の理論をより一歩前進させた。2002年の第16回党大会における江澤民総書記報告では、「小康社会を全面的に築き上げ、社会主義現代化の進捗を速め、中国ならではの社会主義事業の新しい局面を切り開くために奮闘しなければならない」としながらも、また、「現在達成した小康は、まだ低水準であり、全面的ではなく、発展が不均衡な小康である」と認めざるを得なかったのである。このため、同大会では、新たに2020年のGDPを2000年の4倍とすること等を内容とした「小康社会の全面的建設」が提起されるに至った。

また、余談だが、江澤民の名前の「澤民」は、「恵澤万民」の意味から由来する。「恵澤万民」「普恵万民」の考えは、江澤民の政治支配の中にあるのではと思う。

第3章　社会福祉文化の経路依存

　第4世代指導者の胡錦濤は2003年に政権発足する当初からも全面的な「小康社会」を建設することを目標に掲げた。胡錦濤政権は2020年までに「全面的小康社会の実現」に向けて，以下の4つのポイントを取り上げた。

① 　人民を本位とする。
② 　持続可能な発展を図る。
③ 　国全体の利益のために統一的に取りはからうと同時に各方面の利益をも考慮する。
④ 　国民生活の保障と改善を図り，社会の公平正義を促進する。これは，決して小康社会を否定するのはなく，小康社会理論を補足する意味合いを有している。

　しかし，2003年，胡錦濤政権の発足とほぼ同じ時期に，世界を震撼させたSARS騒動が発生した。SARS騒動を契機に経済成長を優先する政策の下で，生産性のない地域医療や疾病予防施設が閉鎖されたり，売却されたことが暴露された。高度成長路線の脆弱性を痛感した胡錦濤指導部は，国民の生命や生活の保護を政権の存続に関わる大問題として捉えるようになり，独自の政策も打ち出していった。

　2003年7月1日，胡錦濤は，共産党創設82周年記念行事において就任演説とも思われる演説を行った。そこで，「民の楽しみを楽しむ者は，民も亦其の楽しみを楽しむ。民の憂いを憂うる者は，民も亦其の憂いを憂う」との『孟子』の中の言葉を引用し，「民生（国民生活）」を優先課題とすべきことを強く強調した。民生問題について取り組む独自の政策は，年金・医療保障に無縁であった農民に年金保障，医療保障を与えることであった。このような発想に基づく政治スタイルを凝縮させたのが「和諧社会（日本語では調和社会という）」「適度普恵型」社会福祉である。

　そもそも，調和社会とは「和やかな社会」を意味するものであり，全国民改革と成長の成果を享受できることを目指し，発展から取り残された農村や貧困

層の生活向上，公平かつ秩序ある法治社会の実現等を主な長期的課題としている。つまり，GDP至上主義が生んだ歪みや弊害を是正し，「小康社会」「調和社会」の実現を目指す，というものである。

「調和社会」像を人々に実感させるための具体的な施策とは何かは，胡錦濤の政権が絶えずに探りつつあった課題である。様々な試行錯誤の末にたどり着いたのは，「適度普恵型」福祉である。

「適度普恵型」社会福祉の構想は，2007年以後に明確にされた社会福祉政策の考え方である。2007年10月に社会福祉を主管する民政部から「適度普恵型社会福祉の建設に関する」建議書が明示された。その建議書の主な趣旨は，持続的な経済成長が達成したにも関わらず，社会福祉が従来のまま残余型福祉にとどまっていることを批判している。その上，経済発展の恩恵が国民各層に等しく利益を受けるよう，社会福祉は残余型から普恵型へ転換することをを主張している。

2007年末から，「適度普恵型」社会福祉をめぐって学界及び実務家レベルにおいて活発な議論に花が咲いた。"調和社会"戦略思想の下で，展開された「適度普恵型」社会福祉の議論には，いくつかの傾向が見られる。一つは，残余的な社会福祉政策をとるか，普遍的な福祉政策をとるかという議論だと思われる。その議論を用いた理論的モデルには，社会学者・政治学者であるエスピン‐アンデルセンが提示した福祉国家類型論が反映されているように思われる。また，その議論の背景には市場経済改革の初期に行きすぎた社会福祉の市場化の失敗や国家責任の回避の反省にあった。そして，最低限度の生活を保障するため，最低生活保障制度や基礎年金保険制度の実施を通じて，国民一人ひとりに現金を給付するという政策構想が，生存権保障の思想の展開であると考えられる。

胡錦濤が提唱した「和諧社会」や「普恵型福祉」は，いずれにしても伝統的なユートピア思想「大同社会」や「小康社会」を演繹することと思われる。実は21世紀に入ってから伝統文化がかつての弾圧の対象から保護の対象となり再評価されつつある。

第3章　社会福祉文化の経路依存

　こうした伝統回帰は，歴史的な変革期の只中にある中国共産党が，時代の進行方向を探りつつ，必死に思想的模索を続けていることを示唆している。特に経済改革開放後，伝統的な文化や民族精神の重要性を喧伝し，国民にそれらの発揚を強く求めるようになった。これは社会主義イデオロギーに取って代わる国民統合理念としての有効性をそこに見出しているからにほかならない。

　一方，こうした絶えずに続いていた伝統文化への回帰現象から，「大同社会」や「普恵万民」など，その理想的な社会像は，中国人の精神世界の中に常に存在し，達成するためのプロセスや手段などがいくら変わっても，その心の中の信仰は崩れなかった。よってこのような「大同社会」や「普恵万民」の理想は，中国人にとって最も受け入れやすい，納得できる政策案といえる。

　大同理念は，中国の社会福祉思想の歴史的な流れを貫く基本的な理想モデルであり，内的な連続性がきわめて強い。その成否にかかわらず大同理念はつねに中国の社会福祉思想の特質として，今後も中国社会福祉発展の道を規定しつづけるであろう。

　福祉文化の経路依存は，中国社会福祉の一つの特質である。

注

(1)　一番ヶ瀬康子・河畠修など編『福祉文化とはなにか』有斐閣，1997年。
(2)　馬場清『福祉文化研究』福祉文化学会，2005年，9頁。
(3)　岩間文雄『関西大学　社会福祉学部研究紀要』第13号，179頁。
(4)　竹内照夫『新釈漢文大系　第27巻　礼記（上）』明治書院，1971年，328頁の邦訳を参照。
(5)　侯外廬『中国歴代大同理想』科学出版社，1956年，29-31頁。
(6)　周谷蔵編『中国通史　下冊』香港太平書局，1973年，1016頁。
(7)　同前書，1973年，1017頁。
(8)　金双秋編『中国民政史』中国湖南教育出版社，1989年，584頁。
(9)　同前書，587頁。
(10)　金双秋編『中国民政史』中国湖南教育出版社，1989年，590頁。
(11)　康有為『大同書』北京古籍出版社，1956年，192頁。
(12)　なお「礼運注」は，『原典中国近代思想史　第2冊　洋務運動と変法運動』（岩波書店，1977年）に抄訳がある。

康有為の代表的な思想に，大同三世説がある。大同三世説とは端的に言えば，歴史が「拠乱世」（野蛮な世の中）から順次発展して「升平世」へ，そして最後に「太平世」という理想社会に至ると説く歴史発展理論である。これは『礼記』礼運篇の小康・大同という理想社会観に，董仲舒や清代の今文公羊学者たちの唱える三世説を組み合わせ，さらに西欧の社会進化論やユートピア思想をも取り込み成立した思想である。

　　時代を経るにつれ理想社会に近づくとする康有為の考えは全く新しいスタイルの歴史観であった。次に理想とされる社会「大同」は以下のような特徴を持つ。まず全人類が男女・民族・人種に関係なく自由平等となる。政治的には世界が統一された上，共和政体をとり，民主的選挙で選ばれた議員の合議制で運営される。経済的には全く不自由のない生活を営み，そして自動運転の車や船が活躍する。またあらゆる境界概念が消滅する。すなわち家族や国境という個々人を束縛するものは消滅し，婚姻もなくなる。このようにプリミティブな共産思想に未来技術を加味したような社会が「大同」とされた。（「康有為『礼運注』を読む」を参照，www.h3.dion.ne.jp/~maxim/raiuntyuu.htm，2011年5月10日アクセス）。

(13)　孫文「在上海中国社会党的演説」『孫中山全集』第2巻，中華書局，1981年，523-524頁。
(14)　孫文『孫文選集第5巻』社会思想社，1985年，275頁。
(15)　周金声『中国経済思想史』台湾，周全声著作発行所，1159頁。
(16)　孫文「在滬尚賢堂茶話会上的演説」『孫中山全集』第3巻，中華書局，1981年，322頁。
(17)　安藤久美子『孫文の社会主義思想――中国変革の道』汲古書店，2013年，3頁。
(18)　第2インターナショナル（英：Second International）は，社会主義者の国際組織で，1889年から1914年まで活動した。前身は第1インターナショナル。後継組織として第3インターナショナル，労働社会主義インターナショナル，社会主義インターナショナル等がある。
(19)　同注(17)，9頁。
(20)　孫文『孫中山全集』第2巻，318-329・332-333・337-341頁参照。
(21)　同注(17)，23頁。
(22)　汪暉／村田雄二郎・砂山幸雄訳『思想空間としての現代中国』岩波書店，2006年，13頁。
(23)　安藤久美子『孫文の社会主義思想――中国変革の道』汲古書店，2013年，4頁。
(24)　汪澍白『毛沢東思想与中国文化伝統』厦門大学出版社，1978年，67頁。
(25)　同前書，102頁。
(26)　汪暉／村田雄二郎・砂山幸雄訳『思想空間としての現代中国』岩波書店，2006年，

12頁。
(27) 鄧小平『鄧小平文集　第3巻』人民出版社，1993年，237頁。
(28) 晴海ゆりこ「康有為『礼運注』を読む」の日本語訳を参照（www.h3.dion.ne.jp/~maxim/raiuntyuu.htm，2011年5月5日アクセス）。
(29) 長谷川啓之監修『現代アジア事典』文眞堂，2009年，499頁参照。
(30) 鄧小平『鄧小平文集　第3巻』人民出版社，1993年，161頁。
(31) 中央文献研究編『鄧小平年譜　1975-1997』（下）中央文献出版社，2004年，816頁。
(32) 鄧小平『鄧小平文集　第3巻』人民出版社，1993年，154，314頁。
(33) 同前書，216・259頁。

参考文献
一番ヶ瀬康子・河畠修など編『福祉文化とはなにか』有斐閣，1997年。
韓慶祥等編『社会層級結構理論—関于中国問題的一種分析框架』中国社会科学出版社，2012年。
沈潔「一番ヶ瀬福祉文化学と東アジア福祉研究」『福祉文化学の源流と前進』明石書店，2011年。
陶徳民・姜克實など編『東アジアにおける公益思想の変容——近世から近代へ』日本経済評論社，2009年。
田雪原編『全面建設小康社会——人口与可持続発展報告』中国財政経済出版社，2006年。
銭丁編『現代社会福祉思想』高等教育出版社，2006年。
梁景和編『中国社会文化史的理論与実践』社会科学文献出版社，2010年。
陸学芸編『当代中国社会構造』社会科学文献出版社，2010年。
陸学芸・王処輝編『追尋中国社会的自性——中国社会思想史論集』広西人民出版社，2004年。
汪暉『現代中国思想的興起　第2版』（全4冊）北京・三聯書店，2008年。
汪暉　村田雄二郎など訳『思想空間としての現代中国』岩波書店，2006年。

第Ⅱ部　中国社会福祉の改革

第4章　毛沢東時代の社会福祉改革

　毛沢東らの社会福祉政策の基本方針は，まず，生産手段の社会化・公有化を達成し，そして，資源・資産分配の段階で国家の介入を通じてプロレタリアートの生活を保障するとともに貧困問題を解決しようとした。これは，所得再分配を行わず，国家が計画的に生産手段や労働力及び総生産物等を分配するという仕組みであった。

　本章では，社会主義計画経済における「単位制」生活保障制度，労働者保険制度，民政救済制度から構成された社会福祉構造の形成及び特質を解明することを課題とする。

1　毛沢東時代における社会福祉改革

(1)「相互扶助」伝統文化の温存

　中国は，古代から近代までの慈善救済事業が主に民間によって担われてきた伝統を持っている。1949年までの国民政府は，伝統的な慈善救済福祉を基本的に引き継ぎながら，社会福祉の近代化を図った。伝統的な慈善救済事業といえば，民間人の宗教家や篤志家たちが「仁愛」「慈愛」「博愛」という理念や信念を持ち，自発的に地域社会レベルで行う活動が想起できる。これは，生活共同体機能を活かしながら，相互扶助の精神を継承していくことに特徴がある。

　国民政府時期の社会福祉は，基本的に伝統共同体内部で残された相互扶助の機能を活かして運用していた。その特徴といえば，生活保障における国家の不在によって生み出されたものであり，住民が自ら組織し，民間ネットワークのつながりで，貧困問題等に対応していく仕組みである。当時の「政府は地縁・血縁・業縁に基づく民間組織や慈善団体に協力を仰ぎながら難民の救済や帰郷

支援に当たっていた」という(1)。1930年代から1940年代の間の民間慈善福祉団体の活動は活発で組織力も非常に強かった。

すでに述べたように、国民政府は慈善団体の組織化を図るため、1929年6月12日に「監督慈善団体法」を公布し、続けて翌年に「監督慈善団体法施行規則」を公布した。これは、慈善団体の性格を「貧困者や被災者の救済、老人や孤児の救済及びその他の救済を事業の目的とする団体である」と定めた。「監督慈善団体法」の実行によって、従来統一されていなかった慈善団体は整備され、社会福祉事業の組織化へと一歩足を踏み出した。

しかし、これらの政策の実施の目的は、資本主義を抑制することではなく、基本的には資本主義の発展を図り、階級間の調和を取りながら少しずつ貧困問題や労働問題を解決していこうとするところにあると思われる。また、共産党勢力や社会主義思想の浸透を防止することも一つの狙いである。国民政府の社会福祉政策と実践は、封建社会的な慈善事業から社会福祉への変容の可能性を示しながらも、階級間の調和を図る社会政策の実施による保護の拡大を意味する近代的な社会福祉への変容に拍車をかけたといえる。

1949年以降、共産党政権によって樹立した社会主義新中国は、国民党政権につくられた法体制及び供給組織を打ち壊し、異なる理念に基づく新しい社会福祉体制をつくり出すことを意図した。しかし、近代国家の形成に伴って醸成された福祉文化などは、簡単に壊されることなく、何らかの形で継承されると思われる。例えば、計画経済期の民政救済の基本的な考え方や救済対象の規定等は、1943年に民国政府により公布された「社会救済法」の規定と重なる部分が多かった。そして、1943年に国民政府によって実施された「農民福利公社の設置方法」及びその展開は、毛沢東時期の人民公社福祉の発想と実践と共通する部分が多く見られる。社会主義計画経済期に取り組んだ民政救済や人民公社の社会福祉事業は、社会主義計画経済期に特有なものとは言い難い。

1949年、早くも毛沢東の新政府は民政救済制度（社会救助）を導入した。民政救済制度は基本的に国民政府が実施した「保甲制」救済福祉を接収し、そして街居制の民政救済制度に改編された。民政救済制度は、鰥・寡・孤・独とい

う労働力を持ってない人，または職を持たせない人々の生活問題を解決するために制定された生活保護制度である。都市部においては民政救済があり，農村部においては「五保戸」救済制度があった。従来の伝統社会では，保甲体制という末端組織は，中国伝統共同体の内部で相互扶助や連帯責任を果たしてきた。毛沢東の新政府は，伝統共同体の相互扶助や連帯責任を担ってもらうため，街居制を作り出した。

民政救済の基本的な理念は，「生産自救」（生産活動に参加することによって，自ら貧困状況から立ち直る）の原則について，生産自救・相互扶助・以工代賑（救済の代わりに仕事を与える）の政策方針を明記した。1950年4月，第1回目の中国人民救済代表会議が開催され，「新中国の救済福祉事業報告」の中に生産自救・相互扶助・以工代賑（救済の代わりに仕事を与える）という社会救助の原則が規定された。

新中国の建国直前では，1949年の夏に自然災害が襲い，長江，淮河，漢水，海河の堤防決壊によって被災民4,450万人を出した。1950年にも旱魃が哈爾濱(ハルビン)省，綏遠省，内蒙古自治区等で起こり，3,030万人が被災した。この大規模な災害が「生産自救」政策を打ち出したきっかけであると考えられる。

また，「生産自救」政策の見本は，共産党政権が革命根拠地で実施した救済策に遡ることができる。毛沢東は，1945年12月15日に発表した「1946年の解放区活動の方針」において，第8項の「救済」について下記のように述べた。[2]

「各解放区には，多くの羅災民，難民，失業者，半失業者がいて，早急の救済を必要としている。この問題の解決のよしあしが各方面に及ぼす影響は非常に大きい。救済の方法としては，政府も各種の方法を講ずるが，主として大衆の相互扶助によって解決すべきである。党と政府は，大衆がこうした相互援助による救済をおこなうように励まさなければならない」[3]

生産自救は，戦時中に解放区での生産管理，合作化運動，難民による移住開墾等の経験を基礎にしたものともみられる。実は，相互扶助・以工代賑のあり

第4章 毛沢東時代の社会福祉改革

方は，従来の伝統社会の統治者によく使われた方策であり，伝統社会の生産自救は基本的にコミュニティを軸にし，しかも自発的，随意的なものになりがちであった。共産党新政権の生産自救政策は，社会統合，社会動員の意味を加え，国策レベルとして取り上げられた。1978年以後，国営企業改革によって生じた失業問題を解決策として，この生産自救策を再び復活させた経緯もあった。

（2）国民政府の社会救済事業との断絶と継承

　毛沢東時代の社会福祉構造は，国民政府と比較して，何が変わったのか，何が変わらなかったのか。国家と社会の関係をふまえ，これらの点をまとめたのが図4-1である。

　まず，国民政府における伝統社会の社会福祉体制では，国家と社会が対峙的な構造となっていたが，対峙しながら協力できる関係を保っていた。国家の生活保障や社会救済に対する役割は，僅かな鰥寡孤独に対する救済及び軍人・公務員に対する共済保険のみにとどまっており，極めて限定的であった。人々の生活は，基本的に民間福祉団体や家族や地域共同体の相互扶助的な活動によって営んでいた。これを支えていた経済的な基盤は，官僚資本，民族資本及び小農経済という多様なセクターであった。市場経済の発達は，十分ではなかった。

　1949年以後，一連の社会改造運動を通して，構築された社会主義計画経済期の社会福祉の構造は，大きく変わった。国家と社会の関係からみると，従来の国家と市民あるいは国家と社会の対峙構造が崩れてしまった。これまで人々が営んできた生活共同体は，個々の「単位社会」に再編成された形で国家・行政の下部組織として位置づけられた。

　図4-1に示したように国家と社会の関係図式は，従来の伝統社会のような水平的な対峙構造から国家から社会に対する垂直的な支配構造に変わっていった。社会組織は国家という強力な組織に吸収されたり，分化されたりしたので，市民を主体とした社会基盤や民間の勢力が衰退した。つまり，これまで民間が主体で社会福祉供給を支えてきた伝統社会との継承ができなくなり，断絶とい

図4-1 伝統社会救済事業との断絶と継承

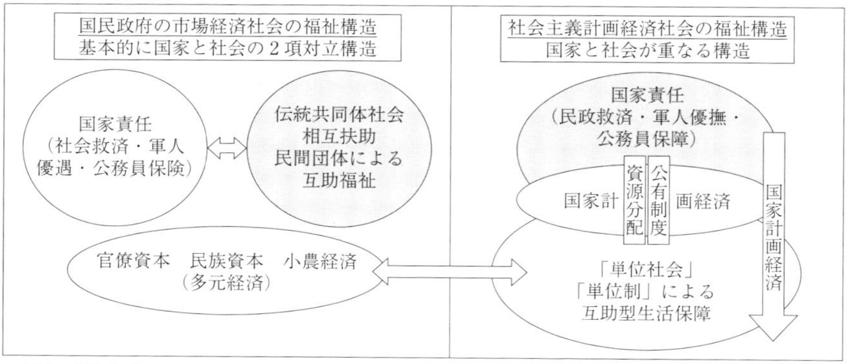

国民政府の市場経済社会の福祉構造 基本的に国家と社会の2項対立構造	社会主義計画経済社会の福祉構造 国家と社会が重なる構造
国家責任 (社会救済・軍人優遇・公務員保険) ⇔ 伝統共同体社会相互扶助 民間団体による互助福祉	国家責任 (民政救済・軍人優撫・公務員保障) 国家計画経済 / 資源分配 / 公有制度 / 画経済 → 国家計画経済
官僚資本　民族資本　小農経済 (多元経済) ⇔	「単位社会」「単位制」による互助型生活保障

出所：筆者作成。

う側面があった。

　また，経済システムにおける継承と断絶は，伝統社会では小農経済が主役で市場経済が十分に発達することができなかったことに対して，社会主義計画経済期では市場経済が完全に排除された。つまり，中国社会経済の深層において，市場経済が十分に展開できる環境を与えなかったことは共通した問題であった。

　毛沢東が提唱した「単位社会」や「人民公社」の基本は，人々の労働が，社会的総労働の一部分として，つまり，総生産物の一定部分の取得権利として位置づけられている。人々は，記載された労働量＝労働時間に相当する消費手段を単位社会から直接支給され，平等的な配給制度を持っている。労働生産物の流通とは，人々の消費に応じて分配することであり，流通と消費は一体であり，さらに生産も消費されるために行うのであれば，生産・流通・消費は一体で管理されなければならない。

(3) 社会主義計画経済期の福祉構造

　社会主義計画経済期の社会福祉の基本構造は，「単位制」生活保障制度，労働者保険制度，民政救済制度という3つの柱から構成される（図4-2）。

　そのうち，もっとも変化したのは，1950年代から1960年代にかけて伝統的な

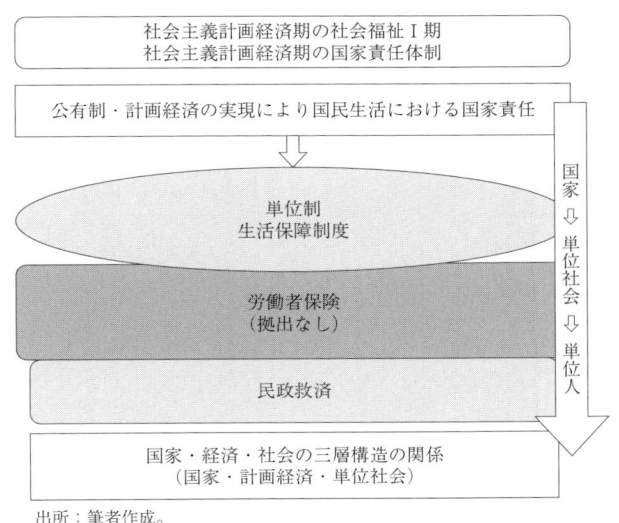

図4-2　社会主義計画経済期の福祉構造

```
┌─────────────────────────────────────┐
│  社会主義計画経済期の社会福祉Ⅰ期      │
│  社会主義計画経済期の国家責任体制      │
└─────────────────────────────────────┘
┌─────────────────────────────────────┐
│ 公有制・計画経済の実現により国民生活における国家責任 │
└─────────────────────────────────────┘
              ↓
        ╭─────────────╮         国
       (   単位制      )        家
       (  生活保障制度   )       ⇩
        ╰─────────────╯        単
        ┌───────────┐          位
        │  労働者保険   │         社
        │  （拠出なし） │         会
        └───────────┘          ⇩
        ┌───────────┐          単
        │   民政救済   │          位
        └───────────┘          人
┌─────────────────────────────────────┐
│    国家・経済・社会の三層構造の関係      │
│    （国家・計画経済・単位社会）         │
└─────────────────────────────────────┘
```

出所：筆者作成。

共同体地域社会を「単位制」生活保障体制に改造したことである。

詳細については，以下の通りである。

1）「単位制」生活保障制度

「単位制」生活保障制度は，一般的にいうと，都市部において国家が住民全員雇用を確保することによって，都市の住民がそれぞれの工場，学校，病院，政府機関等の職場に配置され，隷属するようになることである。そのそれぞれの職場は「単位」という。その単位は，国家を代替して単位の構成員に給与や住宅，医療，年金，福祉サービス等「揺りかごから墓場まで」の厚生福祉を提供する。所得再分配を行わず，実物交換する仕組みが特徴の一つである。

1950年代より「単位制」生活保障制度が，推し進められた社会主義計画経済の構築とともに形成されていた。市場経済改革が始まった1970年代末に，都市部人口の99.8％の人々は，生活資源を獲得するために，それぞれの「単位制」生活保障に依存せざるを得なかった。国家が計画経済体制を通じて各々の単位社会をコントロールし，政治統制や社会安定の目的をも達成したという。

2） 労働者保険制度

労働者保険制度は，工業化や都市化の発展目標を達成するために，工業化に関わる主に都市部の労働者と幹部及びその家族を対象にした政策であり，「単位制」生活保障とセットにされたシステムである。そして，「城郷分治」の政治支配に基づいた政策志向で，このような労働者保険制度の実施によって，農民と労働者の間に超えられない階級制を作ってしまった。

労働保険制度の雛型は，1931年に江西瑞金革命根拠地時代で公表された「中華ソビエト共和国労働法」に従って，作られた労働保険制度と考えられる。また，1940年代の延安革命根拠地や「解放区」の一部の地域で展開された経緯がある。戦争という時代背景の下で取り組んだ労働保険制度は，共産党幹部や軍人と軍人家族及び軍需工場の労働者を主な対象としていたと見られる。しかし，以上のような試行錯誤はあくまで共産党への求心力を求め，戦争を支えるための一時的，臨時的な措置と思われる。労働保険制度を本格的に取り組んだのは，1951年以後のことであった。

1951年，国民経済の回復と新政権の基盤強化を図るために，「中華人民共和国労働保険条例」を定め，適用者を従来の共産党幹部，軍人等の一般幹部，国営企業の労働者等にまで拡大された。条例の制定後，その適用者は着実に増加し，1952年11月末までに，適用企業は3,861社，対象者は職員・労働者320万人，家族を含むと1,000万人前後となった。給付内容は公費医療と養老年金から構成される。

1956年末までに，全国で労働保険制度がカバーしていた従業員数は1,600万人に達し，集団労働契約を結んだ従業員は700万人となる。従って，事実上2,300万人が労働保険制度の定年退職年金保険に加入したことになる。この数字は全国国営，公私共同経営，私営企業従業員総数の94％を占める。[4]

1951年に実施された「中華人民共和国労働保険条例」によって労働保険の財源方式は，企業が拠出する保険料のうち30％は労働保険総基金として全国総労働組合の管理下に置かれ，労働者療養施設等の建設・運営に充てられた。そして，70％は企業労働保険基金として末端労働組合と労働保険委員会によって運

営され，年金保険をはじめ各種保険給付に充てられた。基本的に個人には保険料を納付する必要がない財源・管理方式をとっていた。いわゆる国と企業は共同責任で営むことになっている。

また，1953年に労働部によって公布された「中華人民共和国労働保険条例実施細則修正草案」[5]では，労働者及び家族の厚生福利を拡充することがより具体化された。例えば，条例によって，労働保険を施行する全企業には，労働者の給料及び労働者と家族向けの食堂，託児所，生活関連施設等を設置することが義務化されている。

さらに，1953年5月，財政部，人事部によって発表された「子女管理の補助と家族福祉等の問題に関する連合通知」において，職場及び工会（労働組合）は労働者の家族にも厚生福利を提供する責任があることを明記し，家庭手当支給やサービス供給の政策が確立された。また，中央政府諸機関は，1954年3月に「各級人民政府事務員福祉費管理方法に関する通知」，1954年4月に「国家機関事務員の休暇に関する規定」，1955年9月に「国家機関事務員子女医療問題に関する通知」，1956年に「国家の機関，事業，企業団体の1956年職工冬季宿舎暖房補助に関する通知」，1957年に「職工生活の若干の問題に関する指示」等をそれぞれ発表し，これらの政策法令によって労働者たちの住宅，通勤の交通機関，疾病医療，生活必需品の供給，生活補助等の生活問題に関して企業が国の代わりに提供し，保障しなければならなくなった。労働者及び家族の生活に「揺りかごから墓場まで」を保障する形態が形成された。[6]

3）民政救済制度

民政救済制度は，一般的にいえば，「単位制」生活保障制度に排除された人々に最低限の生活援助を行うシステムである。これは，「単位制」と並行に作られた末端組織の居民委員会に基づいて，主に，鰥・寡・孤・独という労働力を持ってない人，または職を持たない人々を対象とする救済制度である。労働力の有無が主な判断基準である。

そのほか，凶作，水災，地震などの自然災害が発生した場合に，被災者の保護と社会秩序の保全を目的とする必要な救済を行うことも民政救済の役割であ

る。

　民政救済制度は，国民政府時期に作られた社会救済制度を継承した部分がある。

　こうした「単位制」生活保障制度，労働者保険制度及び民政救済制度という3本柱から構成された社会福祉の構造によって，人々は生活資源を獲得するためにそれぞれの単位社会に依存し，国家が計画経済のシステムを通じて各々の単位社会をコントロールし，政治統制や社会安定の目的を達成する。その特徴は国民各層の様々なニーズに応え，その充実を図るよりも，新政権の安定及び国民生活の安定を狙っていた。

4）異なる都市部と農村部の福祉体系

　この時期の社会福祉構造の主な特徴は，「城郷分治」の政策方針である。すなわち，農村と都市に異なる福祉政策を実施するという二重構造の統治構図だった。土地の無償分配によって農民の生活を保護するという農村福祉体制の確立である。1950年6月に実施された「中華人民共和国土地改革法」は，すべての地主の土地を没収して，農民に無償分配を行った。この土地改革法は，基本的に1930年年代頃，共産党革命根拠地で実施してきた土地政策に基づいて作られたものと見られる。1931年11月，共産党によって公表された「中華ソビエト共和国憲法大網」において，土地の所有制度について「労働者と農民の利益を保障するため，資本主義の発展を制限し，すべての地主の土地を没収して，農民に無償分配をし，土地の国有化を行う（6～7条）」と明記された。こうした農民に対する土地政策は共産党政権の最終的勝利と結びつけられたといわれる。1950年，「中華人民共和国土地改革法」の公布によって，土地改革は一気に全国に普及し，土地の農民個人所有制が確立された。しかし，1953年に行った「初級農業合作社」（合作社は協同組合に相当する）という統合政策及び1956年に実施された「高級農業合作社」の運動によって，土地の農民個人所有制は，土地の集団所有に統合された。

　高級農業合作社において，構成員である農民の土地が集団所有になり，収益は土地の所持比率に従って配分されず，労働に応じて配分されることになった。

第4章　毛沢東時代の社会福祉改革

　さらに1958年，高級農業合作社を人民公社とした組織改造が全国的範囲で展開された。それから数カ月のうちに，74万の高級農業合作社は2万6,000の人民公社に編成させられた。土地の所有権は，国家所有として人民公社に属することとされた。⁽⁷⁾

　土地所有制度が変動するに従って，農民を対象とした5つの保護（以下，「五保制度」）という民政救済制度が確立された。1956年に実施された「高級農業生産合作社模範規則」では，農村の孤独な老人や身体障害者や子どもに対する5つの生活保障が規定されていた。「五保制度」とは，農村地域の鰥（結婚できない男性），寡（未亡人），孤（孤児），独（独身者）や身体障害者等に対して食料の保障，衣料の保障，住宅の保障，医療の保障，教育の保護（子どもに対して），埋葬の保障（高齢者に対して）を含んだ生活を保障することである。

　また，同じ年に中央政府が公表した「1956-1967年全国農業発展綱要」第30条では「五保制度」実施の主体は農業生産合作社で，経費の出所は合作社の公益金からまかなうこと等がより明確的に規定され，これによって「五保制度」が本格的にスタートした。その後，農業生産合作社が人民公社へ移行するとともに「五保制度」が人民公社に移行された。「五保制度」の運用は，「分散扶養」と「集中扶養」に分かれた。「分散扶養」は生産隊という村が居住や生活資源を提供し，日常の世話は村の住民が当番に付けて順番でその「五保」と認定された高齢者，障害者，孤児などに対する扶養義務を果たすようになった。「集中扶養」は，人民公社及び生産大隊に福祉施設を設けて，「五保」と認定された人を入所させ，専任スタッフによって世話をする。責任の主体は人民公社で，資源の捻出も基本的には計画システムに従って人民公社が営む。中央及び地方政府は資金の提供等は基本として行わないので，一種の共同体内部の相互扶助システムと考えられる。しかし，各地域の経済発展水準によって人民公社が運営した五保制度の格差が非常に大きいこと，また，自然災害や社会変動という諸条件に制限されているため，不安定な要素がある。例えば，山東省の例を見ると，1958年に2.81万カ所，80.54万人であったが1963年に大きな自然災害に見舞われて，300カ所に，2,000人あまりしか残されてなかった。当時に作

表 4-1 都市部と農村部の福祉体系の相違

都市部のシステム				農村部のシステム			
類型	対象	サービス内容	財政負担方式	類型	対象	サービス内容	財政負担方式
民政救済	扶養者のいない者	①老人・児童福利施設 ②障害者授産施設 ③臨時実物救済など	政府財政負担	民政救済	扶養者のいない者	①養老院 ②5つ生活保護・臨時救済	人民公社の実物給付及び政府財政負担
「単位制」生活保障	被雇用者及び家族	労働者及び家族の年金・医療保険制度 生活支援サービス 医療サービス 文化教育施設 福祉住宅 各種の手当て	単位が生産コストに加算された福祉費と福祉基金で賄う（実物給付を中心）	人民公社生活保障	人民公社の社員	合作医療サービス 生活支援サービス	人民公社が生産コストに加算された福祉費で賄う（実物給付を中心）
公共福祉	都市部住民	公共衛生 教育福祉 住宅福祉	政府財政負担	公共福祉	農村部農民	公共衛生	人民公社の実物給付及び政府財政負担
軍事優撫	傷痍軍人及び軍人家族	軍人・退役軍人及び家族の生活保障：退役軍人の職業斡旋	政府財政負担	軍事優撫	傷痍軍人及び軍人家族	軍人・退役軍人及び家族の生活扶助	政府財政負担

出所：筆者作成。

られた「五保制度」は，現在も継承されている。

都市部と農村部の福祉体系の相違については，表 4-1 の通りである。

5）「単位制」生活保障の崩壊と改革

1970年代末頃，市場経済の導入による経済改革は，国家，単位社会のもとで束縛された「経営」と「労働」の機能を蘇生させ，自立化させていくことになった。経済改革は企業集団の経営や個人の労働の自主性の拡大と効率性の向上

を軸として，「生産物の市場化」から始められていった。それに伴って，「単位制」生活保障を支えてきた計画経済に基づいた「生産物の分配」制度は，機能不全となった。1950年代に確立された社会主義計画経済の福祉基盤が崩れ始め，抜本的な社会福祉改革が行われなければならなかった。

　社会福祉改革の方向性は，公有制・計画経済の実現によって，国民生活における国家責任から，市場経済改革による自助・互助の要請へと変わった。

　「単位制」生活保障制度は，20年の試行錯誤を経て，様々な問題点が露呈した。例えば，それぞれの単位社会はそれなりに独立性を持っているため，自分の「単位」に所属してない人々を排除するという閉鎖性の問題，また，企業は生産，就業と福祉資源の分配を担っていることで，企業の効率性が極めて低いという問題等を抱えている。

　1980年代以後の改革は，企業が背負っていた社会福祉供給の機能を地域社会や市場に転嫁することになった。また，終身雇用とセットにされた個人拠出のない労働者保険から個人・企業・政府の三者が拠出する社会保険に転換した。そして，鰥寡孤独というごくわずかなメンバーに限定された民政救済制度は，新たに立ち上げた「最低生活保障制度」に切り替えられた。

　毛沢東時代に行われた壮大な社会主義計画経済の社会福祉改革は，市場経済改革の導入によって幕切れとなった。

2　毛沢東時代の社会福祉の遺産

(1) 毛沢東の社会福祉観

　現代中国社会福祉を考える際，毛沢東の社会福祉の遺産を見逃すことができない。

　毛沢東らの社会福祉問題に対する認識は，社会の諸問題の根源には経済問題，そして貧困問題があると理解している。従って，この立場から資本主義経済を社会主義経済に作り直し，貧困問題，差別問題を解決しようと考えていた。また，こうした資本主義の経済的差別を基礎にした社会的・政治的・文化的差別

をなくそうとし，新しい社会，いわゆる社会主義的社会として建設しようと考えていた。1949年に確立された共産党政権の社会主義国家は，従来の中国社会を区別し，「新中国」あるいは「社会主義新中国」と称していた。

社会主義経済の基本原則は計画経済である。これは「国の経済運営を国家の統一的な計画によって管理する経済制度」と説明することができる[8]。社会主義計画経済の分配の理論的根拠は，おそらくマルクスの歴史発展観に求めた生産力と生産関係の発展法則といったものと考えられる。この理論によれば，社会発展は，生産力と生産関係の発展の矛盾が生じて，その矛盾を解決しようとして革命は起こる。言い換えれば，革命的な手段で旧生産関係を打ちこわし，新たな仕組みで生産力に相応しい生産関係を作っていくことである。

社会主義計画経済期福祉政策の基本方針では，まず，生産手段の社会化・公有化を達成し，そして，資源・資産分配の段階で国家の介入を通じてプロレタリアートの生活を保障するとともに貧困問題を解決しようとした。これは，国家が計画的に生産手段や労働力及び総生産物などを分配し，資本主義社会で実施された所得再分配が行われないという仕組みである[9]。

（2）戦争体制の痕跡

1949年の建国初期の中国経済は，日中戦争や国民党と共産党の内戦で疲弊しており，インフレや抜け駆け的な投機活動によって混乱していた。国家経済管理の経験がなかった共産党新政府が直面した大きな課題はインフレの抑制と社会の安定であった。新政府はまず財政収支の権限を中央政府に集中させ，政府収支や公営企業の現金収支を一元的に管理し，そして国内商業，対外貿易も中央政府で統制するとした。また，国民政府の支配勢力であった外国企業，国民党官僚企業の資産を没収し，中央政府の下で管理した。農村においては地主から土地を没収し，土地改革を通じてすべて農民に平等で分配した。

1952年には失業問題の対策のために労働市場も閉鎖し，新卒者を含む，労働力の徴集及び配置を政府が一元的に管理するようになった。このような強行的な施策によって，わずか3年間のうちに財政，商業，企業，土地，労働はすべ

て政府が管理するようになり，経済統制の権力が一極に集中された。社会主義計画経済は，この独特な条件，背景の下で生成されたのである。

　1953年以後，社会主義経済の改造が本格化することになった。そのプロセスは，都市部に存在していた外国企業，個人企業はすべて国が所有するようになり，国が計画によって企業の生産を管理するようになった。農村部において，農民の集団化も急速に進められた。農民の集団化とは，すでに農民個人に分配した土地を合作社（農業労働組合）に所有させ，作物の種類や生産量等を計画に合わせて生産し，収穫物は農民全体で分け合うことになった。こうして都市部及び農村部の計画経済の基礎づくりが一段落した。

　しかし，1957年以後，生産手段の国有化，公有化がより拡大され，都市部においては「単位制」化し，農村部においては人民公社化する歩調を速めた。すなわち，すべての生産手段（資本や土地など）が国家所有となり，その国有経済の調達方法としては，中央集権の計画経済方式である。

　国民の生活及び厚生福利の供給は，それに従って大きく変化した。都市部においては「単位制」経済に基づいた「単位制」生活保障制度，農村部においては人民公社の集団経済に基づいた生活保障制度とした。それぞれの「単位」や人民公社の間では，横断的なつながりが薄く，すべて垂直的に中央政府に統制されるようになった。これは発想から運用まで軍隊運営方式に似通っている。

　国共内戦や日中戦争の戦場でずっと戦っていた毛沢東政権は，経済への国家統制の断行，私有財産の消滅及び平等分配といった戦時総動員体制の理念や手法を継承したことで，新中国及び社会主義経済の建設を実現できたのである。戦争に勝つためのシステムを経済や社会に勝つためのシステムとして活用したのである。つまり，社会主義計画経済期の社会福祉体制の中に，戦争体制の痕跡が残っていたのである。

（3）政治動員の手段としての社会福祉

　一方，新しい生産関係の一つである社会福祉制度の構築は，計画経済の形成とともに新たな取り組みが始まった。

まず，国民政府時期に実施された保甲制に基づいた救済福祉を接収し，そして，社会主義の社会改造を通じて街居制の民政救済に改編させた。いわゆる街居制を基盤にした民政救済制度の導入である。第2に，生産手段の公有化に従って，新たな「単位制」生活保障制度の創設に着手したことである。第3に，戦時下で共産党根拠地において試験的に実施してきた労働保険制度を拡大したことである。

　社会福祉問題に対する毛沢東政権の認識は，2つの点に絞られていた。

　まず，貧困問題に対する認識である。貧困や失業，売春という問題発生の根源が，外資資本の侵略や国民党の官僚・買弁資本の統治によるものとの認識であった。当初，国家副主席の劉少奇は，労働者貧困の主な原因とは「中国の地主，資本家，官僚，買弁階級の搾取や外国帝国主義の残酷な奪略によるものである」と論じたことがある。また，1950年に新中国の政務院によって公表された「失業者の救済に関する」通達において，今の中国では「農村の貧窮や都市の大量な失業者の出現などを生み出した最大な原因は，帝国主義の中国に対する長期的な奪略によってもたらされたものであり，また，国内の反動勢力の長期統治によってもたらされたものである」。この問題の解決策とは，国民党政権及び外国人の支配を覆し，プロレタリア階級政権の樹立することにほかならない。すなわち，社会主義革命の目標と国民生活保障としての社会福祉の目標と明確な線を引けなかった。社会福祉の理論と実践が，政治動員としての「階級闘争」や「革命運動」に表と裏の関係という理解及び認識は，少なくとも1970年代末の改革開放まで続いていたと思われる。

　次には，社会福祉が国家総動員の一つの道具であるという認識が浸透したことである。かつて革命根拠地時期には，毛沢東は，民衆の生活問題を重視しなければならないと強く主張したことがある。つまり，「我々は民衆を戦争支援に動員するのみならず，彼たちの衣食のこと，住まいのこと，疾病衛生のこと，婚姻のことなど，すなわち民衆の暮らしに関わるすべてを考えなければならない」と，述べていた。言い換えれば，社会主義計画経済体制に基づいた社会福祉に対する基本的な考え方は，「プロレタリアの間の平等」「社会主義政権の安

定」そのものであった。社会主義政権の安定が優先すべき課題であり，それが実現されれば様々な問題が解決されるという考えである。つまり，社会主義革命が続けば，その成果として人々の生活が豊かになるはずだという考えが社会的なコンセンサスを得ていた。従って，政治運動や社会動員は，社会福祉の構築に使われた主要な手段となった。

1949年の建国後，毛沢東政権は，基本的にマルクス主義の社会発展理論を根拠に，革命的な手段で外来資本や国民党政権によって作られた旧生産関係の基盤を打ちこわし，社会主義公有化経済に基づく仕組みの試みを始めた。その雛型は旧ソ連に学び，革命根拠地で試行錯誤した経験を参考に構想した労働者生活を保障するモデルと思われる。

1958年の大躍進・人民公社運動や文化大革命の発動等は，この思想と考えが支配的だった。現在もその影響は未だ根強く残されていると言わざるを得ない。

（4）「単位制」生活保障制度の創設
1）「単位制」生活保障とは

「単位制」生活保障とは，単位制という共同体の中の人々が共同労働，共同生産した総生産物に対して平等で取得する権利を持つことをいう。その主な取得方法は，「按労分配」の原則に従って，単位制によって人々に基本的な生活物質を分配することである。つまり，各々の単位社会は自給自足の経済を築きながら，自らの構成員の基本的な生活を保障しなければならないのである。そして，生産，流通，消費のサイクルを一体的に管理しなければならない。具体的には，単位構成員の事故，自然災害等に対する保険基金，生活サービス，学校，衛生設備のような公共福利，そして労働力喪失者のための労働災害基金等の需要を計画的生産と計画的消費の中に織り込み，これを控除した残りを個人消費のために賃金として分配する。従って，資本主義社会の社会保障制度や所得再分配を必要としない。

「単位制」生活保障制度の中には，都市部の雇用者を対象とした「単位制」福祉と農村部の農民を対象とした「人民公社」福祉の2つの系列がある。都市

部の「単位制」福祉は，終身雇用とセットにされており，企業は賃金とともに労働者の生活を支える不可欠な社会福祉サービスも供給しなければならない。すなわち，資本主義社会で国家が担っていたような生活保障・福祉供給の機能は，社会主義社会では各企業や事業体が国家の代替として担うのである。農村部においては，土地や農機具の公有とセットにされており，共同労働と統一分配を通じて農民の基本的な生活を保障する。「単位制」生活保障制度は，1950年代後半に起こった一連の社会総動員を通じて全国で一斉に施行された。

2）「単位制」生活保障制度の形成の要因

「単位制」生活保障制度の形成の要因に関して，これまでの研究成果を含めて，下記のようにまとめることができる。一つは，建国直後の中国では，経済的基礎が大変弱く，社会的にも不安定であり，国際的にも全面制裁に直面していた。そのような中で，工業化政策を実施して世界経済を追い越したい新生中国にとって，国家の全力を挙げた中央集権体制によって国内の資源を総動員し，生産活動システムを維持しながら貧困を脱出し，社会生活システムをコントロールできる社会建設が必要とされた。国家が生産システムと生活システムとの両方をコントロールできるものとして，「単位制」生活保障制度を登場させた。もう一つは，中国における伝統的家族制度や自給自足の生産・生活様式が単位制度の形成に一定の影響力を持っていたことである。いわゆる伝統的家族制における行動規範や機能は，単位組織において内部化し，単位は一種の大家族としての存在となった。最後に，1930～1940年代の革命期には，共産党の根拠地で実施された戦時社会体制の経験を踏襲した経緯がある。当時の共産党の根拠地では，集団生産，平等分配を特徴とする供給制が実施され，個人生活のすべてが集団によって管理されていた。また，根拠地内の政府機関や軍隊，学校などは，生産農場や工場，商店などの施設を持っていた。そのうち，公営企業の試験も行い，1942年まで根拠地の公営企業はすでに60以上に達し，労働者は4,000人を超えた。毛沢東は，こうした社会的な実験について，「この実績は私たちの民族にとって，貴重な経験の積み重ねである。つまり，私たちは斬新な国家経済のモデルを作り上げた」と，評価している。建国後も毛沢東は再びこ

第4章　毛沢東時代の社会福祉改革

の経験を「社会主義の工業発展にとって重要な役割を果たした」と高く評価していた。戦争期に共産党の支配地域で行った様々な社会実験の経験は、単位制度の形成に大きな影響をもたらした。

　「単位制」生活保障制度の確立を推し進めた福祉政策の実施は、表4-2の通りである。

3）「単位制」生活保障の思想・理論的な根拠

　かつての毛沢東らのマルクス主義政治経済学に対する認識については、次のようにまとめられる。すなわち、マルクス主義の生産関係論によれば、生産関係は単に生産過程における人間関係のみではなく、流通過程、分配過程などを含む人間の社会的諸関係、しかも人間社会の一定の歴史的発展段階において必然的に生じる諸関係を意味する。その基本となるのは、生産手段を所有しているかどうかの関係であり、資本主義のもとでは、生産手段を所有する資本家階級が、生産手段を所有せず労働力を販売して生活費を得ている労働者階級を搾取している。このような資本主義の弊害の見直しとして、社会主義では、まず生産手段の公有制を主体にし、労働者の労働力を販売して生活費を得る仕組みから生産手段を有する主人公に入れ替わるようにした。このような生産関係をつくるためには、一定の仕組みの中で共同活動し、その活動を相互に交換するしかないと説明されている。「単位制」生活保障制度の創設は、以上のような"公有制"資本の保障によってプロレタリアの生活を保障することから始まったのである。

　筆者は、「単位制」生活保障制度の生成・形成は、社会主義の基本路線と関連するが、中国社会の根底に潜んでいる福祉文化との関連も強いと考えている。その歴史的な経路依存は、まず、中国の伝統生活共同体に対する批判的受容である。毛沢東が儒教の古典とした『礼記』に描写されていた「天下為公」の理想社会、康有為に描かれたユートピア「大同社会」に対する憧れも一つの要素と思われる。例えば、「毛沢東の人民公社の構造の中には、彼が若い頃から「大同思想」やユートピア思想を盛っていた理想は、人民公社構想に投影されていたのでは」と、たびたび指摘されたこともある。

109

第Ⅱ部　中国社会福祉の改革

表4-2　1950年代に公布された社会福祉政策の法令[19]

年　月	名　称	主な内容
1949年	中国人民共和国内務部設立	社会保障・福祉業務を管轄する機関。謝覚哉が内務部長。
1950年2月	中国人民救済総会成立	社会救助業務を担う。董必武が救済総会主席。
1950年2月	中国人民救済代表会議開催。「新中国の救済福祉事業報告」の公表	生産自救・相互扶助・以工代賑（救済の代わりに仕事を与える）の社会救助の原則を明記。
1950年6月	政務院「失業に対する救済の方針」「失業者や救済の暫定方法」	救済対象は建国後に失業者のみ対象となる。救済方法は救済基金について規定したもの。
1950年9月	「社会団体暫定登記弁法」	社会福祉民間団体の改編、管理、指導に当たる法令。
1950年6月	「工会法」	工会には労働者や職員達の物質生活を改善し、文化生活の各種施策を立てる責任があることが明確に規定されている。
1950年6月	「中華人民共和国土地改革法」	国営農場や大規模な水利施設等が国有化され、従来の農耕地は無償で農民に配分されると規定した。農民の土地私的所有が認められる。
1951年2月	労働部「中華人民共和国労働保険条例実施細則修正草案」→1953年と1956年の2回の訂正を経て、全面的に都市労働者に適用する労働保険制度を確立した。	労働保険が施行される全企業には栄養に富んだ食堂、託児所等の設置が義務である。無料で利用が原則である。
1951年5月	「都市部救済福祉工作に関する報告」	国民政府から接収した福祉施設を公営化に再編するための規則が明記された。
1952年6月	政務院「全国各レベルの人民政府、党派、団体及び所属の事業単位の公務員に対して、公費医療・予防を実施する指示」	公費医療制度が確立された。
1953年5月	財政部・人事部「多子女家族の補助及び家族福祉に対する通知」	家族手当制度がはじまる。
1954年3月	政務院は「公務員福祉費管理方法に関する通知」	機関の事業団体の事務員の福祉待遇と経費の来源、管理と使用について規定を進めた。
1954年4月	政務院は「国家機関公務員の休暇に関する規定」	国家機関公務員の産休の福祉政策を確立した。
1955年9月	「国家公務員子女医療問題に関する通知」	被扶養者医療費補助制度の創設。
1956年	「国家の機関、事業、企業団体の1956年職工冬季宿舎暖房補助に関する通知」	職工に対する住宅、燃費等、生活手当政策を確立した。

第 4 章　毛沢東時代の社会福祉改革

年　月	名　　称	主な内容
1956年	「高級農業生産合作模範規則」	農村の孤独な老人や身体障害者や子供に対する「5つの保障」制度を規定した。
1957年1月	「職工生活の若干の問題に関する指示」	職工の住宅，通勤の交通機関，疾病医療，生活必需品の供給，生活補助等の問題に対して，比較的広範囲にわたって規定した。
1958年	「戸籍登記条例」	農村戸籍住民が都市に出かけるには許可が必要になる。1961年にこの制度を再び強化し，農村戸籍住民は都市では職業も食料も得られない制度になった。
1958年	「職工，公務員定年退職処理に関する暫定規定」	定年年齢，男性60歳，女性55歳，重労働者女性，50歳。所得代替率50〜70％。

出所：鄭功成他『中国社会保障変遷與評估』及び孟昭華『中国民政思想史』をもとに作成。

　実際，毛沢東を代表とした現代版のユートピア「単位社会」への憧れは，同時代の社会変革志向の知識人たちが考えていた未来社会像と重なっていた。例えば，1998年に出版された口述歴史『夢想的中国――30年代知識分子対未来的展望』（夢の中国――30年における知識人が未来への展望）の中にはこのような記述が残された。「私は未来の中国人の生活が，公共住宅の中に共同で生活し，労働も一緒に働く，余暇の時間では趣味に思い存分楽しもう……」[20]「計画経済の実現によって，ともに働く，働く成果をみんなが享有する。または至るところに大衆食堂があり，託児所あり，病院在り…（中略）…自由・平等・博愛・無階級，無搾取の新しい中国を実現することが夢である」[21]。つまり，「単位制」生活保障を選択したのは，新旧交替の時代に中国に与えられた一つの選択肢でもある。

　また，国際社会からの圧力が中国に独自路線を歩みさせることに拍車をかけたのも原因の一つである。1955年以後，政策の違いや国境をめぐる問題から，中国とソ連との関係は急速に悪化した。中国はソ連を中心とした東側から脱退し，独自の路線を切り拓かなければならなかった。そこで，毛沢東らが目指した中国の社会福祉の道は，アメリカを代表とした資本主義でもなく，スターリン政権のソ連を代表とした社会主義でもない，新しい第三の道を模索することであった。

ここで言いたいのは，毛沢東の「単位制」生活保障の構想は，伝統共同体内部で残された相互扶助の機能を活かしていくという国民政府の考えと本質的に異ならないものと思われる。例えば，「単位制」生活保障の構想は，1943年頃から国民政府の社会部によって主導的に進められた「農民福利公社」や「労働者福祉公社」の発想と非常に似ている。このような「単位制」生活保障制度の選択は，中国伝統福祉への経路依存と関連すると思われる。

4）都市部の「単位制」生活保障制度の機能

　「単位制」生活保障制度は，人為的，社会的に再編成されたものといわざるを得ない。「単位制」生活保障制度における都市部と農村部の形成過程は若干異なると思われるが，基本的なところに共通項を持っている。都市部では，職種領域を基盤にし，各々の職場を軸にして単位社会の空間を形成した。例えば，政府機関，軍隊，国有企業，大学のような巨大な空間もあれば，小規模な工場や食料販売のような業界もある。主に業縁集団の範域を重視し，社会空間として社会的に再編成されたものである。つまり職・住近接することが特徴である。

　「単位制」生活保障制度の主な機能は，雇用，生活資源分配及び社会福祉サービス供給にある。具体的にまず，「単位制」生活保障を維持するための前提条件の一つは，完全雇用・終身雇用であり，失業させないことが基本原則である。1960年代以後，雇用の世襲も認められて，「頂替制度」が実施されたことがあった。「頂替制度」とは，父母は定年退職になった頃に，その子女が替え玉になり，同じ職場，同じ職業をさせることを意味する。

　次は，生活資源の分配及び社会福祉サービス供給の機能を持たせること。単位が国家を代替して単位のメンバーに給与や住宅，医療，年金，社会福祉サービス等「揺りかごから墓場まで」の厚生福祉を提供しなければならない。これは，市場を通さず，実物交換やサービス交換の形で行うのが一般的である。また，「単位制」生活保障供給の対象は，雇用者にとどまらず，雇用者家族も対象となる。ほとんどの「単位社会」は，「住宅，食堂，保育所，医務室，クラブから売店，学校に至るまで，さらに住宅，交通，電気ガス水道等々，必要な物はすべてそろい，無料もしくは低料金で単位社会のメンバー全員に提供して

いる[22]。一つの企業が一つの「小社会」を形成し，消費生活サービス供給の役割をも持ち合わせていた。1950年代に「単位制」生活保障のモデルとして作られた東北第1車工場がその好例である。1956年に中国第1号の車工場が誕生したと同時に，40万 m^2 の社宅及び一連の生活施設，学校，病院，図書館，療養院，保育園，銭湯，銀行等が作られた。その後，このような「単位制」生活保障のモデルは，中国全域に普及した[23]。

第3に，政治的な統制機能を持たせることである。「単位制」生活保障の仕組みを通じて，国家は国民に対する政治的な統治がスムーズにできる一面を持っていた。単位制は「国家が強制的にすべての行政権力及び交換性の財産権を握り，そして「単位制」の組織を通じて資源分配や権力の授与等を行いながら，単位が国家に対する依存関係を形成させるものである。また，単位組織は，国家から獲得した資源を構成メンバー間で交換することを通じて，個人に対するコントロールを達成する。一方，「こうした権力・資源の交換によって個人が単位に従属し，単位が国家に従属する関係が結ばれる[24]」と中国人学者らは分析している。

5) 農村部の「人民公社」生活保障の仕組み

農村部の人民公社では，都市部の単位社会とは違って，主に地縁（土地用益権）・集落共同体及び血縁を基礎として地理的な空間から組織された。地理的な空間によって形成されたという面から伝統社会との継承が強く見られる。しかし，土地所有制度は公有化されたことにより，従来の自然発生的に形成された伝統農村社会と違って，都市部の単位社会と同様に社会的機能，経済的な機能そして政治的な機能が与えられた。

1950年代に行われた一連の土地改革によって，一旦個人所有となった土地は，国家・集団所有となった。人民公社は，国家所有になった土地について，国家の代わりにそれぞれの農民に耕作権を与え，そこから生活の糧を得るとともに，社会福祉サービスも人民公社に託していた。しかし，都市部の労働者に提供した労働者保険制度を農村部に導入せず，農村部を対象とした農村合作社医療制度が1950年に実施され，1956年から高級合作社での労災者や疾病への保障が開

始された。これは1940年代に陝甘寧辺区という革命根拠地での合作社（意訳）にその淵源を求めることができる[25]。また，主に農村部を対象とした「五保」制度という民政救済制度が，充実した形で実施された。

以上のように都市部の場合は，生活保障と終身雇用がセットとなり，農村部の場合は，土地の利用権と最低限の医療サービスや5つの保護制度がセットとされていた。労働者にせよ，農民にせよ，いずれもそれぞれの「単位」に拘束されながら，生産労働の共同参加と生産産品の平等分配を通じて基本的な生活が保障された。

6）「単位制」生活保障の崩壊

1950年代から1990年代中期にかけては，ほとんどの人が単位社会に依存し，定年になっても単位から離れなかった。

「単位制」生活保障制度の形成及び崩壊に関して，中国国内の学者は第1期：1948〜1953年　単位制の生成・形成時期，第2期：1953〜1963年　単位制の生成，形成時期，第3期：1957〜1976年　単位制の膨張期，第4期：1980年代〜2010年初頭　単位制の異変と崩壊期，という4つの時期に区分できる，と分析する[26]。

「単位制」生活保障の評価について，こうした国有企業における単位制度は，労働力が過剰である中国社会において，就業を希望する都市住民に就職の場を提供し，さらに終身雇用制によって従業員の生活の安定を保障することにより，社会の安定が維持されるという点で，大きな役割を果たしてきた。

しかし，こうした制度には，次のような限界も指摘できる。一つは，終身雇用制が，合理的な労働力配分と労働力の流動化を阻害したことである。もう一つは，従業員の能力や業績に関係なく，等しく手厚い社会福祉や医療サービス等を提供することが企業の生産コストを高め，従業員の労働意欲の向上を妨げたことである。その結果，多くの国有企業の経営が悪化することとなった。最後は，「単位を統制下におくことで都市部の統治は安泰」といった[27]考えであった。それゆえに都市部の福祉が最重要視され，農村部の社会福祉がその下の段階におかれる等，構築の当初からすでに城郷の特権化がなされていた。

（5）「城郷」福祉の二重構造

　新中国成立後の50年間では，「農業が工業発展を支える構造」「農村が都市の犠牲となる構造」を根本から変革することができなかった。社会主義経済の成長を目指し，長い間に農業，農村，農民（いわゆる「三農」）の生活を犠牲にして工業化や都市化が進行していった。そして政治統制のために，"城市か，郷村か"という分断と序列を組み合わせた政策的な目標による異なる管理をしていた。こうした「城郷分治」政策の実施によって，二重的な経済構造が固定化されてきた。

　農村部に対する生産手段の社会化・公有化によって農民の生活を保障するという考えは，都市部のそれと共通していた。しかし，農民には都市部の労働者のような労働者保険・公費医療及び厚生福利の保障は与えられず，与えられた保障は土地の利用権であった。土地所有権及び利用権の分配は，農民にとって最大の生活保障であるという考えは，「城郷分治」政策の下にあった。この基本方針に基づいて，1950年代から1980年代初期まで，毛沢東らは中国農村において土地所有制の改造を通じて農村変革を起こした。農村合作化及び人民公社化という一連の農村改造運動は，農業集団化の形態を作りだし，伝統的な郷村が都市部のような「単位化」に改造された。都市部といえば，「単位制」社会であり，農村といえば人民公社であるという社会構図となった。

　本来，土地所有制度の変動に従って，農民も都市部の賃労働者と同様に生活保障を受ける権利を有すべきであるが，「城郷分治」政策の実施によって賃労働者が享有した労災保険や医療制度などは，農民に与えられなかった。

　農民の生活保障は，生産手段としての土地の提供及び人民公社組織の相互扶助によるものであった。一方，労働力のない農民たちに対しては，1956年に実施された「高級農業生産合作社模範規則」によって，労働力を持たない農村の孤独な老人や身体障害者や子どもに対する「五保」制度ができた。

　こうした二重構造によってもたらされる「揺りかごから墓場まで」の都市福祉と身寄りのない者に「五保」を与える農村福祉の絶対的な格差は，計画経済のマイナス遺産といわざるを得ない。

注

(1) 飯島渉・澤田ゆかり『高まる生活リスク──社会保障と医療』岩波書店，2010年，48頁。
(2) 高橋孝助『飢饉と救済の社会史』青木書店，2006年，2頁。王渝「建国期中国の失業対策事業における『生産自救』思想の由来」『経済系』第243集，関東学院大学経済学会，2010年。
(3) 『毛沢東選集』人民出版社，1964年，1070-1074頁（外文出版社版訳本，第4巻，89-95頁）。
(4) 金文子「中国における公的年金制度の発展過程」『佛教大学大学院紀要』社会福祉学研究科篇第37号，2009年3月。
(5) 『中華人民共和国労働保険条例実施細則修正草案』1953年を参照。
(6) 鄭功成『中国社会保障制度的変遷與評估』人民出版社，2002年，189頁。
(7) 符衛民「中国の土地所有制度」（http://www.shd.chiba-u.ac.jp/kiyou/kiyou0603_09.pdf，2013年1月3日アクセス）。
(8) 矢吹晋「中国重要経済用語事典」（http://www.21ccs.jp/kenkyu_seika/keizai-yohgo_jiten/keizaiyohgojiten_01.html，2013年1月15日アクセス）。
(9) 田多英範編『現代中国の社会保障制度』流通経済大学出版会，2004年，「序論」を参照。
(10) 劉少奇『建国以来劉少奇文稿』第2冊，中央文献出版社，2005年，2頁。
(11) 人民政府法制委員会編『中央人民政府法令匯編1949-1950』法律出版社，1982年，622頁。
(12) 1934年1月27日毛沢東「江西瑞金第2回工農兵代表大会の講演」孟昭華など『中国民政思想史』中国社会出版社，2000年，566頁参照。
(13) 修春亮・夏長君『中国城市社会区域的形成過程与発展趨勢』「城市規画匯刊」1997年4期。
(14) 毛沢東『中国問題与財政問題』解放社，1944年，104頁。
(15) 路風「中国単位社会の起源と形成」『中国社会科学季刊』（香港）総5期，1993年11月。
(16) 林崗等編『馬克思主義経済学史』人民大学出版社，2003年，参照「マルクス主義経済学の意義」（http://www.mcg-j.org/mcgtext/kihon/kihon2.htm，2009年12月10日アクセス）。
(17) 芦志丹「『礼記』大同思想対毛沢東的影響」大学網（http://www.haodaxue.net/html/97/n-15997.html，2011年7月5日）より。
(18) 中兼和津次「中国における農業集団化政策の展開その2」『一橋大学研究年報経済学研究』1991年，32号，6頁。

⒆　鄭功成他『中国社会保障変遷與評估』中国人民大学出版社，2002年，329頁，孟昭華他『中国民政思想史』中国社会出版社，2000年，566-587頁をもとに作成。
⒇　劉仰東編『夢想的中国——30年代知識分子対未来的展望』西苑出版社，1998年，71-72頁。
(21)　同前書，51-52頁。
(22)　沈潔編著『地域福祉と福祉NPOの日中比較研究』日本僑報社，2006年，を参照。
(23)　陳良謹編著『社会保障教程』知識出版社，1990年，60頁。
(24)　同前。
(25)　飯島渉・澤田ゆかり『高まる生活リスク——社会保障と医療』岩波書店，2010年，30頁。
(26)　田鵬他『単位社会的終結』社会科学文献出版社，2005年，29-33頁。
(27)　小林弘二『ポスト社会主義の中国政治』東信堂，2002年，126-127頁。
(28)　劉懐廉『中国農民工問題』人民出版社，2005年，95頁。

参考文献
飯島渉・久保亨・村田雄二郎編『グローバル化と中国』（シリーズ20世紀中国史3）東京大学出版会，2009年。
金観涛他／若林正丈・村田雄二郎訳『中国社会の超安定システム——「大一統」の構造』研文出版，1987年。
小林弘二『ポスト社会主義の中国政治』東信堂，2002年。
竹内実『毛沢東』岩波新書，2005年。
田鵬他『単位社会的終結』社会科学文献出版社，2005年。
鄭功成『中国社会保障制度的変遷與評估』人民出版社，2002年。
広井良典・沈潔編著『中国の社会保障改革と日本』ミネルヴァ書房，2007年。
菱田雅晴編『社会——国家との共棲関係』（現代中国の構造変動5）東京大学出版会，2000年。
毛里和子・園田茂人編『中国問題』東京大学出版会，2012年。

第5章　社会主義市場経済移行期の社会福祉改革

　本章では，社会主義計画経済期に築き上げた社会福祉の構造が，市場経済の導入によってどのように解体され，どのように改革されたのかという課題について考察する。

　また，その改革を社会福祉基礎構造改革として捉え，計画経済期の社会福祉を支えてきた労働者保険制度，「単位制」生活保障制度，民政救済制度をメインに据え，その改革のプロセスを考察する。

　改革を社会主義市場経済移行期という背景に置いてみれば，計画経済期の社会福祉を支えてきた労働者保険制度，「単位制」生活保障制度，民政救済制度という3本柱には，下記のような改革の流れがあったことが明らかであった。つまり，労働者保険制度から社会保険制度へ，民政救済制度から最低生活保障制度へ，そして「単位制」生活保障から社区服務（コミュニティ・サービス）へといった制度の転換があったのである。

1　鄧小平の「先富論」と社会福祉改革

（1）鄧小平の「先富論」と市場経済改革

　社会主義計画経済は，市場経済への移行には，次のような流れを経てたどってきた。第1ステップは，1978年の改革開放から1992年の社会主義市場経済システムの提起までである。この時期の特徴は，社会主義体制を維持したままで市場メカニズムを利用しようとした部分的改革の試みであった。しかし，社会主義体制を維持したままで，市場メカニズムを補助的に利用しようとする試みは，公有財産の処分や経済活動をめぐる官僚の腐敗が激しくなった問題を生み出し，1989年に天安門事件を引き起こす経済的背景となった。

第5章 社会主義市場経済移行期の社会福祉改革

　この事件をきっかけに，経済の引き締めに取り掛かり，経済活動は一時停滞した。だが1992年に鄧小平の南巡講話を契機に，再び改革開放路線を勧め，それ以後，驚異的な経済成長を続けることができた。

　第2ステップは，1993年から2002年までである。1992年に開催された中国共産党第14期2中全会大会において，鄧小平の南巡講話に強調された社会主義市場経済システムを築き上げという方針が，全面的に打ち出して中国の目指すべき目標として掲げられた。また，社会主義市場経済の概念は，1993年に中華人民共和国憲法を修正する形で中国の経済政策における基本方針として確立された。[1]こうした一連の改革を締めくくるのが，2001年のWTOの加盟の実現であった。WTOの加盟は，狭義の市場移行の終了と中国における資本主義の新たな出発を内外に宣言するものとなった。一方，1990年代半ばに国有企業の民営化は本格的に実施された結果，大量な失業者や貧困者を生み出された。

　これまでの改革に大きく影響を与えた理念の一つが，前述した「先富論」であった。また，これを達成していくためのプロセスにおいて，「白猫黒猫，鼠を捕るのがよい猫だ」という鄧小平の持論が根拠とされた。言わば，生産力の発展を重視する彼の考え方を端的に述べたものである。

　しかし，鄧小平は，自分が提唱した「先富論」は一種の便宜的な戦略であって，生産関係を変えたり，社会的資源の公平な再分配に影響を与えたりするものではないと考えていた。その結果は，効率追求等した実用主義は，新たな社会的不平等は生み出す条件を創出し，また，政治民主化の障害になっているという。すなわち，2003年までに行った市場化改革の核心をなすものとして，最終成果に応じた分配，そこへの「市場」の導入の徹底が図られた。また，市場経済改革を「競争メカニズム」の形成ないし「効率の向上」であると解釈し，農村土地の再分配過程に含まれていた平等理念や，都市・農村関係が以前と比べて相対的に平等な方向へと変化しつつあったことを無視してきた。つまり，21世紀初頭までの市場改革は，生産と管理の主体としての新たな人間の位置づけが，「社会的課題」（労働・生活・社会関係における人間主体の全面発達に関わるような）なるものと結びつけて進められることができなかった。その「社会的課

題」は「経済的課題」と分断されて二極的な構造に置かれていく中で，経済や生産の領域での「効率性指標」に基づく「市場化」が一面的に進んでいった(2)。

その結果は，貧富格差の拡大や人間不信社会へ蔓延し，特に2003年のSARS危機がその社会的な危機を暴露した。SARS危機後，市場経済改革の本質とは何か，経済的な効率を追求するだけでよいのか，人間主体の重視という軸に求められるようになり，中国社会福祉は社会福祉改革の主体に関わる本質論的な次元へと深化しはじめた。

（2）社会福祉改革の必要性

市場原理の導入による中国の経済改革は，1950年代に確立した社会主義計画経済の下で一体化となった「生活・労働」の機能を分離させることを目指していた。市場経済改革の当初に定めた主な目標は，「政企一体」から「政企分離」へと，つまり，政権運営と経済経営の一体化から政権運営と経済経営の分離ということである。具体的にいうと，「生活・労働」の機能を蘇生させながら，企業の経営や個人の労働の「自主性」の拡大と「効率性」の向上ということを軸として，改革は始められた。

市場化改革にもたらしたもっとも衝撃的な現象は，終身雇用の崩壊だった。終身雇用とセットとされた「単位制」生活保障制度の崩壊も，避けられない運命となった。これまで都市住民生活の中になくてはならない存在となってきた「単位制」生活保障が崩壊し，その代替とする新しい生活保障システムの構築が当然求められるようになる。

また，1950年代に築き上げられた労働者保険制度は，各企業間の給付水準の格差を防ぐために，国責任と単位であるの企業の共同運営方式を取っていた。1966年の文化大革命に企業も権力闘争に巻き込まれて労働保険の共同運営方式が機能不全に陥って，国レベルの労働保険の調達が困難となった。1966年から1978年までの間に，本来，国と企業は共同責任の労働保険の運営は，国が不在となり，企業だけに任せる形に変わった。

「単位制」生活保障制度の中に位置づけられた労働者保険は，このような特

殊な情勢を抱え，袋小路に追い込まれた。特に定年退職者の多い国営企業が政府に代わって従業員の社会保険や厚生福利を運営するという重任を背負いながら，生産活動を営んでいかなければならない。1978年以後，効率性と競争力を付けるための国営企業の民営化改革は，まずメスを入れたのは，従業員の社会保険や厚生福利の運営という荷物を企業外部に丸投げすることであった。

（3）社会主義市場経済期における社会福祉改革の流れ

　実は社会福祉改革は，市場経済改革の歩調より10年遅らせる形で進められた。経済発展を最優先課題とする風潮の下で，社会福祉改革は，市場経済改革によって生じた様々な社会問題を受け皿として，市場経済改革の障害を取り除くという意味で対応していた。前述した市場経済体制への移行は，1978年から1992年の第1段階と1993から2002年の第2段階を経て進められたが，社会福祉改革は，市場経済改革より10年遅れ，1986年から1993年を第1段階とし，1993年から2003年を第2段階として，2003年から現在まで第3段階とする考えが妥当だと思う。

　第1段階の改革では（1986-1993年），国営企業の民営化改革は，その経済効率を高めるため，企業内余剰労働力の削減，終身雇用制度である「固定工制度」の改革等を行い，1986年に「労働契約制度」の導入が始まった。また，1992年6月に従来は国有企業に持たせなかった人事権が政府から企業に委譲し，さらに，1994年7月には「労働法」が制定され，終身雇用の労働制度の改革が急速に進められた。その結果，企業の競争力はアップしたが，余剰人員はレイオフされ，既退職高齢者の多くが保障されていた社会保障サービスも問題が生じてきた。

　今まで国営企業が従業員とその家族に提供した年金，医療，住宅，各種の手当て，子女教育，厚生福祉等の生活保障も，その存立基盤を失ってしまった。国営企業が保障された部分は社会の負担に転化せざるを得なかった。こうした急激な社会変動に直面した，失業を体験したことのなかった国有企業の労働者たちは，突如発生したリストラに困惑し，憤りを噴出させつつあった。貧困に

陥った国有企業の失業者たちは町にあふれ，抗議のため政府機関の前に座り込みや自殺等が多発した。これらのことにより，社会不安や体制不安が生じた。

この時期の改革は，統合的な視野が欠落しており，国有企業改革によってもたらされた失業問題だけを焦点に展開したものであった。同時に，国有企業の労働者たちが様々な形で起こした社会運動や労働運動は，社会保障の改革を推し進めた原動力といえよう。

第2段階の改革（1993-2002年）では，社会福祉の基礎構造改革として位置づけられる。1992年，鄧小平による南巡講話が契機となり，1993年に開催された中国共産党第14期党大会第3回中央総会において公表された「中共中央関于建立社会主義市場経済若干問題的決定」の中で，社会保障が市場経済体系の5大支柱の1本であることが明確にされた。すなわち「社会主義市場経済システム」が中国の目指すべき目標モデルとして掲げられた。つまり，経済システムから捉えた社会福祉観である。改革の枠組みは，国有企業従業員の労働保険より広がり，年金，医療保険の改革の他，貧困層の生活保護，住民地域生活の改善まで，その範囲となるようになった。この時期において改革は，国家主導体制を確立しながら，公私役割分担の社会福祉の社会化，社会福祉の体系化といった目標に向かって進められた。

しかし，この時期に市場経済万能論，経済発展優先論が台頭し，社会福祉改革は経済成長を目標とし，いわゆる産業政策の一環として市場経済システムに織り込まれていった。言い換えれば，経済成長のために生産的な機能を果たす役割を課されたのである。そのため，市場経済システムにおける社会保障の所得再分配の機能が発揮できず，社会分配の公平性を欠く傾向が現れた。社会資源は効率性の良い地域，階層にどんどん流されていき，貧困地域，貧困階層との格差はますます拡大するようになった。また，新たな貧困や不平等等の問題も生まれつつあった。例えば，年金保険の改革では，国民の生活現状やニーズに合わず，政府による責任転嫁や自力で生き抜くことを主張することに誤りを生じさせている。医療保険改革は，国民の健康医療の向上の目標から逸脱し，医療費用の抑制の成功にとどまった。社区福祉の再建においては，住民生活支

援を趣旨するではなく，失業者の再就職の場づくりが目標として掲げられた。

一般的にいえば，市場経済をベースとする国家において，社会福祉及び社会保障政策の果たすべき役割は，基本的に①所得再分配による市場原理の修正（公平性の観点から），②市場の失敗の是正のための市場原理の補充（効率性の観点から），の2点である。中国は，社会主義時代の非効率性の教訓の是正が過度であったため，その反動として，リスクの国民分担や効率の向上に重点が移り過ぎてしまった。つまり，社会保障制度の機能を十分に活かすノウハウを，社会保障制度の設計者及び運営者がまだ活用していなかったと考えられる。

この時期において，社会福祉の社会化のための体制改革によって，社会福祉の供給においてNPOや民間の参加が促進され，改革に活力を注ぐようになった。これまでの社会福祉改革の中になかった国民の自発性が芽生え出したといえよう。また，この時期の公的扶助制度の整備や農村社会福祉の取り組みにおいて，一定の成果が上がったということも評価すべきである。

2003年に発生したSARS危機によって危機管理や医療・社会福祉システムの機能不全問題が露呈し，中国社会に警鐘を鳴らした。社会福祉制度は，単に社会保険を機軸とする経済的保障にとどまらず，人の生死にかかわる衛生医療という人間の安全保障問題についても，目を向けなければならなくなった。効率性に傾いた議論は公平性にやや譲り，公平性の観点からの社会保障制度として理解されるようになった。2003年以後，社会福祉制度の枠組みは，住宅と教育及び農村社会保険を加えた結果，社会福祉の対象の範囲が少しずつ全国民に広がっていく方向が明らかになった。

2　社会福祉基礎構造改革の構図

(1) 社会福祉基礎構造改革とは

1993-2002年に行った社会福祉改革は，基礎構造改革に位置づけることができる。

社会福祉基礎構造改革が何を指しているのか，簡単に説明しておく。

第Ⅱ部　中国社会福祉の改革

　1950年代にかけて毛沢東らは，戦時下の政治動員や支配地域の「行政」経験を活かし，公有制・計画経済に基づき社会主義的福祉制度の基礎構造を築いた。その基礎構造といえば，計画経済に基づいた「単位制」生活保障制度，終身雇用とセットされた「労働保険」，個人や互助を排除し，国が何でも面倒を見る「大きい政府」と考えられる。しかし，市場化の改革に従って中国の社会・経済の構造が大きく変化した。経済においては中国経済が1992-1995年，2桁の成長率を記録し，中国の高度成長ブームをもたらした。社会においては，中産階層の台頭や国民生活ニーズの多様化，そして少子高齢化などをはじめとする構造変化は，1950年代において築き上げられた社会福祉の構造全般にわたる変革を求めている。

　社会福祉基礎構造改革は，こうした背景の下に取り組まれた。

　最大の変化といえば，社会福祉の性格は公有制・計画経済の実現により，「按労分配」（労働の質と量により賃金に相当する消費物質を分配すること）の原則に従って人々の生活を保障するから，市場経済の競争原理により貧困に陥った者を保護するセーフティネットの構築へと変わったといえよう。そして，社会福祉の供給においては，国が社会福祉，公共事業，国営企業の活動を充実する「大きい政府」から，民営化や市場化の規制緩和等を行い，上記のような活動を必要最小限しか行わないという「小さい政府」へ転換した。社会主義市場経済移行期の中国政府では，「小さい政府」を目指し，社会福祉・医療の供給において積極的に市場化の導入を進んだが，貧困層を生み出した結果となった。

　すなわち，社会主義計画経済期の福祉体制に排除されてきた資産の個人所有やそれによる自助努力及社会福祉の市場化は，社会福祉基礎構造改革の体制の中に包含され，位置づけられた。

　1980年代半ば進められた社会福祉基礎構造改革の内容をより具体的に説明しよう。

　まず，従来の「単位制」生活保障に担っていた生活サービスの供給の一部は，社会福祉の市場化に吸収され，一部は，互助精神に基づいた社区（コミュニティ）サービスに転換された。

第5章　社会主義市場経済移行期の社会福祉改革

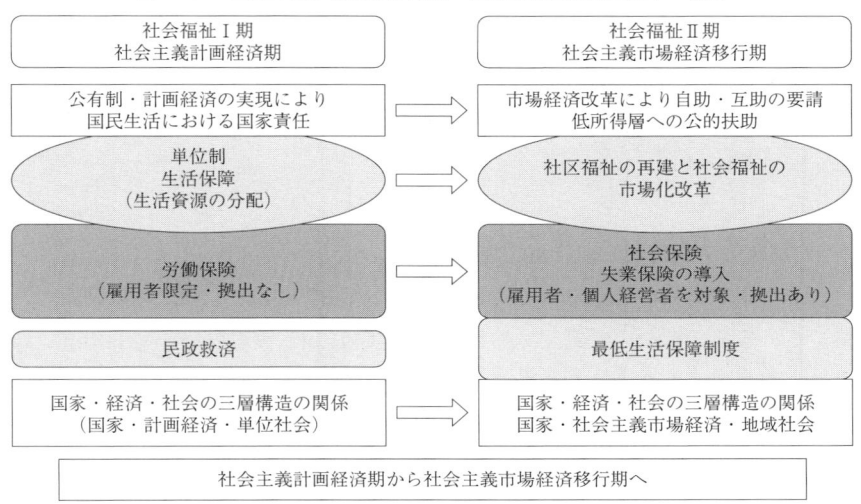

図5-1　社会主義市場経済移行期の社会福祉基礎構造改革の構図

社会福祉Ⅰ期 社会主義計画経済期	社会福祉Ⅱ期 社会主義市場経済移行期
公有制・計画経済の実現により 国民生活における国家責任	市場経済改革により自助・互助の要請 低所得層への公的扶助
単位制 生活保障 （生活資源の分配）	社区福祉の再建と社会福祉の 市場化改革
労働保険 （雇用者限定・拠出なし）	社会保険 失業保険の導入 （雇用者・個人経営者を対象・拠出あり）
民政救済	最低生活保障制度
国家・経済・社会の三層構造の関係 （国家・計画経済・単位社会）	国家・経済・社会の三層構造の関係 国家・社会主義市場経済・地域社会

社会主義計画経済期から社会主義市場経済移行期へ

出所：筆者作成。

　次に，従来の労働保険制度は，年金と医療保険を2本柱として，正規雇用者のみ対象を限定されていた。基礎構造改革は，年金保険と医療保険のほか，失業保険を加え，また，対象は非正規雇用者まで拡大した。労働者保険の枠を超えて，社会保険制度の構築へ向けて進められた。

　最後に，民政救済対象枠の拡大である。従来の民政救済は，「三無者」（扶養者がおらず，労働能力がなく，生活能力がない者を指す）及び被災者，退役軍人・傷痍軍人等への支援を中心に実施されてき。この時期の改革によって，これまで僅かな対象から，病気，失業などいろいろな事情により生活に困った国民に対し，国が最低限度の生活を保障する「最低生活保障制度」（公的扶助制度）へ切り替えた。

　図5-1に示されたように社会主義計画経済期の社会福祉体制は，国家責任と資源分配によって人民の基本生活を保障する仕組みであったといえる。これを支える3本の柱は，単位制生活保障制度・民政救済・労働保険であった。市場経済改革が進むに従って，従来の国家責任及び個人の拠出負担を伴わないと

いう基本方針は、個人責任や自助の奨励へと転換していった。基礎構造を支えていた3本柱は、社会主義市場経済に対応させる形で、それぞれ社区福祉（コミュニティ福祉）、社会保険、最低生活保障へと変化していった。

社会主義市場経済期の福祉体制への移行は、次のようなプロセスで進められた。

（2）民政救済制度から最低生活保障制度へ

従来の民政救済は、単位制生活保障の枠に入れない人々、例えば労働能力のない人、収入源のない孤児、高齢者、障害者、法定扶養者のいないもの、いわゆる「三無者」と呼ばれる範疇に入る人々に限られていた。また、災害被災者、退役軍人・傷痍軍人等への支援も含まれていた。

民政救済の起源は、1950年代の建国初期に、都市貧困の問題は政府によって重要課題であった。日中戦争、国内内戦と続いた混乱の結果は、大量な難民、貧困者が生み出されて、新政府が救済措置を取らなければならなかった。しかし、改革開放後、出稼ぎ農民工や土地が失った家族、そして高齢化が急速に進行し、高齢者に対する伝統的な家庭内扶養・生活支援が困難な問題が顕在化してきた。

急速な社会変化に伴い、新しい最低生活保障制度が求められていた。従来の民政救済の改革として1999年に最低生活保障制度が発足された。透明性を確保するため申請者と受給者の個人情報が公開されていることが特徴である。新しい制度は、従来の民政救済に規定された身寄りのない者や労働力の喪失した者を対象にしたことに対して、適応範囲を低所得者や様々な原因で生活困難に陥る者までに拡大した。

従来、労働能力のない人のみを救済保護対象とした民政救済に対して、新しく制定した最低生活保障制度においては、労働能力の有無にかかわらず、一定水準の所得や財産などの与件を満たせば、最低生活が保障されるようになった。給付の種類は、主に生活救助、教育救助、生業救助、住宅救助となる。実施の主体は、各地方自治体で、財源は国及び地方自治体の一般租税からまかなう。

第5章　社会主義市場経済移行期の社会福祉改革

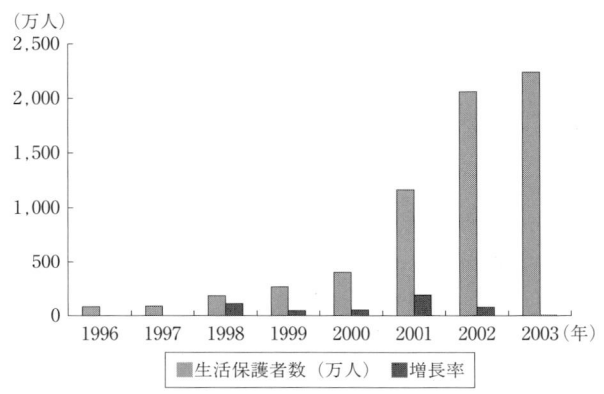

図 5-2　最低生活保障給付対象者の推移 (1996-2003年)

(万人)
- 1996: 約50
- 1997: 約80
- 1998: 約180
- 1999: 約265
- 2000: 約400
- 2001: 約1170
- 2002: 約2064
- 2003: 約2240

凡例：■生活保護者数 (万人)　■増長率

出所：中国民政部編『中国民政年鑑』(1992-2003年版) より作成。

　新しい制度は，都市住民最低生活保障制度と農村最低生活保障制度の2つに分かれ，給付水準が異なる。財政は主に地方自治体の財政予算から賄われ，中央政府も資金が投入されていた。

　最低生活保障制度の創設のプロセスとしては1993年に上海市民政局は率先し，「城市居民最低生活保障線」の実施を試みた。1995年に中央民政部は，上海で実施された「城市居民最低生活保障線」の施策がモデル事業として一部の地域に試行しはじめた。これまでの試行錯誤を踏まえ，1997年に国務院は「都市住民の最低生活保障制度の確立に関する条例」を通達し，1999年までに全国の都市においては最低生活保障制度が確立された。2002年までに全国各都市部においては「城市居民最低生活保障制度」を導入した。

　図5-2は1996年から2003年まで最低生活保障給付対象者の推移状況である。

　1999年に全国の都市においては最低生活保障制度が確立された時点に給付の対象者は265.9万人に対して，2001年に1170.7万人に拡大され，増長率は190.8％であった。2002年にさらに2064.7万人までに拡充し，ピークを迎えた。2002年では，全国すべての都市部においては「城市居民最低生活保障制度」が実施された年でもある。最低生活保障の対象は，収入（各家庭成員1人当たり平均収入。現金収入及び現物収入を含む）が最低生活保障基準未満の都市住民である。

最低生活保障基準は各地の生活状況や財政状況等を勘案して，各地方政府が定めることとされているが，概ね各地平均賃金の20～30％である。

　1994年頃から農村部においても最低生活保障制度が導入されが，受給者は，2001年に304.6万人，2002年に407.8万人に，都市部と比べ，極めて限定的であった。ほか，給付水準も低く，制度の普及も地方政府の財政負担可能な地域のみにとどまり，結局挫折に終わった。

　最低生活保障制度が創設した当初，社会不安の拡大を最小限に抑制するために取った対策といえ，その後，全国民のナショナルミニマムを保障することにつながったと思われる。

(3)「単位制」生活保障から社区服務へ

　1980年代の後期に，国有企業は市場化改革に押し進められ，最後の決断の下に，3,000～4,000万人の失業者を生み出し，また，4,000万人以上の離退職者の医療・年金が未払いのままであった。多くの人々は職場であり，多くの場合に生活の場でもあった「単位」社会との紐帯を失いつつあった。一方では，以上のように生活の拠り所であった「単位制」生活保障制度の崩壊によって，生活の場を失った人々の生活をフォローするため，「社区」の再建が取り組まれた。

　「社区」はアメリカで学んだ社会学者である費孝通が，1932年に行われた江蘇省の農村研究を通じて作った訳語といわれている。1986年に政府は，「社区服務」（Community Service：コミュニティ・サービス）の推進に関する方針を提示し，半世紀ぶりに社区という言葉を政策用語として使用するようになった。1987年に中国政府は，「社区服務」の推進に関する方針を明示し，社区サービス再建の動きが始まった。

　その背景として，前述した市場経済改革によって生じた急激な社会の都市化や産業化などに伴い，「単位」社会が解体し，住民の孤立，分散化及び極度の個人主義化等が進み，様々な社会問題が広がり，行政として放置できない危機意識が生まれてきたことが挙げられる。

また，社区組織作りのための法律である「人民共和国都市居民委員会組織法」が，1987年12月に公布された。本法において，居民委員会とは，住民の自己管理，自己教育，自己サービス，ならびに自己監督の自治組織であると規定されている。そして，居民委員会が末端自治組織としての社会サービス及び社区福祉サービスの供給主体であること，居民委員会が連絡調整の役割を担い，地域社会の生活空間を作ること等が法的に明示された。

また，主管部署の民政部が示した基本的な考え方では，社区とは，「一定地域の範囲内に住む人々によって構成される社会生活の共同体」と定義されていた。1,000～3,000世帯の近隣の範囲ごとに，住民生活と関連する施設を整備するとともに住民の自主参加によって地域が抱えている生活問題を解決することが明確化された。プロセスとしては，行政組織の「街道」，自治組織の居民委員会の復活を通して，地域の組織化を進め，そして社区サービスセンターの整備及びサービスの供給を媒介として，住民の連帯性を高めていくことである。

"社区"という空間づくりの動きと伴い，いままで"単位制"福祉体制は担っていた生活サービス供給の機能を「社区服務」への移行も始まった。当初に社区服務は，単に生活サービスの供給機能を受け継ぐだけではなく，単位社会の崩壊によって見捨てられた失業者のポスト提供や定年退職者の生活保護等をも受け継いでいた。しかし，1990年代では，住宅の商品化改革政策の実施によって，従来の地域社会が大きく変貌した。過渡的な役割として押し進められた"社区服務"の進展は行き止まり，地域社会組織の再編が求められた。1990年代以後，過渡的な役割を果たした社区服務は，次のステップである「社区建設」（Community Development）に切り換えることになった。社区建設の取り組みは，組織建設に重きを置く，社会の安定を守るよりどころとして捉えられた。また，党の優位性を確保しようとする方向と住民の自治の観点から捉えようとする理念の相克という問題が生んでいる。しかし，組織化の一環として，社区ごとに社区サービスセンターを創設し，社会福祉サービス供給システムを体系化，専門化したことは，社区建設の実績といえよう。特に多種多様な社区サービスを含め，包括的な地域社会政策として具体化されようとしていることが注

表5-1 中国の人口と社区の推移（1992-2003年）

年度	総人口（万人）	城鎮人口（万人）	農村人口（万人）	居民委員会（万カ所）	村民委員会（万カ所）
1992	11億7,171	3億2,372	8億4,799	10.4	100.4
1993	11億8,517	3億3,351	8億5,166	10.7	101.3
1994	11億9,850	3億4,301	8億5,549	11.0	100.6
1995	12億1,121	3億5,174	8億5,947	11.2	93.2
1996	12億2,389	3億5,950	8億6,439	11.4	92.8
1997	12億3,626	3億6,989	8億6,637	11.7	90.6
1998	12億4,810	3億7,942	8億6,868	11.9	83.3
1999	12億5,909	3億8,892	8億7,017	11.5	80.1
2000	12億9,533	4億5,594	8億739	10.8	73.2
2001	12億7,627	4億8,064	7億9,563	9.2	70.0
2002	12億8,453	5億212	7億8,241	8.6	68.1
2003	12億9,227	5億2,376	7億6,851	7.8	65.8

出所：中国民政部編『中国民政年鑑』（1992-2003年版）より作成。

目されるべきである。

　表5-1によると，1992年では3.23億の城鎮人口が10.4万カ所の城鎮行政社区（居民委員会を地域範囲として）に分布しており，各社区の平均人数は3,115人となった。その後，城鎮人口と城鎮社区数はいずれも増加し続け，1998年には3.79億の城鎮人口が11.9万カ所の都市行政社区（居民委員会）に分布するようになり，各社区の平均人数は約3,184人となった。そして，1戸あたり平均3人として概算すると，各社区は平均約1,000戸余りの構成となるはずである。

　しかし，行政が主導した社区づくりは，行政区画や社会管理を焦点に当てており，人々の暮らしの空間や人間関係のネットワークを構築する意識が欠けていた。1990年代以後は，市場経済の浸透により社会主義時代に建設された公共住宅が個人に売却されたり，新築住宅の分譲も盛んに行われるようになった。一方，高齢者人口が急速に急増し始めた。これらの要因に加え，高齢者の孤立，住民の孤独や青少年の犯罪非行等の多様な問題が生じるようになった。社会問題の重層化及び福祉ニーズの多様化の問題を抱え，地域社会づくりは，単に

第5章　社会主義市場経済移行期の社会福祉改革

「単位」社会から排除された者を救う受け皿としての機能だけでなく、または行政が主導するだけではなく、多様なセクターの参加を通して、地域問題の発見、地域資源の調達の重要性が認識された。

（4）労働保険から社会保険へ

労働保険制度の改革から見れば、従来の労働保険の規定は、保険対象が都市部の労働者に限定され、保険の項目が、労働災害・疾病・非労災障害・死亡・老齢・出産に規定された。新しい構築した社会保険制度の仕組みは、年金保険、医療保険、失業保険、出産保険等をそれぞれ独立したシステムに立て直し、対象は雇用者という「労働者」に限定せず、一般国民までに拡大された。また、従来の個人拠出なしことから個人・企業・国家の三方が拠出する連帯責任に移行した。特に失業保険制度の創設は注目されるべきである。

労働者保険制度の改革は、1986年から2007年までに下記の4つの時期に分けて考察することができる。

第1段階（1986-1992年）においては、国有企業の破綻、改編によって大量の失業者が発生し、一方では、企業が従業員とその家族に提供した年金、医療、住宅、各種の手当て、子女教育、厚生福祉等などの生活保障も、その存立基盤を失ってしまった。

当時の失業データを見れば、1985年から失業率は一直線に上昇し、1993年の時点ですでに420万人を突破した（表5-2参照）。こうした大規模な失業が中国の社会を震撼し、社会の安定に大きな危機を与えた。こうした背景で国務院は1986年「国営企業従業員待業保険臨時条例」、1991年「企業従業員老齢制度改革に関する規定」等が公布され、保険料の個人負担原則を明示するなどによってし、市場経済の導入に応じる社会保障制度構築の幕が開かれたと思われる。

1993年までのその改革は、統合的な視野が欠け落ちており、国有企業改革によってもたらされた失業問題だけを焦点に展開したものであった。この時期に、国有企業の労働者たちが様々な形で起こした社会運動や労働運動は、社会保障

表5-2 都市部登録失業者の状況（1985-1993年）

年　度	1985	1986	1987	1988	1989	1990	1991	1992	1993
都市部登録失業者数（万人）	239	264	276	296	377	383	352	364	420
登録失業率（％）	1.8	2.0	2.0	2.0	2.6	2.5	2.3	2.3	2.6

出所：国家統計局，1986-1993年「中国統計年鑑」，中国統計情報網。労働と社会保障部，国家統計局，「1999年労働と社会保障事業発展統計公報」をもとに作成。

の改革を推し進めた原動力といえよう。

　第2段階（1993-1997年）では，1992年10月に，中国共産党第14回党大会第3回中央総会において公表された「中共中央関于建立社会主義市場経済若干問題的決定」の中で，社会保障が市場経済体系の5大柱の1本であることが明確にされた。その大会において，「社会プールと個人口座を結びつける」という方式の年金・医療保険制度の改革案が明示された。具体的には，強制個人貯蓄の積立と賦課方式による社会プールからの拠出（基礎年金）の2本建てとなる。

　この国策を具体化された社会保障のプランは，1995年に国務院が公表された「中国特色の社会保障制度の構築」である(3)。主な方針としては，①これまでの正規賃金労働者を主な対象とした社会保険制度は，非正規労働者などまでに視野を広げる。②これまで国家・企業が保険料負担方式から国家・企業・個人三者共同負担方式に切り換える。③社会保険財源の調達は賦課方式から積立方式へ切り換える。④社会保険基金の管理は，これまでの企業ごとの管理から新設された社会保険基金管理機構に移行する。⑤各地方行政が地域の特性に合わせて独自な保険納付，保険給付基準を定めることは認める方針である。⑥社会保障制度の枠組みは，社会保険，社会救済，社会福祉，軍人優撫，から構成するなどであった。

　そして農村部の農村社会養老保険制度の試行には，1992年に民政部に公布され「県レベル農村社会養老保険基本方案（試行）」の下で，中国の中部，東部の農村地域で取り組みが始まった。1997年までに農村社会養老保険の普及は一つのピークを迎え，全国で2,123県が社会養老保険を導入し，加入人数は8,200万人にのぼった。

第5章　社会主義市場経済移行期の社会福祉改革

　この時期において改革は、国家主導体制を確立しながら、地方分権、公私役割分担の社会保障の多元化及び社会保障の体系化といった目標に向かって進められた。しかし、改革の主な狙いは、市場経済の利用、確定拠出方式、完全積立などに取り組めば、収益率の確保、資本市場の育成、リスク分散という問題が解決できるという考え方に基づいている。つまり、経済システムから捉えた社会保障観のもとで年金・医療保険改革をスタートさせたのである。

　第3段階（1998-2002年）では、この時期に市場経済万能論、経済発展優先論が台頭し、社会保障改革は経済成長を目標とし、いわゆる産業政策の一環として市場経済システムに織り込まれていった。言い換えれば、経済成長のために生産的な機能を果たす役割を課されたのである。そのために、市場経済システムにおける社会保障の効率性を強調しすぎてしまい、公平性を欠く傾向が現れた。医療保険改革は、国民の健康医療の向上の目標から逸脱し、医療費用の抑制の成功にとどまった。しかし、国民生活の中には、様々な危機と不安な要素が隠れていた。

　第4段階（2003-2007年）では、特に2003年に発生したSASRと2004年の憲法改正によって「人民の生存権」保障及び「社会保障制度」の構築が初めて憲法に位置づけられることが、大きなインパクトである。

　2004年3月に公布された改正憲法の第14条項に「国家は経済の発展水準と照応する社会保障制度を確立し、健全化する」内容が追加された。「社会保障制度」の「入憲」は、中国にとって初めてであった。

　この憲法改正は、「人民の生存権」の保障が憲法上の体現とも説明された。具体的には、次のような内容である。「社会の統一的按配と個人口座を結びつけることを堅持して、都市部の職員・労働者の基本養老保険制度と基本医療保険制度を充実させる。失業保険制度と都市部住民の最低生活保障制度を健全にする。様々なルートを通じて社会保障基金を調達し、積み立てる。各地は実情にもとづいて、社会保障の基準と水準を合理的に確定しなければならない。都市と農村の社会救済と社会福祉事業を発展させる。条件を備えた地方では、農村における養老・医療保険と最低生活保障制度の確立を模索する」[4]。

133

ほか,中共16大において「全面的小康社会」の目標の提示,そしてより明確な社会発展ビジョンに「調和のとれる社会」があげられる等,国民の総合生活保障の視点が生まれた。その背景の下に,城郷格差問題の解決を目指した農村,農業,農民という「三農」政策は重要視された。

この時期において,効率性に傾いていた議論は公平性を重視するようになり,公平性の観点からの社会保障制度として理解されるようになっていた。また,出稼ぎ農民工が億単位で都会へ移動し,これまで社会保障制度に排除されてきた農民工の医療,労災,年金保険の問題は,無視できなくなっていた。社会保障対象の範囲は,非正規労働者,出稼ぎ農民工に少しずつ広がっていく傾向はあらわれてきた。しかし,農村社会養老保険の運営は,保険基金の収支バランスの悪化や不正流用等の問題が発生し,中央政府に事業の一時停止を命じられるという挫折を経験した。その後,国務院の行政改革にともない農村養老保険の所管は民政部から労働社会保障部に移管することとなった。

1950年代に試行錯誤で毛沢東らによって作られた社会主義的社会福祉の基礎は,以上のプロセスを経て抜本的に改革された。

注
(1) 加藤弘之・久保亨著『進化する中国の資本主義』岩波書店,2009年,20頁。
(2) 芦田文夫「『社会主義』と市場経済──『市場移行』からの再考」『立命館経済学』第54巻第2号,2005年。
(3) 中国社会保障出版社『中国社会保障全書』1995年,序言より。
(4) 中共中央文献研究室編『中国共産党第十六次全国代表大会文献彙編』人民出版社,2002年,28頁。

参考文献
芦田文夫「『市場経済をつうじる社会主義』と自由論」」『立命館経済学』61-6号,2013年。
芦田文夫「社会主義的『所有論』と『市場経済論』を軸にした模索」『松山大学論集』24巻4-3号,2012年。
王文亮『現代中国の社会と福祉』ミネルヴァ書房,2005年。
呉軍華『中国 静かなる革命』日本経済新聞出版社,2008年。

呉敬璉・馬国川編著『中国経済改革20講』生活・読書・新知三聯書店，2012年。
加藤弘之・渡邊真理子他編『21世紀の中国　経済篇——国家資本主義の光と影』朝日新聞出版，2013年。
沈潔編『福祉NPOと地域福祉改革』僑報出版社，2006年。
宮本太郎『福祉政治』有斐閣，2008年。
宮本太郎『生活保障』岩波書店，2009年。
広井良典『定常型社会』岩波書店，2001年。
広井良典『持続可能な福祉社会』筑摩書房，2006年。
広井良典編『「環境と福祉」の統合』有斐閣，2008年。
林毅夫『解読中国経済』北京大学出版社，2012年。
八尾信光「社会経済学の課題」『立命館経済学』61-6号，2013年。
李蓮花『東アジアにおける後発近代化と社会政策』ミネルヴァ書房，2011年。

第 6 章　「適度普恵型」社会福祉の構築へ

　政権交代のあった2012年に，経済的・政治的な安定化を求める気運が高まり，基礎医療と基礎年金制度の全国民に対する普及が加速された。これは主として，公的財政の投入により，社会福祉から排除されてきた農民や低所得層の人々の生活基盤を整え，経済成長の恩恵をすべての人に平等に分け与えるという方針である。

　胡錦濤政権期（2002-2012年）は，江澤民時代の市場化の加速と経済発展重視から，調和のある発展と「国民生活」重視へと政策の重点が大きく動いた時期であり，公共福祉における「小さい政府」を見直し，「政府の拡張」を遂げた時期でもあった。

　実は，経済成長を遂げた中国の実情に相応しい社会福祉モデルとは何かという問題は，胡錦濤政権期において絶えず探り続けられた課題であった。様々な試行錯誤の末にたどり着いたのは，基礎生活保障制度を全国民に行き渡らせるという「適度普恵型」社会福祉である。

　本章は，主に「適度普恵型」社会福祉をめぐって，当該時期における社会福祉改革の動因や特徴などを考察する。

　基礎生活保障制度を全国民に行き渡らせるという動きは，政府によって打ち出された社会安定のための処方箋と思われるが，長期的に見れば，中国経済の持続的発展や所得分配の不公平を是正するという効果も有しており，一石二鳥の効果が期待できるといえる。

　しかし，「適度普恵型」社会福祉の構想では，未解決のまま先送りされた中長期的な課題が多く残っており，習近平政権が，すでに国民に公約したように，これらの課題に引き続き取り組んでいかざるを得なかった。

1 社会主義市場経済の進化

(1) 社会主義市場経済が移行期から安定期へ

「適度普恵型」社会福祉の構想を支える経済的な基盤ができたのは、いうまでもなく社会主義市場経済が移行期から安定期に入ったからである。

2001年にWTO加盟は、中国経済と世界経済との一体化が促進された。2003年から2007年までの5年間、中国経済は投資と輸出に支えられ、2桁の経済成長を続けてきた。IMF（国際通貨基金）によると、中国の名目GDP（国内総生産）は2012年が52兆1,837億元（約782兆7,555億円）で、世界2位となる。また、10年間で3.8倍に拡大し、日本より4割以上も大きくなった。1人当たりの名目GDPは6,094ドルであり、経済成長の著しいBRICsと呼ばれる新興4カ国の中では、インドをはるかに上回り、ブラジル、ロシアに次ぐ規模である。少なくとも2016年まで経済成長は継続して行くであろうと予測されている。

図6-1に示された通り、2007年以後も経済成長が続き、2012年度にGDPは51.9万亿元、1人当たりGDPは6100ドルに達した（表6-1のデータと食い違いがある）。

経済成長に従って、産業構造及び都市化率も大きな変化が見られた。中国社会科学院の研究成果によれば、（表6-1に示されたように）2010年時点の産業構造別の生産高の割合は、第1次産業10.1％、第2次産業46.2％、第3次産業46.8％であった。これを1978年と2000年で比較すれば、1978年の時点に第1次産業75.5％、第2次産業17.3％、第3次産業12.2％となっており、2000年の時点には、第1次産業がまだ50.0％を占め、第2次産業22.5％、第3次産業27.5％となっていた[1]。つまり、短期間の間に産業構造は急激に変化したのである。そのうち、第1次産業の変化がもっとも激しい。

一方、都市化率も同じ傾向が見られた。例えば、1978年に都市化率は17.9％に対して、2000年に26.2％、2010年に49.9％までに上がった[2]。

この数字が何を意味するのか、社会保障研究の中国人の学者は、この数値は、

第Ⅱ部　中国社会福祉の改革

図6-1　IMFによる中国の名目GDPの予測（1980-2016年，2011-2016年はIMF予想値）

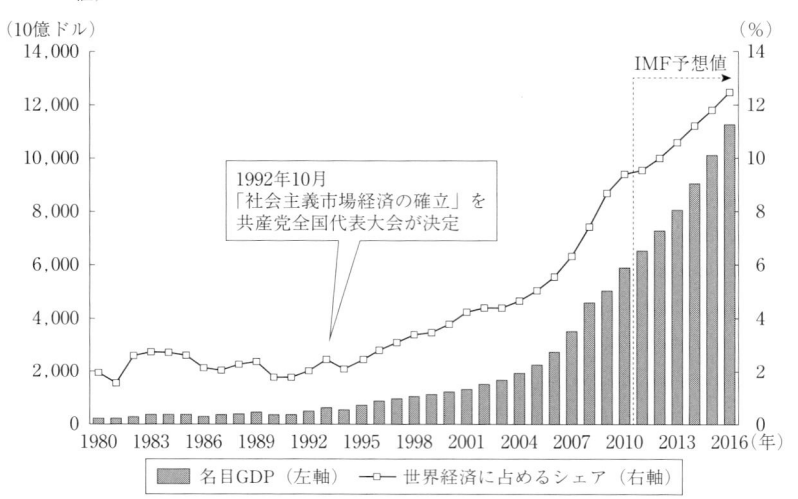

1992年10月
「社会主義市場経済の確立」を
共産党全国代表大会が決定

IMF予想値

名目GDP（左軸）　　世界経済に占めるシェア（右軸）

資料：IMF「World Economic Outlook Database, April 2011」
出所：日経ビジネス（http://business.nikkeibp.co.jp/article/topics/，2012年12月5日アクセス）

表6-1　産業構造及び都市化率の変化

年	1人当たり名目GDP（ドル）PPP法為替（2005年アメリカドル）	産業構造別の生産高(%)第1次産業／第2次産業／第3次産業	都市化率（%）	第一産業就業者率の就業構造（%）
2005	3,565	12.5/47.5/40.0	43.0	44.8
2006	4,167	11.7/48.9/39.4	44.3	42.6
2007	4,780	11.3/48.6/40.1	45.9	40.8
2008	6,450	10.7/47.5/41.8	47.0	39.6
2009	7,030	10.3/46.3/43.4	48.3	38.1
2010	8,506	10.1/46.8/43.1	49.9	36.7

出所：周叔蓮・王延中・沈志漁『中国の工業化と城市化　第2版』経済管理出版社，2013年より作成。

中国社会発展度合いを示しているとして，評価している。

(2) 経済発展段階説——離陸期（テイクオフ）

　以上のような変化は，中国の社会経済発展にどのような影響を与えたのか，どの段階に到達されたのか，近年においてこれらの課題が政府側及び学界の関心が集まった。表6-2は中国社会科学院の「経済発展段階に関する研究プロジェクト」に提示された中国経済発展段階を図るための数式である。表6-2を参考しながら国内の議論を見てみる。

　表6-2に示されたように，中国の社会経済発展を，大きく前工業化段階，工業化の実現段階，ポスト工業化段階という3つの段階に分けられている。また，現時点に立っている工業化の実現段階をより細分化すれば，初期段階，中期段階，後期段階に分けられていた。トータルでいえば，中国の社会経済発展を5つの段階に分けて想定している。

　根拠となる基本数値について，例えば1人当たりGDPの数値は，重要な判断基準にされている。産業構造基準，就業構造基準，空間構造基準は，定義を持つ概念に分けられている。具体的に第3次産業生産額の割合が産業構造基準とし，第1次産業に就業者占有比重が就業構造の基準として，また，人口の都市化率が空間構造の基準とするといういくつかの重要なファクターを規定していた。

　実に，中国経済発展段階論の裏に，国際経済学者ロストウ（W. W. Rostow）の経済発展5段階説の影が見られる。また，ハロッド-ドーマー（Harrod-Domar）が提唱した国民所得均衡理論モデルの影響を受け入れていることも一目瞭然である。いわゆる，経済成長と経済発展の古典理論は，中国の主流研究者に与えた影響が大きかった。

　さて，ここにロストウの経済発展理論に基づき，提示された5段階発展説を整理しておこう。

　第1段階の伝統的社会では，産業構造が在来産業のモノカルチュアで，労働生産性も低く，経済活動の大部分が食料確保のための農業生産に向けられてい

第Ⅱ部　中国社会福祉の改革

表6-2　中国工業化発展段階評価指標

指標／単位 ドル・%	Ⅰ前工業化段階	工業化の実現段階			Ⅴポスト工業化段階
		Ⅱ初期段階	Ⅲ中期段階	Ⅳ後期段階	
1人当たり名目GDP	745～1490	1490～2980	2980～5960	5960～11170	11170以上
3次産業構造と生産額 （産業構造）	A＞I	A＞20% A＜I	A＜20% I＞S	A＜10% I＞S	A＜10% I＜S
第1次産業就業人口比 （就業構造）	60%以上	45%～60%	30%～45%	10%～30%	10%以下
人口の都市化率 （空間構造）	30%以下	30%～50%	50%～60%	60%～75%	75%以上

注：A第1次産業；I第2次産業；S第3次産業；2005年ドルの為替レートはPPP購買力の公定価格によって換算。
出所：陳佳貴・王延中他『中国工業化進程報告　第2版』中国社会科学出版，2008年より作成。

る。

　第2段階の離陸先行期では，経済の成長局面・好循環局面に移る離陸のための必要条件が徐々に満たされていく期間である。経済の成長局面・好循環局面とは具体的には1人当たりのGNPが持続的に上昇していく期間である。

　第3段階の離陸（テイクオフ）では，離陸期になると貯蓄率と投資率が急速に高まり，1人当たりGNPは持続的な上昇を開始する。ロストウは離陸期の特徴を3つ挙げている。

① 投資率が5％以下から10％以上に増加すること。
② 主導産業が現れ，他の産業部門の成長を誘発すること。
③ 経済成長を持続するための政治的・社会的・制度的な枠組みが成立することである。

　第4段階の成熟化は，離陸期の後に来る波動を伴う長い進歩の時期である。特徴として，近代的産業技術が全分野に広がり主導産業が重化学工業になる。また産業構造は第2次産業に特化する。

　第5段階の高度大量消費段階について，成熟化の時代を経て国民一般の所得

第6章 「適度普恵型」社会福祉の構築へ

表6-3　Ⅲ中期段階からⅣ後期段階へ邁進

Ⅰ前工業化段階	工業化の実現段階			Ⅴポスト工業化段階
	Ⅱ初期段階	Ⅲ中期段階	Ⅳ後期段階	
	Ⅲ中期段階からⅣ後期段階へ			

出所：周叔蓮他『中国の工業化と城市化　第1版』経済管理出版社，2008年を参考に作成。

水準がさらに上昇すると消費需要の構造が変化し耐久消費財やサービスに対する需要が爆発的に増大する。(3)

　現在の中国はどの段階にあるのだろうか。以上の判断評価の下に，国内には代表的な見解は2つにある。政府官庁を中心としたグループの意見は，現段階が工業化の実現段階の中の中期段階にあり，後期段階に上がるのも，一定の時間がかかるとみなされている。主な理由として，1人当たりGDPが低いことや主導産業の未定着の問題などがあることを主張している。

　一方，中国社会科学院を中心とした一部の学者らは，前述の見解を反論している。こちらの意見は，現時点に工業化中期段階の主な指標が達したことによって，すでに後期段階に邁進しようとしている状況にあると主張する。(4)

　この主張によると，当局が示した1人当たりGDPの数値が実際よりはるかに低い。妥当な計算によれば，2010年に1人当たりGDPはすでに8,506ドルに達し，典型的な「中所得国」となった。そして，産業構造から見ても，第1次産業生産額が10.1％を占め，第2次産業生産額が46.8％を占め，第3次産業生産額が指標の43.1％とそれぞれなっている。産業構造の指標からの判断も，後期段階に邁進していったといってもよいだろう。

　就業構造から見ると，第1次産業の就業率が依然として高く，2010年に36.7％であって，中期段階を示す指標の30〜45％という範囲内に属する。しかし，これは工業化と都市化率の偏差統計の背後に工業化と都市化のラグの開発段階が過小評価されていたことに関係する。また，空間構造として都市化人口率は，まだ低い水準に置かれている。都市化人口率は2011年に初めて50％を超え，ぎりぎり中期段階指標の50〜60％の範囲に入る。この問題は，いわゆる中国の社

141

会と経済の不均衡の都市と農村の二重構造によるもので，中国発展段階の特質として扱うべきであると，学者らは反論している。

政府側の見解にしろ，学者側の見解にしろ，総合的にみれば，現時点の経済発展段階は，中期段階に置かれながら後期段階へ移行する準備が進められているといえるであろう。言い換えれば，現段階の中国には，経済学者のロストウが提示した経済発展段階論の中に論じられた離陸（テイクオフ）期の条件を大部クリアしたといえるであろう。

中国の学界，政界は，ロストウが挙げた離陸期の3つ特徴を，中国の現況に当てはめることが可能と考えている。つまり，①投資率が5％以下から10％以上に増加すること。②主導産業があらわれ，他の産業部門の成長を誘発すること。③経済成長を持続するための政治的・社会的・制度的な枠組みが成立することである。[5]

近年，政界，学界の中に起こった経済発展段階論の議論から明らかになった共通認識は，中国の経済発展は，移行期から安定期に入ったことであった。また，2020年頃までに工業化の目標を達成し，ポスト工業化へ進むことを目指すことが強調されている。

（3） 社会主義計画経済＋市場経済の特徴

社会主義市場経済の安定期において経済の特徴といえば，混合経済の彩りが顕著になったと考えられる。この変化は，経済の全面的な国家管理が，いかに効率が悪いかという教訓を得て，市場経済と政府介入との適切な組み合わせを追求することに切り換えしたと思われる。ここには，主に資本の支配形態の変化を通じて，混合経済という特徴を見てみよう。

社会主義計画経済期における資本支配の特徴から見れば，私有制や民営セクターを排除し，公有制と国営セクターは支配的な位置に立てられた。従業員も国営企業に所属しなければならなく，国営・公営セクターは，中国の経済社会を支配していた。1978年，経済改革の時点に企業の形態から見れば，99％は国営・公営企業であった。しかし，30年後の2008年の段階には，国有企業19％ま

第6章 「適度普恵型」社会福祉の構築へ

でに激減し，一方，民営企業58％，外資企業18％，その他5％に，資本支配の形態は大きく変わってきた。また，企業の就業者数に占める「非公有企業」のシェアも，全国企業の47％に達し，「非公有企業」が公有企業と対峙できる構造となっている。実際に現段階における中国では，民営企業・国有企業・外資系企業からなる「三者鼎立」の資本構造がすでに形成された。「三者鼎立」までに進化した資本の支配形態は，中国の「社会主義市場経済」の進化を象徴するものとして今後も継続していくと思われる。

中国はこうした「三者鼎立」の資本形態の構造は，中国経済の持続的な成長を支えた。図6‐2のように1978年の経済改革・対外開放政策が採用してから，1992年に「社会主義市場経済」への移行は本格的に進められた。中国名目GDPの世界経済に占めるシェアも大きく上昇し，1990年代前半までの3％未満の水準から，2016年には12％を超える見通しである（IMF予想）。

安定期においては，設備投資に依存するモデルから技術の進歩に依存することに転換することによって，経済発展内因性の強制メカニズムが形成させていく。

（4）「社会的課題」に向けて

第5章で触れたように，中国の市場経済改革においては，生産と管理の主体としての新たな人間の位置づけが，「社会的課題」（労働・生活・社会関係における人間主体の全面発達に関わるような）なるものと結びつけて進めることができなかった。

その結果は，貧富格差の拡大や人間不信社会へ蔓延し，2003年のSARS危機がその社会的課題を顕在化させ，これまでの市場化改革そのものへの批判を生み出すに至っている。

「社会的課題」に向けて始まった動きは，2004年の憲法改正で取り上げられた。2004年の憲法改正を契機に，第1章総則において「国家は経済発展の水準に相応しい社会保障制度を構築，健全化する」第14条を設けて，国民の生活を保障する社会保障制度の再構築は法的な根拠を明確にした。

また，第2章「公民の基本的権利及び義務」においては，第45条の中に「①中華人民共和国公民は，老齢，疾病又は労働能力喪失の場合に，国家及び社会から物質的援助を受ける権利を有する。国家は，公民がこれらの権利を享受するのに必要な社会保険，社会救済及び医療衛生事業を発展させる。②国家及び社会は，傷病軍人の生活を保障し，殉職者の遺族を救済し，軍人の家族を優待する。③国家及び社会は，盲聾唖その他身体障害の公民の仕事，生活及び教育について支援し，生活援助する」という社会福祉に関連する条文が設けられた。

　そして2011年に初めての社会保障法といわれる「社会保険法」は，実施された。本法の第1条においては「社会保険関係を規範し，公民が社会保険に加入し，社会保険待遇を享受する合法的な権利・利益を保護し，公民に発展の成果を共に享受させ，社会の調和と安定を促進するため，憲法に基づき，本法を設定する」，また，「国は基本養老保険，医療保険，労災保険，失業保険，出産保険などの社会保険制度を確立し，公民が高齢，罹患，労働災害，失業，出産等の状況において，法により国及び社会から物質的な援助を受ける権利を保障する」という条文が明記された。本法は憲法に示された国民福祉に対する基本方針を具現化したものと思われる。

　以上のように，市場経済の進化によって，巨大な資本が結成され，持てる者と持たざる者との格差が拡大し，社会的緊張が生まれ，個人の努力だけでは生きることすらままならない状況に至った。そのような状況の中で，経済的弱者が国及び社会からの援助を受けることができる権利の概念が，初めて憲法や社会保険法の中に位置づけられたと思われる。

　市場経済改革が，移行期から安定期への進化で進められた最中でいくつかの課題が生じてきたが，これらの共通点は，経済優先から国民生活を優先する政策に改め，「社会的側面」における格差や不公平を解消することであった。市場の仕組みを活かしつつも社会主義的な所得の再分配を行い，新たな社会構造，経済構造を構築していくということである。その改革の軌道修正の中から結果的に導き出された社会福祉政策が，「適度普恵型」社会福祉の創設であった。

　新たな再編成の中に浮かび上がった国家・経済・社会の相関関係は，図6-

第6章 「適度普恵型」社会福祉の構築へ

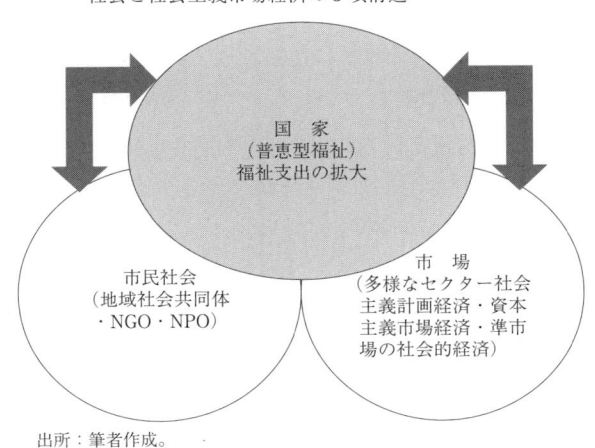

図6-2 社会主義市場経済安定期の社会構造——国家と市民
社会と社会主義市場経済の3項構造

国　家
（普恵型福祉）
福祉支出の拡大

市民社会
（地域社会共同体
・NGO・NPO）

市　場
（多様なセクター社会
主義計画経済・資本
主義市場経済・準市
場の社会的経済）

出所：筆者作成。

2のようにまとめることができる。

2　社会福祉改革の新しい転換点——「適度普恵型」社会福祉

　市場経済移行期において，すべての国民を対象とする社会保障の考え方は，先進諸国では費用がかかりすぎるとされ，中国での導入が無理だと考えられていた。しかし，ますます高まっている「社会的課題」は，早急に解決しないと，これまでの市場経済の成果が守られない。こうした経済的，社会的危機が人々の認識を一変させた。現在の中国では，社会保障制度は社会安定の処方箋として危機の時代の有効な措置であるとの見方が広がっている。

（1）胡錦濤政権が構想した「適度普恵型」社会福祉とは

　「適度普恵型」社会福祉の提起は，持続な経済成長が達成したにもかかわらず，社会福祉が従来のまま残余型社会福祉にとどまっていることを批判し，社会残余型から普恵型へ転換することが求められているを主張する。
　提唱された「適度普恵型」社会福祉には，適度と普恵が重要なキーワードで

145

ある。適度とは，社会保障の財政規模や給付水準を図るための尺度と考えられる。適度を規定された政策の主な根拠は，2004年に改正された新憲法にある。憲法の中に「国家は経済発展の水準に相応しい社会保障制度を構築，健全化する」，また「公民は，老齢，疾病又は労働能力喪失の場合に，国家及び社会から物質的援助を受ける権利を有する」原則が明示された。多くの学者や実務家は，経済発展の水準に相応しいを図るための尺度から適度の概念を規定し，「公民は，老齢，疾病又は労働能力喪失の場合に，国家及び社会から物質的援助を受ける権利を有する」の主旨から，基礎レベルの保障制度を全国民に行き渡らせるという「普恵」理念を思案した。

2007年から，「適度普恵型」社会福祉をめぐって学界及び実務家レベルにおいて活発な議論が行われた。その代表的な言説を紹介しておこう。

北京大学教授の王思斌は，中国特色ある社会福祉モデルの構築にあたっては，一方は残余型社会福祉である「小福祉」の限界を乗り越えなければならないし，一方は，福祉国家の「大福祉」の教訓もくみ取らなければならない[7]。いわゆる，新自由主義的な残余型社会福祉の限界を乗り越えつつ，財政難という福祉国家の危機をも回避する。具体的には，社会福祉給付が低水準に設定する代わりに受給者をより幅広くすることである。

また，中国社会科学院元社会学研究所長の景天魁の見解は，「中国の歴史的な経験からみると，過去の社会主義的平均主義の失敗，福祉国家の高福祉・高負担の失敗をみてきた。中国は基本生活ペースにおける公平性（底線公平）を保障する理論を基盤に社会福祉モデル建設の可能性が十分可能である。その目安は，給付水準は適当であること，財政が負担能力に応じて適度であること，中国の制度と文化に適合すること」を主張した[8]。

また，「適度普恵型」社会福祉を実現していくために，状況に合った政策を段階をふんで実証していくことが重要である。例えば，現段階においては，北欧諸国のような生活そのものを保障する普遍主義ではなく，基本的な生活に対しての保障という「普恵」理念を根拠とする[9]。現段階では城郷の格差，地域の格差，制度間の格差を認めながら，福祉構造の中に様々な給付レベルを設ける

べきである。つまり，現段階においては，最低限の生活を送るのに必要とされている最低生活保障制度，基礎医療，基礎年金に関しては，政府が無条件ですべての国民に定期的に支給すべきである。その他のレベルあるいは給付内容については，一定の差を保つべきである。

　"調和社会"戦略思想の下で，展開された「適度普恵型」社会福祉の議論には，いくつかの傾向が見られる。まず，議論の焦点は残余的な社会福祉政策をとるか，普遍的な社会福祉政策をとるかにあると思われる。その議論を用いた理論的モデルに，社会学者・政治学者であるエスピン-アンデルセンが提示した福祉国家類型論が反映されているように思われる。また，その議論の背景となるのも，市場経済改革の初期に行きすぎた社会福祉の市場化の失敗や国家責任の回避の反省にある。そして，最低限度の生活を保障するため，最低生活保障制度や基礎年金保険制度の実施を通じて，国民一人ひとりに現金を給付するという政策構想が，生存権保障の思想の展開であると考えられる。

　振り返ってみると，改革の初期に鄧小平の「先富論」を先頭に進められた市場経済改革の社会福祉政策の志向は，国民生活が基本的に自助努力によって行われてきた。例えば，1990年代に実施された都市部最低生活保障制度は，極貧者等の経済的弱者だけを対象としたものであり，社会主義期における対象範囲よりも限定されるものへ切り替えられた。また，社会福祉供給においでも，市場の参与を奨励し，国家による介入を最小限に縮小された。近年，「適度普恵型」社会福祉政策の下で，都市部に限定された最低生活保障制度（低保制度）を農村部まで普及すること，貧困基準を大幅に引き上げること，新型農村保険制度を全域に導入するなど，国民全体のセーフティネットを構築し，「残余型」社会福祉政策から離れていく方向性が明らかであろう。

　しかし，現行の「適度普恵型」社会福祉は，福祉国家が遵守した社会的権利を保障する理念とは異なる。あくまで社会保障制度の整備によって，貧困の慢性化や格差の拡大を歯止めという政策目標の達成にあると思われる。しかし，先進諸国の福祉国家理論に大きな関心に寄せてつつ，国民の生存権の保障を目指して，少しずつ歩んでいく姿勢が鮮明である。

147

(2) 社会的危機下における「適度普恵型」社会福祉の意図

　すでに述べたように中国の経済は世界経済危機の状況の下で，経済成長を続けてきた。先進諸国を代表とする福祉国家が抱えている財政の圧迫や福祉縮小との危機と違って，中国は，福祉財政の拡大期に入ったと言っても良い。しかし，経済成長の光の中に潜ませている様々な社会的危機が顕著に現れた。

　その社会的危機を具体的に見れば，所得再分配の不平等によってもたらされたあらゆる分野における格差と貧困の長期化と慢性化が取り上げられる。

　中国は諸国の中で最も不平等度の高い国の一つとなった。所得分配不平等によってもたらされた収入の格差に関して，中国社会科学院に公表された格差を示す指標であるジニ係数の推移が参考となる。図6-3に示された城郷各世帯の収入におけるジニ係数の推移から見れば，1994年頃に，ジニ係数は初めて警戒線の0.40を超え，社会全体に警鐘を鳴らした経緯があった。その後，一時的低下させたが，その後，数年で再び上昇した。2010年の時点にすでに0.53を超え，この十数年の間に収入の格差がこれほど大きく広がった。

　ジニ係数の推計について政府と民間研究機関は，推計に使う所得統計が違うため，異なるいくつかの数値が出している。政府統計局が行った推計は，2010年にジニ係数が0.481であったに対して，四川省にある西南財経大学研究チームが行った同年の推計は0.61だった。図6-3に示されたデータは，中国社会科学院社会学研究所によって提示されたデータである。統計局の推計と国内のそのほかの研究チームの推計にばらつきがあるが，その結果を見る限り，いずれも警戒線を超えている。国際的にジニ係数0.4は，社会紛争の多発する警戒線とされている。実際，国内の格差の拡大に不満を募らせた民衆の抗議が頻発している。

　一般的にいうと，所得格差の改善のための方策として，社会保障の再分配効果と税の再配分効果の2つがある。最近の先進諸国の事例から見れば，社会保障による再配分がもっとも効果的なのが明らかである。胡錦濤政権は，社会諸矛盾を解決する意図の下にバランスの取れた発展を重視するものだった。この「適度普恵型」社会福祉の提起が，まさに社会保障による再分配，所得格差を

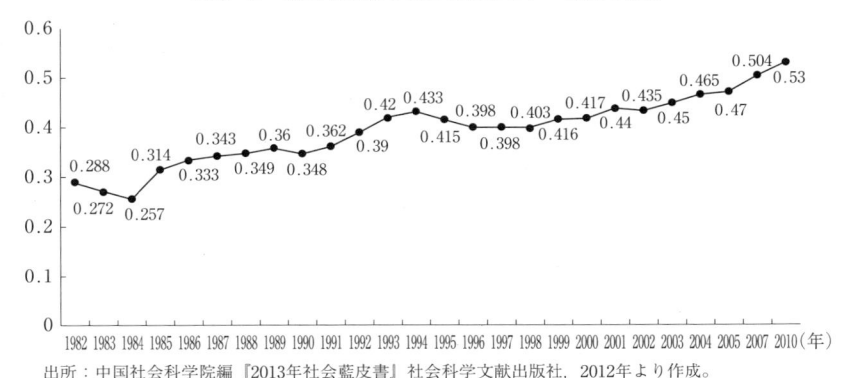

図 6-3 城郷各世帯の稼ぎにおけるジニ係数の推移

データ点: 1982: 0.288, 1983: 0.272, 1984: 0.257, 1985: 0.314, 1986: 0.333, 1987: 0.343, 1988: 0.349, 1989: 0.36, 1990: 0.348, 1991: 0.362, 1992: 0.39, 1993: 0.42, 1994: 0.433, 1995: 0.415, 1996: 0.398, 1997: 0.398, 1998: 0.403, 1999: 0.416, 2000: 0.417, 2001: 0.44, 2002: 0.435, 2003: 0.45, 2004: 0.465, 2005: 0.47, 2007: 0.504, 2010: 0.53

出所：中国社会科学院編『2013年社会藍皮書』社会科学文献出版社，2012年より作成。

改善を通して社会の安定を図ったものである。

　もう一つの社会的危機は，貧困問題の長期化と慢性化である。図 6-4 に示された農村における貧困人口及び貧困ラインの変化の推移を見れば，経済の高度成長及び所得水準は，この十数年の間に上昇しつつあったにもかかわらず，貧困対策としての最低生活保障ラインの数値は，それほど上がっていない。

　一方，中央政府は農村貧困削減のため，毎年，貧困救済関連の歳出を出していた。しかし，その資金の大部分が貧困地域のインフラ整備に当てられたり，庁舎建設費用等の他の用途に流用したり，農民に直接行き届く分は少なくなっている。最近，貧困問題をめぐり，国内のメディアやNGO団体から批判の声が強まっていて，貧困問題を解決できないまま成長が止まるという危機感も一面に広がっている。

　現金給付を直接に農民の手元に届くよう，また，慢性的な貧困問題を緩和することを狙って2011年11月に中央政府は貧困基準を年間1,274元から2,300元に大幅に引き上げることを決定した。新しい貧困基準での推計によれば，2011年に農村部の最低生活保障の適用者は，12,238万人を超え，引き上げ前より92％増となる[12]（2011年度の実際の受給者数は5305.7万人）。都市部においても，『2011年中国城市白書』では，都市部の貧困基準は年間7,500〜8,500元の間が適切であると主張し，この基準で推定とすれば，都市部の最低生活保障の適用者は

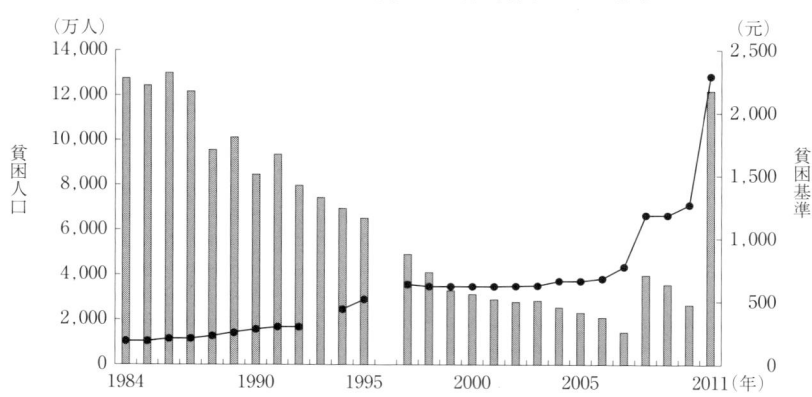

図6-4　農村における貧困人口及び貧困ラインの推移

注：農村貧困基準のデータには不備があり，1996年のデータは記載されていない。
出所：中国社会科学院編『2013年社会藍白書』社会科学文献出版社，をもとに作成。

5,000万人になり，現在の2倍となる。都市部における貧困基準の引き上げも，いずれやらなければならない。農村貧困基準が引き上げた後，貧困基準以下に生活している人口が総人口の10％を超えると予測されている。

また，財政部の年次公報によると，貧困削減の目的で中央政府が農村に対する支援財政支出は，2010年1,618億元，2011年2,000億元以上（うち貧困救済目的は270億元）で，2012年も大幅に増加している。特に貧困救済目的予算は前年比20％以上の増加である。今回，貧困基準の引き上げにより，直接貧困層に現金が支給されるようになり，最低所得保障制度の所得再配分効果が進むことが期待されている。

（3）基礎年金・医療の保障を農民に行き渡らせる

中国は，絶対的貧困と格差，不平等を本質とする相対的貧困が互いに重なり合う社会となっていることが特徴である。このような社会問題の特徴を踏まえ，「適度普恵型」社会福祉の構築は，絶対的貧困と相対的貧困に対する対応を並行して同時進行の形で進めるものである。

従来の社会保障は、特定の身分を持っている階層だけを対象にする仕組みであったため、農民が社会保障制度に排除されていた。そのため貧困人口の多数は農民である。1992年から農村社会養老制度の改正作業が始まったが、自助及び共助を主軸とした制度設計のため、保険料がほとんど個人負担であり、共済機能が弱い、給付水準が極端に低い等の問題が生じた。10年間の試行錯誤を経た2003年には、加入者がわずか5,428万人と全農村人口の7％であった。事実上、失敗であった。

　社会の安定を重視する胡錦濤政権は、比較的貧困な農民を包含した全国的に普及可能で安定的運営が可能な農村養老保険制度が創ることができるか、2000年半ば頃から新しい農村保障のあり方を探りはじめ、日本の経験を参考にしたこともあった。2009年に従来の農村養老保険制度の改良版として新型農村養老保険制度が一部の地域にテスト事業として導入された。

　新型農村養老保険は、都市部の賃労働者年金制度と異なり、任意加入となっている。財源は、主に個人納付保険料と政府からの補助金で構成される。加入者は個人口座に積み立てる保険料を100～500元までの5段階から選択できる。15年以上保険料を納付した加入者は、満60歳に達すると、毎月、個人口座残高の元利合計の139分の1＋基礎養老年金（最低55元）が給付される。基礎養老年金の財源は、中央及び地方政府が負担する。

　テスト事業を終えて2011年に新型農村養老保険制度が農村全域に展開されることとなった。養老保険の財政における国家責任が明記された結果、2011年に加入者は3億3,000万人を達成し、年金受給者が8,922万人を突破した。2015年まで、カバー率は100％を達成する目標を立てられている。

　一方、新型農村合作医療制度は、2003年春のSARS事件が、農民医療の再建の契機となり、その年に国務院は「新型農村合作医療制度の構築に関する意見書」を明示し、テスト事業は一部の農村地域に取り組まれた。翌年、新型農村合作医療制度の普及率は10.6％に、2007年に85.7％に急上昇し、2012年には98％以上農村人口をカバーしたという。

　創設当初に農民の負担が原則として年間10～30元で、地域の所得水準に応じ

第Ⅱ部　中国社会福祉の改革

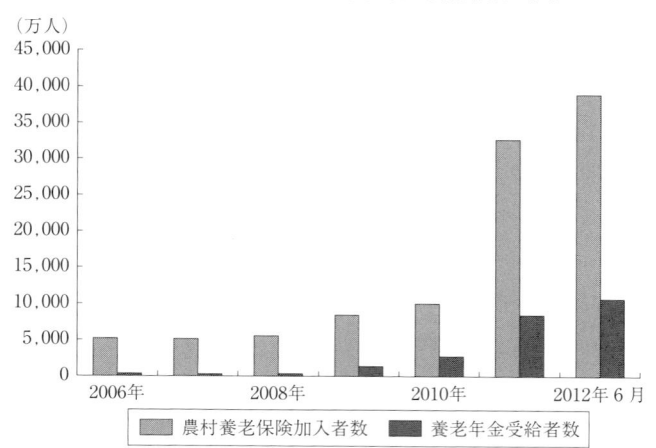

図6-5　農村養老保険加入者数及び受給者数の推移

(万人)

出所：国家統計局『中国人口統計年鑑』2012年版，中国統計出版社より作成。

て標準を変動させることができる。中央，地方政府がそれぞれ10〜30元を補助し，個人の納付金や郷・村と合わせて保険基金に積み立てる。2012年の新しい基準により，一人当たりの加入者の中央及び地方政府への負担金は240元に，農民の負担も60元に各々引き上げられた。とにかく，加入率の達成や財源拡大に対する改革が進められている。

長い間，養老年金や医療保険に無縁となった農民らが，2011年に導入された新しい制度によって最低限度の生活が保障するようになった。年金，医療保障を一般国民まで拡大し，または数年中に全国民に適用できるような仕組みを提示したことは大きな意味を持っている。一方，貧困層も経済成長の恩恵に預かることにより貧困から脱却し，地域間，階層間の是非により，社会全体の安定と基盤強化も達成される。

（4）社会サービスの拡充による所得再分配

図6-5は，社会サービス（公共サービス）事業に対する支出とインフラ整備に投入した費用及び固定資産原価の推移を示したものである。少なくとも2003

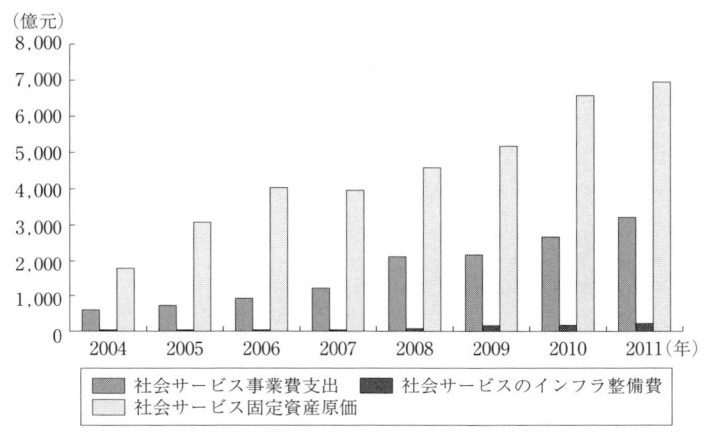

第6章 「適度普恵型」社会福祉の構築へ

図6-6 社会サービス事業に対する財政支出

(億元)

- 社会サービス事業費支出
- 社会サービスのインフラ整備費
- 社会サービス固定資産原価

出所：人力資源と社会保障部公表「労働と社会保障事業統計広報2011年版」より作成（http://www.molss.gov.cn/index/index.htm，2012年8月1日アクセス）。

年までに政府が医療福祉等の社会サービス事業に対する整備が，極めて消極であった。SARS危機を経験した後に，社会サービスに対する投資の重要性が認識され，2004年に社会サービスに対する歳出は，初めて600億元を超えた。2007年以後，社会サービス事業及びそのインフラ整備に投入した資金は，倍増する傾向が見られる。特に2011年に政府が社会サービスの事業費の支出は，3,229.1億元に達し，国家財政歳出の3％を占め，前年度より19.7％増となる。そのうち，中央政府の支出は1,808億元で，総支出の56％を占めて，残りの44％は地方政府が負担する。中央財政の支出は，貧困地域への分配が特に配慮している。つまり，公共サービスの拡充によって地域間や階層間の所得格差を是正することが主な政策の意図となっている。

しかし，社会福祉サービスに対する財政の支出は社会保険，社会救助に比べれば，まだ少ない。2011年度の例から見ると，社会保障の各分野に対する財政支出の仕分けは，表6-4の通りである。年金，医療，失業保険等の社会保険に対する支出は5391.48億元に，生活保護を中心とした社会救助に対する支出は1833.96億元に，社会福祉（障害者，児童等を対象とした社会救助に対する支出）

153

第Ⅱ部 中国社会福祉の改革

表6-4 社会保障における中央と地方財政の支出状況（2011年度）

(単位：億元)

項　目	財政投入合計		中央財政		地方財政	
	金　額	比　率	金　額	比　率	金　額	比　率
社会保険	5391.48	100.00%	3271.07	60.67%	2120.41	39.33%
社会救助	1833.96	100.00%	1187.33	64.74%	646.63	35.26%
社会福祉	329.90	100.00%	50.36	15.27%	279.54	84.73%
合　計	7555.34	100.00%	4508.76	59.68%	3046.58	40.32%

出所：中国財政部「2012年全国社会保障基金審計結果公告」より作成（http://news.cntv.cn/china/20120802/109283.shtml, 2012年11月30日アクセス）。

に対する財政の支出はもっとも少なくわずか329.9億元であった。また、中央と地方の財政負担の役割分担から見ると、全体において、中央負担60.67%、地方負担39.33%となる。そのうち、社会福祉における中央と地方の負担状況は、中央15.27%、地方84.73%となる。つまり、社会福祉に関する財政源は主に地方自治体に課せられている。

以上のような社会保障支出の変化は、市場経済改革初期に国家責任の矮小化の傾向から脱出し、国家責任を強化する傾向へ変化しつつあるとみられる。しかし、国家責任の強化によって、社会福祉供給において市場の役割も制限・縮小されることを導出したと言い難い。実は、国家責任の強化と共に社会福祉の供給においては、市場の役割も強化していく傾向である。社会福祉サービスにおける政府の責任と市場の役割の間のバランスを取るのも、課題である。

図6-7は、2003年以後の中国福祉施設ベッド数の増加推移を示すものである。その中でも、2007年から2011年にかけて、勢いよく伸びる現象が明らかに見て取れる。

今後、年金や生活保護を中心とした最低生活保障の確保とともに、社会福祉サービスの比重もますます高まっていくであろう。従って、社会福祉施設の機能は鰥寡孤独という弱者への救済から一般高齢者への生活支援へ転換しつつあるといえる。

2013年2月に「2013年中国老齢事業発展報告書」が公表された。その中で、

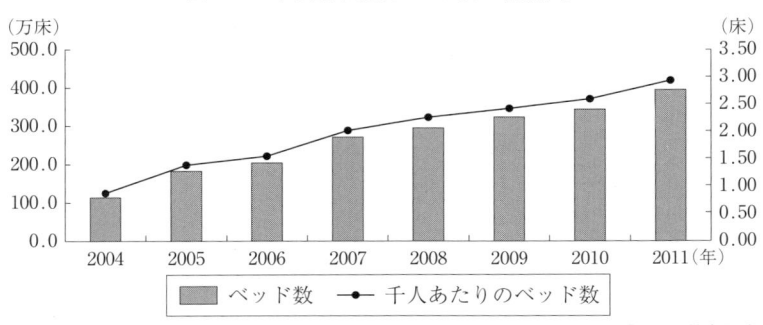

第6章 「適度普恵型」社会福祉の構築へ

図6-7 社会福祉施設ベッド数の増加推移

出所：民政部「2011年社会服務と発展統計公報」人力資源と社会保障部公表「労働と社会保障事業統計広報2011年版」より作成（http://www.molss.gov.cn/index/index.htm, 2012年6月30日アクセス）。

2012年末の60歳以上の高齢者数は1億9,400万人で，高齢化率は14.3％になり，2013年は60歳以上の高齢者数が2億人の大台を突破して2億200万人に達し，高齢化率は14.8％になるとの見方が示された。

最近，中央政府は，介護基盤整備の基金造成について特別な投資補助金を新設し，各地の高齢者人口の規模等に応じて地方の介護基盤整備の資金をサポートすると明言するとともに，介護基盤整備に対する地方政府が安定的な資金確保をしなければならないという課題も要請した。

(5) 社会福祉改革の評価と今後の課題

毛沢東時代以後，社会主義体制の下で行われた社会福祉改革を整理すれば，図6-8のような流れになる。すなわち，第1段階の社会主義計画経済期の福祉改革，第2段階の市場経済移行期の福祉改革，そして2003年以後，胡錦濤政権主導で進められた第3段階の社会主義市場経済安定期の改革となる。

各社会福祉改革段階の相違は，社会主義体制の中に市場の役割の位置づけによって，社会福祉の仕組みが異なることが明らかである。例えば，計画経済期の社会福祉の供給では，市場の役割が排除されたことにより，国家が中心的役割を担っていた。人々の生活上のリスクが社会的な制度でカバーすることがで

第Ⅱ部　中国社会福祉の改革

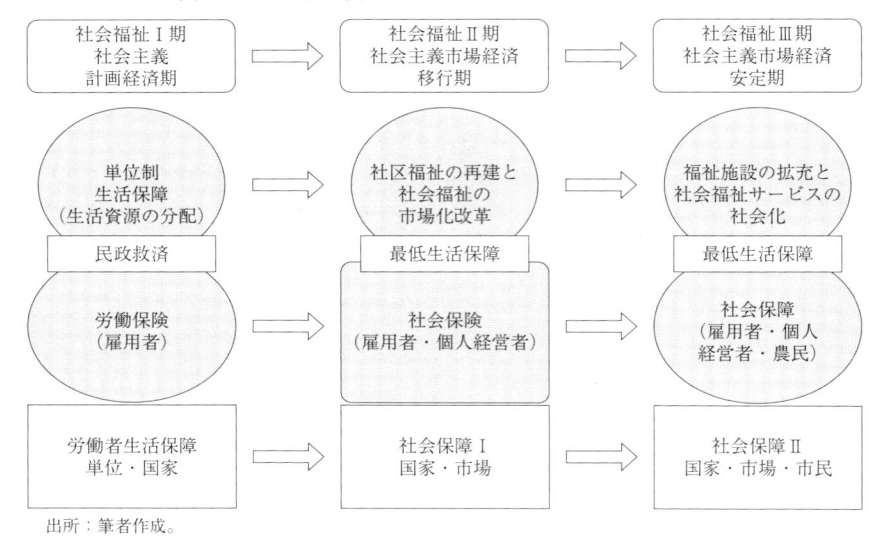

図6-8　社会主義体制の下で行われた社会福祉改革の流れ

```
┌─────────────┐      ┌─────────────┐      ┌─────────────┐
│  社会福祉Ⅰ期  │      │  社会福祉Ⅱ期  │      │  社会福祉Ⅲ期  │
│   社会主義    │ ⇒   │ 社会主義市場経済 │ ⇒   │ 社会主義市場経済 │
│  計画経済期   │      │    移行期     │      │    安定期     │
└─────────────┘      └─────────────┘      └─────────────┘

   ╭─────────╮          ╭─────────╮          ╭─────────╮
   │  単位制   │          │ 社区福祉の再建と│          │ 福祉施設の拡充と│
   │ 生活保障  │   ⇒     │  社会福祉の  │   ⇒     │社会福祉サービスの│
   │(生活資源の分配)│          │  市場化改革  │          │    社会化    │
   ╰─────────╯          ╰─────────╯          ╰─────────╯
   ┌─────────┐          ┌─────────┐          ┌─────────┐
   │  民政救済  │          │ 最低生活保障 │          │ 最低生活保障 │
   └─────────┘          └─────────┘          └─────────┘

   ╭─────────╮          ╭─────────╮          ╭─────────╮
   │  労働保険  │          │   社会保険  │          │   社会保障  │
   │ (雇用者)  │   ⇒     │(雇用者・個人経営者)│   ⇒     │(雇用者・個人 │
   ╰─────────╯          ╰─────────╯          │ 経営者・農民)│
                                            ╰─────────╯

   ┌─────────┐          ┌─────────┐          ┌─────────┐
   │労働者生活保障│   ⇒     │  社会保障Ⅰ  │   ⇒     │  社会保障Ⅱ  │
   │ 単位・国家 │          │  国家・市場  │          │国家・市場・市民│
   └─────────┘          └─────────┘          └─────────┘
```

出所：筆者作成。

きた。市場経済移行期では，市場の役割を重視した社会保障の仕組みが形成され，個人の自己責任が強調されるようになった。そのため，公的制度による社会保障は，必要最小限の限られた人（貧困層等）に必要最小限の額を給付する傾向に移った。その結果，社会保障給付（支出）は比較的低水準で限られた人に給付されるようになったため，社会保障負担も比較的低水準にとどまっている。従来の単位制福祉が提供していた生活支援サービスは，市場を通じて購入する等の自助努力による対応が求められるようになった。移行期では，大量に貧困者を生み出し，貧富の格差が益々広がっていった。

　胡錦濤政権の市場経済安定期における社会福祉改革の方向性は，以下の3点にまとめることができる。第1は，社会福祉の供給が低所得者から一般的なハンディキャップを有する者に対象が拡大されることによって，社会福祉サービス供給による所得再分配機能を果たしていくことである。第2は，最低生活保障給付の拡充である。つまり，最低生活保障という金銭的給付にとどまらず，

第6章 「適度普恵型」社会福祉の構築へ

表6-5 社会主義経済改革の各ステップにおける社会福祉の特徴と機能

	社会主義計画経済期	社会主義経済から市場経済への移行期	社会主義市場経済の安定期
福祉政治	中央集権	中央集権＋特定集団への権力集中	中央集権＋地方分権＋特定集団の権力
主な政策目標	社会平等－終身雇用	経済優先－雇用縮小	社会公正－雇用拡大
犠牲になる政策目標	選択の自由	社会平等	経済の効率
主な福祉供給源	国家－企業	市場－家族－国家	国家－市場－家族
福祉政策の特徴	「単位制」生活保障	貧困対策	社会保障
給付形態	実物給付	現金給付	現金＋サービス給付
支配的なイデオロギー	富悪論	先富論	共富論

出所：筆者作成。

雇用の保障，社会福祉サービスによる実物給付の拡充なども充実していくことである。第3は，社会保険の適用範囲が農民層までに拡大されることによって，ナショナルミニマム保障の実現が可能になることである。特に，2007年以後，「普恵型」社会福祉への道が明確に示されてからは，社会福祉改革に新たな展開が見られるようになった。

また，各ステップにおける社会福祉改革の特徴と機能に関しては，以下のようにいくつかの政策のカテゴリーに分類することができる（表6-5参照）。

① 福祉政治

毛沢東，鄧小平の時代以後，権力者のカリスマ性がだんだん弱まって，強力な中央政権体制が緩まりつつあった。一方，社会政策においては，地方分権の動きが急速に進められている。例えば，年金，医療等の公的な社会保険の保険者は，地方政府の省・市レベルとなっており，公共福祉サービスの財政支出も地方政府が担っていた。また，社会福祉サービスの市場化が広がっていく中，民間福祉という特定集団の権益が形成されつつあるという，福祉政治の多元化の局面が現れてきた。

② 社会政策の目標

移行期の経済の効率優先，雇用縮小する方向から効率優先と社会公平の2つ

の問題にバランスを取る政策へ傾斜する。また，雇用縮小を図り移行期での大幅なリストラを行ったことに対して，安定期では雇用拡大への諸政策のシフトに転換した。

③　社会福祉の供給

福祉ミックス（welfare mix）の傾向がより明確に見られる。つまり，社会主義計画経済期の国家の役割や社会主義市場経済の移行期に展開された市場の役割，そして伝統社会の家族の役割をミックスしながら，社会福祉供給における国家・市場・家族それぞれの役割を再編成する形で動き出したのである。

④　支配的なイデオロギーの流れ

「富悪論」から「先富論」へ，そして「共富論」へという変遷があった。つまり，毛沢東時代に浸透した「富悪論」（富を持つことが，悪事である）の見直しとして，鄧小平が唱えた「可能な者から先に裕福になれ，そして落伍した者を助けよ」という「先富論」が，市場経済改革初期に圧倒的な影響を持つ支配的なイデオロギーとなった。しかし，市場経済改革の安定期に入ってからは，胡錦濤政権は「和諧社会」の実現を提唱し，「共富論」が政策目標を支える支配的なイデオロギーとなった。このように，「先富」から「共富」への変遷が，効率一辺倒の市場経済移行期に表面化した格差問題の緩和を図るようになった。

今後の課題については，実に「適度普恵型」社会福祉は，政権交代直前に胡錦濤政権が習近平政権へ用意したお土産といえる。しかし，甘いお土産ではなく，辛辣なものである。「適度普恵型」社会福祉の構想は，実に未解決のまま先送りした中長期的な課題が多かった。

まず，「適度普恵型」社会福祉の取り組みは，社会的な危機を対応するための短期的な社会動員の一環という印象が払わない。胡錦濤政権の功績に錦を飾るという粉飾あると思われる。今後，「適度普恵型」社会福祉の実質化と制度化を進めていかなければならない。同時に，どのような理念の下で社会保障制度を構築していくか，国民と合意の上，明らかにする必要もある。

次に，現行の農村最低生活保障や新型養老保険制度の拡充は，中央及び地方財政により事後的に救済するというプロセスで進められている。つまり救貧に

第 6 章 「適度普恵型」社会福祉の構築へ

重点を置かれている。今後は，社会保険料を中心とする共助により貧困に陥ることを予防する防貧へと重点が移っていくことが重要である。言い換えれば，公助・互助・自助を基本において，社会全体でセーフティネットを構築し，支えていくことである。

「適度普恵型」社会福祉政策の下で，これまで社会保障から排除された農民，農民工，自営業者等を保険制度の対象とする新たな社会保険制度が設けられるようになった。しかし，新制度と既存制度の間に新たな格差が生じており，社会保障制度の公平性と公正性が問われている。最近，国家公務員の年金給付額と一般サラリーマンとの差額が3倍であり，農民との差額が30倍であることが，中国のメディアによって報道されたが，これはその一例といえる。この原因は，社会の安定が最大の政策目標と設定されたがゆえに，既得権者の抵抗をなるべく回避するため，高い給付基準が維持されたことに求められたためである。今後は，新旧社会保険制度間の格差問題をいかに解決するかが，「適度普恵型」社会福祉の成否に関わる大問題となるであろう。

注
(1) 中国統計数拠庫「中国主要年份国民経済与社会発展結構指標統計　1978-2010」(http://www.docin.com/p-91591563.html，2013年1月10日アクセス）及び周叔蓮・王延中・沈志漁『中国の工業化と城市化　第2版』経済管理出版社，2013年を参照。
(2) 同前。
(3) ロストウ／木村健康・久保まち子・村上泰亮訳『経済成長の諸段階――一つの非共産主義宣言　増補版』ダイヤモンド社，1974年を参照。
(4) 周叔蓮・王延中・沈志漁『中国の工業化と城市化　第2版』経済管理出版社，54-62頁。
(5) 馮飛・王暁明・王金照「対我国工業化発展段階的判断」『中国発展観察』2012年8号。
(6) 李済広『我国財産数量及其所有権結構估算研究』中州学刊　2011年4期。
(7) 王思斌『我国適度普恵型社会福祉制度的建構』『北京大学学報』哲学社会科学版3期，2009年。
陳乙南「北欧普遍主義福祉国家の経験と啓示」『学理論』上海商学院，2009年13期。

159

(8) 李培林・陳光金「2011年における社会学の主要研究議題およびその進展」『中国社会科学報』2011年12月27日。
(9) 斉紅芳・曾瑞明著「近年来関于適度普恵型社会福祉的研究総述」『社会保障研究』2011年第5期。
(10) 代恒猛『従補欠型到適度普恵型——社會轉型與我國社會福利的目標定位『當代世界與社會主義』2009年2期。
(11) 李培林・陳光金「2011年社会学主要研究議題及其進展」『中国社会科学報』2011年12月27日。
史報　中国史・現代中国関係のブログを参照（http://blog.goo.ne.jp/shoujo/e/4f425b0f7716f26897aae737a78e5850，2012年12月3日アクセス）。
(12) 民政部『民政統計月報』2010〜2012年及び国家統計局『中国人口和就業統計年鑑』2010年を参照。

参考文献

于洋「『適度普恵型』福祉と『中国版皆年金』体制の構築」『東亜』2013年6月。
王思斌「我国適度普恵型社会福祉制度的建構」『北京大学学報』哲学社会科学版3期，2009年。
呉世民「大民政与適度普恵型社会福祉制度」『海内与海外』2011年3期。
澤田ゆかり「失業保険をめぐる期待と限界——回復力に富む社会に向けて」『東亜』2013年5月。
朱珉「『適度普恵型』の最低生活保障制度構築に向けて」『東亜』2013年7月。
沈潔「『適度普恵型』福祉が意味するもの？　習近平政権の課題」『東亜』2013年4月号。
曹艶春編著『転換期中国社会保障の研究』上海社会科学院出版社，2010年。
第3回全国社会福祉理論与政策研討会論文集「適度普恵型福祉模式探索」2008年中国社会福祉網（http://shfl.mca.gov.cn/article/llyj/sdphts/200812/20081200024641.shtml?2，2012年10月30日アクセス）。
戴建兵「構建与我国中度収入水準相適応的適度普恵型社会福祉制度」『華東経済管理』2012年8期。
李蓮花「『適度普恵型』福祉としての全民医療保障」『東亜』2013年7月。

| 第7章 | 福祉政治の変革 |

　中国では、少なくとも2003年のSARS危機まで、言説としての福祉政治はすべて共産党幹部らに握られ、操作されていたといわざるを得なかった。しかし、2003年のSARSによって生じた危機意識やネットを通じて広がったジャスミン革命の影響によって、人々の自己利益についての考え方に変化が見られるようになった。本章では、政治家や官僚の言説と利益団体の言説という2つのレベルから、市場経済改革後における言説政治としての福祉政治の変化と特徴を考察する。

1　言説政治としての福祉政治

　近年、日本では、福祉政治の分析手法が社会福祉政策に対する有効な研究アプローチとして評価されている。福祉政治のアプローチの立場から考えると、言説政治は社会福祉政策及び制度の策定に大きな力を持っている。特に、グローバル化を背景にして、諸国において社会福祉制度の大幅な改革が進展することで、制度の「自律性」という想定が掘り崩され、政党変容を説明する新しい福祉政治モデルが要請されることになった。言説やアイディアという概念を軸とする様々な理論モデルが提案されている[1]。つまり、言説政治としての福祉政治は、従来の方法論である静態的な側面を克服し、動態的に捉える可能性を開いたのである。

　社会政策学者の宮本太郎は、言説政治としての福祉政治について、さらに2つのレベルに分けられると述べ、「まず、政治家や官僚がある政策・制度と人々の個別利益との関係について自分たちに都合よく説明することがある」「言説政治には、さらに人々の自己利益についての考え方そのものに働きかけ

ようとする，第2のレベルがある」と指摘している。
　ついては宮本氏の指摘を参考に，言説政治としての中国福祉政治の変化を動態的に捉え，整理しておく。

（1）政治統治としての社会福祉

　社会主義計画経済期における社会福祉とは，言わば政治支配そのものであった。社会福祉は政治統治の一部であるとする認識が強く浸透し，社会福祉に関連する政策はほとんど政党政治プロセスの中で決定された。また，共産党は，福祉があるべき人民を創出するために人民の生活と行動を統一に管理する有効的な手段であると考え，都市部に対しては「揺りかごから墓場まで」の生活保障モデル「単位制」生活保障を創設し，農村部に対しては人民公社という共同生産，共同生活モデルを創設した。そして，政治と経済の関係についても，かつて毛沢東は「政治はすべての経済の生命線である」と提唱し，政治評価及びイデオロギー闘争を特に重視し，経済を軽視する傾向があった。「政治と経済は，必ず結びついているとは言い難かった」。一部の学者はこの現象を政治と経済が分断された時期と分析している。

　しかし，社会主義計画経済から市場経済へ移行する改革時期においては，経済発展が中国の牽引役となり，特に新自由主義の思潮が主導となった時期の社会福祉政策の策定では，従来の政治的な判断とは異なるようになった。すなわち，経済的な判断に傾くようになり，これまでの政治と経済が分離した状況から政治と経済が癒着するという変化が見られるようになったのである。当時，経済改革の基本原則は先富論に代表されるように，先に豊かになれる条件を整えたところから豊かになり，その影響で他が豊かになればよいという考え方であった。競争の中，生き残るためこれまで従業員の厚生福利を担ってきた企業は，従業員の医療，社会福祉サービスを次々と削減してしまった。社会福祉は経済発展のお荷物であるという考えが広がり，福祉が収縮する時期に入った。

　社会福祉の再分配機能が極端に縮小されたため，貧富の格差や貧困の慢性化などによってもたらされた社会の不満は爆発寸前であった。社会福祉の再分配

第7章　福祉政治の変革

機能は，社会的危機を緩和する最も有効的な施策であったことが胡錦濤政権に認識され，2007年以後では公共福祉に対する財政支出が増えるようになった。また，すべての人々に年金，医療保険を与える国家プロジェクトも着々と進められていた。つまり，社会福祉は拡大時期に入ったのである。

以上のように，中国の社会福祉には政党統治という特徴がある。長い間，社会福祉はその時々の経済及び政治の情勢に左右され，様々な経済的，政治的な力関係を受けながら構築されてきたのである。市場経済改革後の社会福祉を福祉政治の視点から捉えようとするアプローチは，中国の社会福祉システムの検証において非常に有効であると考えられる。

（2）言説政治と社会福祉政策との相関関係

社会主義計画経済期における党と行政の関係といえば，党が絶対的な権限を握っており，両者の関係は上下関係に立っている。しかし，市場経済改革の進展によって，中央トップにおける各利害関係の権力や緊張関係が顕在化し，政策決定の主体や過程が変容する多元主義的な側面が見られた。特に1990年代では，「政党機能と行政機能の一体化」（党政不分）から「政党機能と行政機能の分離」（党政分離）への政治体制改革が行われたことから，両者の上下関係が相互依存関係へと変化する傾向が見られた。そうした変化の中に政治操作や利益集団の代弁者たちの言説政治のための一定の空間が開かれていき，その役割が重要となってきた。実際，こうした政治及び政策策定の過程の変化は社会福祉の構築に直接的な影響を与えた。

市場経済改革後，社会福祉のあり方について，共産党内部及び政府内部では，「市場改革派」と「社会利益保護派」との間で論争が絶えず続いていた（「市場改革派」が西側先進諸国の「右」派に，「社会利益保護派」が「新左派」や「左」派にあたると言われることもある）。

こうした論争によって福祉政治は，福祉政策の選択に決定的な影響を与えた。例えば，「先富論」が言説をリードした時期では，社会福祉における国家責任の体制から個人による自助，自救の個人責任体制へと転化された。2003年の

第Ⅱ部　中国社会福祉の改革

SARS流行を契機に，社会利益保護派の発言力が強くなったことによって，医療福祉における国家責任体制が少しずつ回復する傾向が見られた。「市場改革派」と「社会利益保護派」の言説政治はどのような背景の下で，何を焦点としていたのか，そして，福祉政治の再編成にどのような影響を与えたのだろうか，以下では，より具体的に考察する。

1）　医療・社会福祉領域における市場化の是非に関する言説政治

　1978年に始まる中国経済改革は，市場改革派が登場する土台となった。「市場改革派」は，経済改革の初期に改革の青写真を作り政策の策定に関わったメンバーであったため，発言力が強かったのである。また，同派は市場経済の導入を積極的に推し進めたが，ロシアや中欧のように押しつけられた性急な民営化による「ショック療法」を避け，従来の政治体制を維持するという立場を崩さない方針をとったので，ロシアのような経済崩壊を免れた。

　しかし，経済においては「白猫でも黒猫でもねずみを捕るのが良い猫だ」という経済実利主義を掲げたことにより，改革の目標イコール経済成長であるという見方が社会に浸透し，国民の生存権及び公民権に対する保障が長期にわたって度外視された。

　しかし，市場経済システムにおいて社会保障の効率性を追求するあまり，社会保障制度に公平性や統一性を欠くという問題が露呈しはじめた。また医療改革，年金改革に伴い，医療費の高騰，失業率の増加，高齢者の貧困等の様々な社会福祉問題が立ち現れた。このような経済改革の恩恵をあまり受けられない人々の集団や彼らに同情し，擁護する学者やマスコミなども出始め，社会主義の平等性や社会的弱者の利益を守る代弁者として，社会的な発信や活動を始めた。これらの人々は社会利益保護派と呼ばれている。こうして，2003年のSARS流行を皮切りとして，医療や年金政策の問題をめぐり，両者の論争は次第に激しさを増していった。この論争は，政界や学界にとどまらず，マスコミや世論を巻き込んだ形で一般市民にまで波及していった。

　経済改革開放以来，政府内部では市場化の是非について幾度か論争が起こった。

中国国内の学者の分析によれば，1回目の論争が起こったのは1980年代初頭であり，論争の焦点は社会主義計画経済における市場経済の導入は妥当か，また，どの分野における導入が妥当であるか等であった。双方の論争は激しさを増し，最後には鄧小平が「経済改革の路線を堅持しなければならない」と発言し，論争を鎮めた。この発言は共産党第12回全国代表第3回全体会議の決議に反映され，社会主義市場経済の改革路線を堅持する方針が党の基本政策として織り込まれた。

　2回目の論争が起こったのは1990年代初め頃といわれており，国有財産の民営化や私有財産の合法化等をめぐって展開されたという。結論からいえば，市場改革派が主導権を握り，市場化・民営化の改革があらゆる領域で進められた。これら2回にわたって行われた論争は，基本的には共産党指導部や政策の策定者の間で展開されていったため，一般市民は関与することができなかった。

　こうした党内及び政府内部の論争が表面化するようになったきっかけは，2003年のSARS流行であった。当時，SARS感染拡大の原因は，政府官僚が事実を隠蔽し，疫病発生の情報を市民に公開しなかったことと言われたが，実はこれだけではなかった。根本的には，社会主義期に整備されていた疫病予防システムが民営化・市場化等により縮小衰退し，機能不全になってしまったことが原因であった。2003年以後はSARS危機の反省を踏まえ，国民の安全保障における国家の責任とは何か，社会福祉改革は誰のための改革であったのか等，社会福祉政策に対する議論が高まった。

　その中で「市場改革派」と「社会利益保護派」の論点の相違が明らかになり，両陣営の論戦は広範囲にわたって展開された。前述したように，この第3回目の論争は，政界や学界にとどまらず，マスコミやインターネットを巻き込んだ形で一般市民にまで波及していった。

　第4回目の論争は，改革開放の功罪及び改革派が提起した「民主社会主義」をめぐって，2000年代半ばから続いているとしている。(4) 第4回目の論争は，主に経済改革の成果から生じた所得分配不平等の問題，社会的公正の問題等をめぐって展開されたと見られる。これらの課題を解決する鍵となる政治体制の改

革及び社会保障制度の改革が議論の焦点となっている。

　しかし，第4回目の論争に入ると，従来の「市場改革派」と「社会利益保護派」の対峙陣営の構造がはっきりとしなくなった。例えば，その頃，論争の焦点となった中国発展モデルの問題に関して，改革派から提示された「民主社会主義」と社会利益保護派から明示された「中国特色社会主義」の目標では，いずれも社会保障の整備や国民生活の向上が重要なキーワードとなっていた。つまり，両者の目標は接近しているが，プロセスでは相違が存在していた。改革派側は人権保障，民主政治の改革とともに前述の目標を達成していくことを主張しているのに対して，社会利益保護派側は上記の目標の達成に国家の強行的な関与により実現することを主張していた。

2） 言説政治としての福祉政治

　中国の市場経済改革は，すでに30周年の歩みを辿ってきた。各時期において展開されたこれらの4回の大論争の中では，社会保障及び社会福祉制度改革に関する言説政治が至るところで見られる。特に1990年代以後，議論の焦点が経済体制改革から社会体制及び政治体制改革へと移行していく傾向が顕著に見られた。

① 医療・社会福祉サービスの市場化

　3回目の論争の焦点は，医療・福祉の市場化の是非であると思われる。論争の背景として，中国憲法に「国家は人権を尊重し保障する」と明文化されたことが挙げられる。人権と生活権の保障が医療，社会福祉，教育，住宅の改革を評価する一つの尺度として初めて明示された。2004年から2006年にかけて，国有企業改革のプロセスの中で生じた医療，社会福祉，教育，住宅の課題をめぐって論争が展開された。

　論争の中で市場改革派は，市場原理を経済・社会政策及び個人のライフスタイルにまで適用できると主張し，医療・社会福祉・住宅という公共サービス領域においても市場経済原理を積極的に導入すべきと唱えた。また彼らは，現在も拡大しつつある医療における格差問題は，公共医療サービスの民営化によってもたらされた問題等ではなく，医療公共サービスの需要急増と供給不足によ

って生じた社会問題であり，政府が市場化の運営に強く関与しすぎたためにもたらされた問題であると強調している。さらに解決の鍵は，官僚腐敗問題の解決や政治体制改革にあると主張している。

　市場改革派は「小さい政府・大きい社会」の実現を目指し，1980年代から医療機関の民営化を急速に押し進めた。当時の衛生部の銭信忠部長は新華社のインタビューで，「衛生・医療領域にも市場原理からの運用が必要である」[5]と発言し，これによって医療市場化への動きが本格化した。その後，衛生部等の3部・委員会（省庁）は共同で「医院の経営管理テスト事業の強化に関する通知」を公布し，また1990年代に，国務院は「衛生改革の進化に関する数点の意見」等を打ち出した。これらの公文書は，公立病院における行政管理と医療経営の分離によって，医療保障体制の非効率な状況を改善することにあると主張している。

　これらの方針のもとで，衛生医療は計画経済の管理体制から市場経済へと踏み出した。この改革のモデル事業とする江蘇省宿遷市の場合は2000年から医療改革を行い，134の公立病院のうち，133の病院が競売にかけられて，政府資本の依存から脱出し，医療の民営化へ移行した。改革の結果，非効率な状況が改善され，公共衛生資産は，当初は7,000万元あまりであったが，現在は20億元までに増加した。[6]

　しかし，医療資源の効率の向上や医療費用の抑制に関して成功を収めたものの，医療保険改革の趣旨である国民の健康医療の向上という目標からは逸脱してしまった。都市部と農村部の経済格差は著しく拡がり，医療保障に関しても天と地ほどの差が生じた。例えば，農村部では，従来の地域診療制度が改革により解体され，重い病気に罹ってしまえば，家族の全財産を失うか若しくは死ぬのを待つか，選択を迫られる状態に置かれてしまった。また，都市部においても保険料や医療費の高騰により医療保険に加入できない住民や医療費を払えない住民が多く出てきた。次に，市場経済改革を導入してから2004年までの医療費に占める個人の負担割合がどのように変化したのかを見る。

　医療費支出は，政府医療費予算，保険料を基盤とする社会支出，個人支出の

表7-1　1978～2004年における医療費支出の状況
(単位：％)

年次	1978	1979	1980	1981	1982	1983	1984	1985	1986
医療衛生財政支出	32.2	32.2	36.2	37.3	38.9	37.4	37.0	38.6	38.7
医療保険支出	47.4	47.5	42.6	39.0	39.5	31.1	30.4	33.0	34.9
個人医療費支出	20.4	20.3	21.2	23.7	21.6	31.5	32.6	28.5	26.4
年次	1987	1988	1989	1990	1991	1992	1993	1994	1995
医療衛生財政支出	33.5	29.8	27.3	25.1	22.8	20.8	19.7	19.4	18.0
医療保険支出	36.2	38.9	38.6	39.2	39.7	39.3	38.1	36.6	35.6
個人医療費支出	30.3	31.3	34.1	35.7	37.5	39.8	42.2	43.9	46.4
年次	1996	1997	1998	1999	2000	2001	2002	2003	2004
医療衛生財政支出	17.0	16.4	16.0	15.8	15.5	15.9	15.7	17.0	17.0
医療保険支出	32.3	30.8	29.1	28.3	25.5	24.1	26.6	27.2	29.3
個人医療費支出	50.6	52.8	54.8	55.9	59.0	60.0	57.7	55.8	53.6

出所：鄒東濤編『発展與改革藍皮書——中国改革開放30年』社会科学文献出版社，2009年，23章をもとに作成。

3つによって構成されている。経済改革開放以前，衛生医療制度の費用は主に国と社会（企業）が負担していた。改革開放がスタートした1978年，医療費用の負担率において国は32.2％，社会（保険料，企業の支出等）は47.4％，個人は20.4％に過ぎなかった。しかし，衛生医療制度改革が進むにつれて，国，社会（企業）の負担率は減っていった。つまり，医療費用支出を抑制するという政府の目標が見事に達成された訳である。表7-1に示されたように，1988年の1回目の衛生医療制度改革によって，国の負担率は1978年の32.2％から29.8％に下がった。1993年に行われた2回目の改革の結果，国の負担率はさらに下がり，3回目の改革が行われた1998年には，その負担率はわずか16.0％となった。SARSが全国的に流行した2003年には，国の負担率が15.7％までに下がっている。

　国の負担率低下の陰で，医療費用の個人負担率は前例のないほど急上昇していた。1978年の個人医療費用の負担は2割だったが，衛生医療制度改革が進展するにつれ，1988年には31.3％に，1998年には54.8％に増加し，2001年には60.0％を突破するまでに至った。このような状況下で国民の間では，医療費が

原因で貧困に陥ったり自殺したりするケースが多発した。

　衛生医療制度改革によってもたらされた問題は様々である。例えば，高い医療費は貧困世帯においてはもちろん，貧困を脱した世帯においても，生活水準を大きく低下させる原因となっている。さらに，貧困層の医療アクセスは制限され，医療格差が拡大した。また公的医療保健制度は，都市や農村の内部においても医療格差の拡大を助長させる要因となっている。例えば，都市では農民工が都市従業員基本医療保険から排除されているという問題があり，農村では自己負担分が払えない貧困層は自ら加入している「新型農村合作衛生医療制度」を利用することができず，公的医療保険制度を通じて貧困層から富裕層への所得移転が起こっているという問題がある。しかも，その偏向は周辺のアジア諸国と比べても際立っていると指摘されている。[7]医療資源の分布も長年の市場化に向けた改革によって極端に都市部・大都市・富裕層に傾いている。調査によると，人口1万人あたりの医療技術スタッフの数は，2007年時点で都市部が64.9人であるのに対して，農村部は12.8人に過ぎない。また，黒龍江省，遼寧省等といった国有企業が集中している省の医療資源の減少が著しい。2007年の医療技術スタッフ数は537万人と1995年から59万人減少しているが，その減少数のうち黒龍江省が7.5万人，遼寧省が9.6万人である。これは国有企業付属の病院が廃合された結果と見られている。[8]

② 「社会利益保護派」からの批判

　一方，医療福祉の市場化に向けた改革に関して「社会利益保護派」は，現在中国が抱えている格差や貧困問題等の原因は行き過ぎた市場原理主義にあり，公共サービス領域における政府の関与は縮小させるべきではなく，むしろ一層強化すべきであると主張する。市場経済の成り行きだけに任せていては所得分配における社会的公正が確保されない状態に陥る。解決の鍵は社会保障の再分配機能であると強調している。すなわち，社会保障制度等を通じて，所得を個人や世帯間で分配させることにより，所得格差を縮小し，低所得者の生活の安定を図らなければならないとした。SARS流行を背景にしたこの論争は，党及び政策の策定者に限らず，インターネットを通して一般市民をも巻き込んだも

のとなった。

　代表的な代弁者は，中国社会科学院元副院長劉国光や北京大学の鞏献田氏等を中心とするグループであった。2005年7月，劉国光氏は雑誌の『高校理論戦線』（大学理論戦線）に「経済学の教学と研究での問題」と題する論文を発表し，それがネットに流され大きな反響を呼び，大論争が展開されることとなった。劉氏は民営化をはじめ，「新自由主義者」の主導で進められている市場化に向けた改革を厳しく批判した。具体的には，2005年に改革開放が弱者搾取の悲惨な現実をもたらしたことを指摘し，「改革開放はマルクス思想の指導によらねばならない」とし，また，鄧小平以来の改革開放政策の負の遺産を社会主義原理に立ち返って解決すべしとの主張を掲げていた。北京大学の鞏献田氏は，私有財産の保護を強化するための「物権法」を社会主義の原則に背離した違憲的なものであると，国有財産の私有化を痛烈に批判した。彼らの言説は大衆の共感を集め，大論争を引き起こした。論争は1年に及び，関与した者の人数，議論範囲の広さ，問題の尖鋭性，感情の激しさ等いずれも過去に例のないものであった。

　こうした論争の最中，2005年7月に国務院発展研究センター社会発展研究部は，「中国の医療衛生体制改革は基本的に失敗した」というタイトルで，「医療サービスの公平性が改革により損なわれ，医療体制が商業化，市場化という間違った方向に導かれた」とする課題研究報告を発表した。福祉財政削減を目標とした現行の医療改革に対する批判を主旨とするものである。この報告は，若年層を対象とした『中国青年報』にまもなく掲載され（7月28日），全国民の知るところとなった。

　続いて9月に国連開発計画が公表した「2005年人類発展報告」のなかで中国は，「もっとも医療を必要とする農民や低所得層の人々がその改革の利益と無縁になっている。経済成長は達成されたが，社会発展は大幅に遅れている。中国の経済規模はすでに世界第4位となったが，人間開発指数から見れば85位である。経済発展と社会発展のバランスが取れていない」と指摘された。国際社会の輿論が国内の「社会利益保護派」の見解と呼応したことになる。このよう

なニュースは新聞やインターネットを通じて全国民へと広がっていった。医療改革のデメリットを被った人々の怒りは一気に噴出し，批判の矛先を政府や市場原理万能論を提唱した政策者に向けるようになった。

これまでは社会保障改革に関する政策及び政策策定の過程はほとんど未公開で，少人数の官僚が主導権を握って動かしてきた。しかし近年では，国務院発展研究センターの専門家が自ら社会保障・社会福祉に関する政策の欠陥を批判し，そして政府内部でのずれを明るみにするケースが見られるようになった。

国務院が発表した課題研究報告書は，中国の社会保障改革に大きな波紋を巻き起こし，年金，医療改革に新たな転機をもたらしたのである。

2 「民主社会主義」モデルをめぐる論争

(1)「福祉国家」の公的保障モデル

2000年代半ば頃から始まった第4回目の論争は，経済改革の成果から生じた所得分配不平等の問題，社会的公正の問題の是正をめぐって展開されたと見られる。これらの課題を解決する道として改革支持派は，福祉国家がもつ「民主社会主義」「普遍的価値」という特性をいかに中国に適応させるか，福祉国家の公的保障，という2点がその議論の焦点となった。

議論の契機となったのは，2007年2月に評論誌『炎黄春秋』に掲載された中[10]国人民大学元副学長の謝韜による「民主社会主義」の論文である。この論文において，第二次世界大戦後の世界は，アメリカに代表される資本主義制度，ソ連に代表される共産主義制度，スウェーデンに代表される民主社会主義制度が平和的に競争し，資本主義，共産主義は民主社会主義の諸制度を受け入れたと認識した上で，改革開放は中国経済を発展させた反面，汚職，腐敗，国有資産の流失，不公平な分配による社会の二極化という問題をもたらしたと述べている。民主参政，混合私有制，社会市場経済，福利保障制度を柱とする複数政党制を通じた社会改良を志向する民主社会主義こそがマルクス，エンゲルスが認めたマルクス主義の正統であり，民主参政によってのみ執政党の汚職・腐敗問

題を根本的に解決でき，民主社会主義によってのみ中国を救うことができると述べた。スウェーデンに代表される福祉国家モデルが中国に対しても適合できるという見解が注目される。

「北欧の諸国では福祉資本主義が実施されている。公的保障は完備され，富の分配は均衡が取れており，犯罪発生率は低く，社会は安定している。これは，社会主義を勉強するうえでの手本にもなる。資本主義が社会主義のやり方を取り入れることを通じて，資本主義を救っただけでなく，一種の社会主義を実現しているのである」。

一方，左派と思われる側が，「民主社会主義」の提起に対する反論として，特色ある社会主義の本質論を取り上げ，議論を盛り上げた。例えば，2007年5月に中国経済体制改革委員会が主催する「現時代の社会主義——中国と世界」のシンポジウムにおいて，中国社会主義の特色及び目標について，下記の見解が見られた。

中国特色社会主義とは何かについて，社会主義が求めている究極的目標は，人民の普遍的な幸福である。すなわち，社会主義の本質は普遍的幸福主義である（中央社会主義学院王占陽教授の発言より）。

また，社会主義とは，社会保障主義として理解することができる。社会保障発達の水準は，社会主義発展及び和諧社会発展の水準を測るための尺度ともなる。社会主義の道を堅持，進めていくことは，社会保障を積極的に推進していくことと同じ意味である（国家発展改革委員会マクロ研究院劉福垣副委員長の発言より，中国経済体制改革研究会聯合主宰第1回，2回全国社会主義論壇）。

形成していく新しい社会システムの中に弱者層への教育，医療，養老といった基本的な生活保障が欠けている。したがって，特色的社会主義の究極的な目標は，市場経済改革の中で欠けていた公共サービスと社会保障体制の確立を急がなければならないことである。

しかし，2007年5月10日付『人民日報』の理論面に掲載された「民主社会主義に関する論考」では，民主社会主義が指導思想を多元化した点，資本主義社会保障と福祉制度によって資本主義内部の矛盾を緩和しようとした点等，中国

での実行性が低いと明言した。民主社会主義は，科学的社会主義と異なり，中国の特色ある社会主義の建設に参考にはなるとしつつも，中国の特色ある社会主義は，マルクス主義を指導思想として指導思想の多元化を行わない点，中国共産党を指導的地位に置き，西側の三権分立，多党制を取らない点で，民主社会主義とは異なる。また歴史，現実から見ても民主社会主義は中国の国情に適合しないとして，その適用可能性を否定した。

(2)「08憲章」及び「普遍的価値」の議論

2008年12月10日に世界人権宣言発表60周年にあわせてインターネット上で公表された「08憲章」によって，「民主社会主義」をめぐる議論が一層活発化した。

「08憲章」は，より急進的な政治改革を求めている「反体制」の学者グループが提示された言説政治の代表作である。「08憲章」の主旨に賛同した303名の著名な知識人が署名し，彼らの名前は「08憲章」の発起人として公表された。ノーベル賞を受賞した劉波は，起草者の一人である。

「08憲章」の主な主旨は，自由，人権，平等，共和，民主，憲政といった普遍的価値を基本的理念とし，①憲法改正，②権力分立，③立法民主，④司法の独立，⑤人民解放軍の国軍化，⑥人権保障，⑦公職選挙をはじめとする19項目にわたる政治改革の要求を掲げている[14]。

そして，「08憲章」の公表とほぼ同じ時期に，『炎黄春秋』(2008年) 12号に「改革開放と普遍価値」を題した文章が掲載された。

論文の主な主旨は，「中国の奇跡をつくり出したのは，改革開放であり，市場経済，民主，自由，法治，人権という普遍的価値を導入したことに」あり，「現在の中国は，引き続き経済分野の市場化改革を推進し，社会保障体系を健全化するとともに，一体化した政治改革の加速も必要である」「さらに改革開放の開始以降，我々民主，自由，人権という普遍的価値を漸進的に受け入れてきたのである」という点である。さらに，民主，自由，人権等は，経済発展のための手段にとどまらずに，人類が目指すべき目標でもあるとしている。

しかし、中国共産党中央宣伝部や社会科学院等の保守派・新左派は、普遍的価値はあくまで「西側」の価値であり、中国には適用すべきではないと反論していた。また、2009年3月16日付の共産党中央委員会機関誌の『求是』に、「西側の民主や憲政の概念を『普遍的価値』とし、中国の指導思想に取り込むべきという主張は、マルクス主義指導思想への挑戦だ」という見解を発表し、今回の論争の幕引きを図った。

「西側」の価値に迎合することなく、中国独自の発展を追求すべきであるという保守派の考え方は、その後、「中国モデル」及び「北京コンセンサス」という言説に対する賛同となって展開された。

(3) 胡錦濤政権の姿勢——民主主義より「民生主義」を

改革派の言説について、最初の頃は胡錦濤総書記や温家宝総理らの同情を得たと思われる。

例えば、これらの論争に対して、2007年2月27日付『人民日報』に掲載された温家宝総理の論文の「社会主義初級段階の歴史的任務及び我が国の対外政策に関するいくつかの問題」には、次のような発言があった。「科学、民主、法制、自由、人権は決して資本主義だけにあるのではなく、人類が長い歴史のプロセスの中で共に追求した価値観および共に創造した文明の成果であるとする。中国の民主政治建設は、自らの道を歩まねばならない。我々は、社会主義制度と民主政治は互いに背離するものではなく、高度な民主、整備された法制はまさに社会主義制度の内在的要求であり、成熟した社会主義制度の重要な指標であるとこれまで考えてきた。我々が社会主義の条件下で、民主、法治国家を建設することは完全に可能である」。

また、胡錦濤主席は、2007年10月の第17回党大会報告において、「民主」という言葉を多用し、社会主義の下で制度化を中心とする社会主義民主政治の発展を「党の不変の奮闘目標である」と位置づけた。

しかし、改革派と保守派の間の論争が激化したこと、また、その後、発生した世界的な経済危機の下、中国の経済成長にも陰りが見えはじめていた。この

第7章 福祉政治の変革

ような変化に対して，胡錦濤政権は，改革派と保守派の論争が政治不安の種となることを危惧し，論争の幕引きを図るとした。

その後，胡錦濤の言説は，社会の安定性を最優先とし，国民生活を重視するという「民生主義」看板を掲げた。その上，西欧型の民主及び福祉国家を踏襲しない，社会主義の体制の中での民主制度化を実現するという論調に変わった。

2007年，中国共産党第17回全大会では，胡錦濤が「科学的発展観」の徹底と「全面的な小康社会建設」を提起し，「民生の改善を重点とする社会建設の推進を加速する」と題して，民生の改善を最重要課題として取り組む，2020年までに，小康社会の全面的な建設を実現するという政策転換の趣旨を公表した。(15)

具体的に取り上げられた政策の課題は，①社会主義民主を拡大し，人民の権益と社会の公平・正義を確保する，②社会福祉事業の発展を速め，人民の生活を全面的に改善する，③教育の発展優先，人材資源強国の建設，④就業拡大の発展戦略，創業による就業を促進する，⑤所得の分配制度の改革により，都市と農村の住民の所得を増加させる，⑥都市と農村の住民をカバーする社会保障制度確立の加速，人民の基本的生活を保障する，⑦基本的な医療衛生制度の確立，全国民の健康レベル向上等である。

2007年，中国共産党第17回全大会において，胡錦濤—温家宝指導部が提起した「科学的発展観」と「民生主義」及び「社会主義の調和のとれた社会の構築」は，その後の社会問題を解決する社会政策の基本線とするものである。

近年の言説政治から見ても，「社会福祉事業の促進や国民生活の向上に尽力する」（2010年），「社会保障制度の整備や社会福祉事業の発展を加速し，社会保障をすべての人々に行き渡らせる」（2011年），「民生の保障と改善を適切に実施し，大衆の直接的な利益に関わる問題を解決」（2012年）という文言が並んでいる。(16) 2012年7月23日の胡錦濤講話でも「我々は引き続き任務を強化し，民生の利をさらに求め，民生の憂をさらに解決し，人民が最も関心があり最も直接的で最も現実的な利益の問題をしっかり解決しなければならない」と繰り返し強調した。(17)

いずれにしても，「民主社会主義」「普遍的価値」をめぐって展開された論争

175

は，経済成長優先から国民生活優先への政策転換の契機となった。その以後も，国民生活優先とする政策の理念は，医療衛生，高齢者福祉，障害者福祉，児童福祉等あらゆる領域の中に反映されるようになった。

　シュミットの言説政治論によれば，「言説の政治は，一面において制度に拘束されている。だが他方においては，人々が自らのインタレストと考えるものを変化させ，その帰結によっては福祉国家レジームの制度転換にもつながっていくのである」[18]。

　以上のように，改革開放以後に生じた4回の思想的大論争の結果は，経済成長至上主義から国民生活を優先する民生主義への政策転換につながっていくことができた。すなわち，従来の一党政治と一党言論の政治構造が崩れはじめ，共産党政権が打ち出した言説の政治や政策等は，以前の枠組と比べるといくつかの重要な制限を伴っている。胡錦濤が掲げた「調和の取れる社会」の言説戦略は，まさにその制限に妥協する「調和」を取る案であった。

　一方，2008年12月18日に，第11期三中全会30周年記念大会の講話において胡錦濤は，政治体制改革について，「民主なくして社会主義はなく，社会主義現代化もありえないが，中国の政治体制改革は，中国の特色ある社会主義政治発展の道を堅持しなければならず，党の指導を堅持し，社会主義政治制度の特徴と優勢を堅持し，我が国の国情に立脚したものでなくてはならない。人類の政治的文明の有益な成果を参考にする必要はあるが，決して西側の政治制度のモデルをそのまま当てはめることはできない」として，「中国的特色を有する社会主義民主」は，西側の政治制度と異なるという従来通りの見解を踏襲した[19]。12月の講話は，社会の安定性を最優先し，改革，特に一党支配体制の否定に繁がる政治体制改革を牽制，警戒する論調となった。

3　福祉政治の変革と社会福祉制度の再編

(1) 社会福祉制度の再編成
1) 医療福祉制度の再編

　医療制度をめぐって生じた論争の成果として，2006年9月に温家宝総理が中心となって，国家発展改革委員会及び衛生部や労働・社会保障部，財政部等の中央官庁11部門が共同で「衛生医療制度改革協調委員会」を立ち上げ，新たな衛生医療制度改革への模索がスタートした。

　2007年初め，衛生医療制度改革協調委員会審議会が今後の改革についての方案を全国の研究機関に公募したところ，清華大学，北京大学，社会科学院等6つの研究機関より応募があったため，これらの研究機関に並行的に研究調査を進めさせることにした。その後，北京師範大学など3つの研究機関も加え，5月末には9つの研究機関すべてに中間研究成果を提出させた。これを受け，衛生医療制度改革協調委員会は「中国医療衛生体制改革国際会議」を開き，国内外の社会保障専門家を招き，研究機関から提出された提案を評議・審査した。そして10月にはこれまでの検討を踏まえ，また，様々な提案を考慮し，最終的に「医薬衛生体制改革に関する意見について」という提案書にまとめた。さらに，温家宝総理の指示に従い，メディアを通じて国民に対し提案書に対する意見を公募することにした。

　同提案書の主旨は，2020年までに都市部・農村部の住民に対して，基本的な衛生医療制度と医療サービスを普及させ，健全な社会保障体制を確立させることである。さらに，この目標の実現のために，次の5項目に対して新たな改革が必要と強調した。

　　① 都市および農村エリアでの基本的な医療保障制度の確立することである。特に，公的保険加入者を増やし，流動人口に対する公的保険制度も確立させること。

② 中国の国情に合わせた基本薬品制度を定め，科学的かつ合理的に基本的な薬品が使えるようにすること。基本薬品に関しては，医療費の抑制を考え，患者の医療費負担削減を目指す。
③ 農村エリアの衛生院，村衛生室，都市部の社区衛生サービスセンターの建設を進め，地域医療サービスの充実を図ること。
④ 基本医療の役目を果たす公共医療サービスの各地域での均一化。特に，医療サービス向上と効率化が急務とされた。
⑤ 公立病院の管理体制・運営システムを改革し，政府による財政支援，収支の管理強化，診療行為の規範化を目指すこと。

提案書の内容は，2007年10月に開催された中国共産党第17回全国代表大会の政府報告の中に反映され，今後の社会保障改革の基本路線として定められた。この大会において，胡錦濤は，城（都市）と郷（農村）をカバーする社会保障システムの構築と整備が当面の重要課題であるとした。具体的には，基礎年金，基礎医療，最低生活保障制度の充実を優先課題としながら，社会保険・社会救済・社会福祉サービスを整備していく仕組みであり，つまりは「公正な分配，都市・農村の格差の縮小，全国民を視野においた社会保障の統合」を目指すことである。また，胡錦濤は2020年までに農民を含む国民全体を対象とする基本的な生活保障制度を実現するとも明言し，経済成長に偏った「経済発展」から人間本位の「科学的発展」へ転換しなければならないと強調し，「民生」(国民生活) 施政理念を体系的に論じた。

この生活保障制度の具体的な政策プランは，国民生活重視の立場に基づいて組み込んだ「国民皆医療保険」であるが，今回の社会福祉政策の転換は，国内における各営利団体の利害関係に配慮した折衷案だと思われる。

2007年以後，衛生医療保障制度において2つの新しい取り組みが行われた。その第1は「城鎮住民基本医療保険」の設立である。これは，主に都市部の高齢者や未成年者・主婦たちが「城鎮職工基本医療保険」に加入できず，医療保険を受けることができないという問題を解決するためのものと見られている。

第2は「医療救助制度」の全国的な普及である。これは、医療費問題を緩和するため、主に低所得層や貧困高齢者を対象として制定された救助制度である。2005年に都市部でテスト事業として取り組まれ、2007年には都市部全域まで拡大された。医療救助の財源は中央、地方政府の税収や宝くじの公益金が充てられ、今後増加していく傾向にあると見られる。現在、中国は「すべての国民に基本医療を保障する」（譲人々享有医療服務）という政策目標に向かって進んでいるところである。

（2）社会保障行政の改革

　2008年末に中央行政改革の一環として旧人事部、労働社会保障部の業務を統廃合し、人力資源社会保障部が新設された。その名称も人事・労働社会保障部という表現から人力資源社会保障部へと変わった。人力資源という名称の背景には、従来の管理的な部門から事業サポート部門へ、さらに、事業と人をつないで事業を促進していく部門としての役割に変化していくべきという考え方があると思われる。

　人力資源社会保障部の英語表記は「The Ministry of Human Resources and Social Security」であり、人力資源に対応する英語表記はヒューマンリソースとなる。政策用語としての人力資源の理解については、中国の学者らの解釈によれば、①人間が備えるべき知識と体力を育てること、②その知識と体力を社会の発展につなげ、社会的な富の源とすること、③各々の知識と能力が如何に組織されるかという組織化のプロセスのこと、という3つの意味が含まれているようである。この名称の変更は社会保障に対して国民の権利（以人為本）を重視する姿勢を打ち出している当時の胡錦濤政権の考え方を表しているといえよう。

　人力資源社会保障部は主に、労働、雇用、年金、失業保険等といった分野を職掌とするが、今回の中央省庁再編で新たに加えられた職能は、所得分配制度の整備、実務レベルの人材育成と資格制度の開発などである。社会保障の拡充や年金・医療保険に関連する業務が増加するにつれて、社会保障業務に携わる人材の育成が求められている。

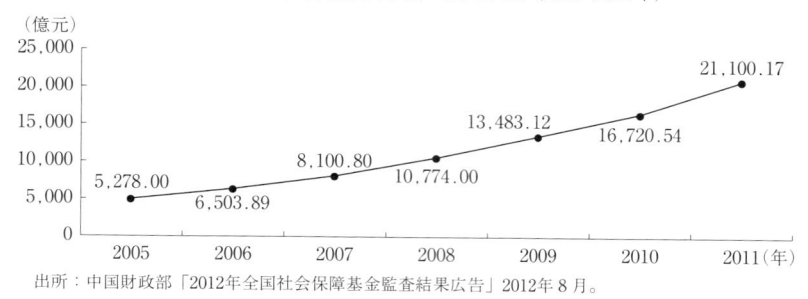

図7-1　国の社会保障関係費の支出状況（2005-2011年）

（億元）
- 2005: 5,278.00
- 2006: 6,503.89
- 2007: 8,100.80
- 2008: 10,774.00
- 2009: 13,483.12
- 2010: 16,720.54
- 2011: 21,100.17

出所：中国財政部「2012年全国社会保障基金監査結果広告」2012年8月。

（3）「適度普恵型」社会福祉の構築

　2011年2月に，胡錦濤は中共中央党校が行った政府高級幹部研修班において，「社会マネジメント及びその改革」を主題として重要な講話を発表した。談話の中に国民生活の向上に当たっては「適度普恵型」社会福祉の創設が今後の重要な政策課題であると挙げられた。

　「適度普恵型」を具現化された施策は，国の社会保障関係費の増額と社会保障改革に取り残された農村部における社会保障制度の創設が挙げられる。

　2005年以後，国の社会保障関係費が急増している。2012年に行った全国社会保障基金審査委員会に公表されたデータによれば，2005年から2011年までに年金，医療，最低生活保障等18項目を含んだ社会保障関係費増加傾向は，図7-1の通りである。

　2003年に再出発した農村新型合作医療保険（略称：新農合）制度は，中国基本医療制度の重要な柱として確立され，一部の地域でテスト事業を行った後，全国へ普及しはじめた。人力資源社会保障部の公表データによると，2012年までの農村新型合作医療保険制度の加入者は8.3億人までに達し，普及率は95％以上になったという。

　また，2009年9月，中国は農村の老人問題を解決するため，「新型農村養老保険（略称：新農保）試行活動展開に関する国務院の指導意見」を公布し，全国の県（市，区）の10％にあたる地域において，新農保の試行活動の展開を決定した。この制度では，在学生を除く満16歳以上の農民及び農民工が新型農村

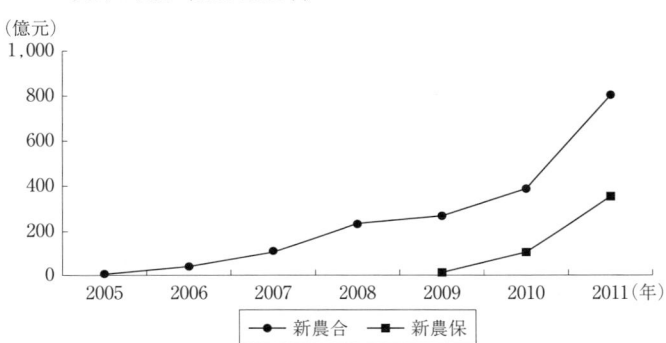

図7-2 農村部の新型農村合作医療及び新型養老保険制度に対する財政支出の状況（2005-2011年）

出所：陸学芸等編『2013年 社会藍皮書』社会科学文献出版社，2012年12月より作成。

養老保険に加入することができる。個人負担の保険料が払えない貧困層に対して，政府が代わりに払う形で保険加入を支援するのである。また，満60歳で条件に適合する保険加入農民は，基本養老金を受領することができる。

図7-2に示されたデータから見れば，新型農村合作医療に対する中央財政の支出は，2005年以後では5.42億元に，「適度普恵型」社会福祉の方針が明らかになった2007年以後では支出が伸びていった。特に，2010年に難病・大病に対する給付範囲及び給付基準を大幅に調整したことにより，支出は2010年の399.1億元から2011年の801.77億元に急増した。

新型養老保険制度も同様に，2011年より給付範囲の拡大及び給付基準の引き上げに伴って，支出が，2010年の110.83億元から，2011年の352.06億元に増加した。

そして，1999年に都市部に導入された最低生活保障制度は，2007年に農村部までに普及した。農村部で普及された最低生活保障制度の実施状況は，表7-2に示す通りである。特に，2007年の109.1億元という給付総額が，2012年には718億元にまで急増したことに注目したい。

表7-2　農村部における最低生活保障受給者数と給付総額

項目＼年	2007	2008	2009	2010	2011	2012
受給者数（万人）	3566.3	4305.5	4760.0	5214	5305.7	5344.5
給付総額（億元）	109.1	228.7	363	445	667.7	718

出所：中国民政部「民政事業発展統計報告」，2007-2012年より作成。

（4）「社会保険法」の公布と実施

　社会保障行政の改革と連動したもう一つの動きは「中華人民共和国社会保険法」（以下，社会保険法）の公布である。「社会保険法」は2010年10月28日に中華人民共和国主席の発令によって公布された。同法は中国における社会保険制度の基本法として位置づけられ，2011年7月1日からの施行を予定している。「社会保険法」は，1980年代から始まった社会保障改革の制度化，法律化といった役割が期待されており，政治的にも社会的にも大きな話題を集めた。

　同法は，草案作成から公布までの間に，なお幾多の紆余曲折があったという。2003年に人民代表大会の委員ら（国会議員に相当する）が人民代表大会（国会）に立法議案を提案したのを受け，2004年に旧労働社会保障部が「社会保険法」プロジェクト・チームを組織し，関連部門の答申を踏まえ，法案の草案を作成した。3年余りの期間を経て練られた原案は，2007年12月に国務院を通じて，人民代表大会常務委員会に提出されたが，第1回目の審議・答申を受け，却下された。引き続き，2008年12月に第2回目の審議・答申を，また，2009年12月に第3回目の審議・答申を経て，2010年10月第4回目の審議・答申で賛成144票，反対4票，白票9票という結果で最終的に通過した。この立法過程で様々な研究会が開催され，幅広い意見を収集するためにマスメディアやインターネットを通じて世論を喚起したこともあった。「社会保険法」の成立はこれまでとは異なるプロセスを経たといえる。

　「社会保険法」の主旨と目的は，社会保険関係を規範化し，国民が社会保険待遇を享受できる合法的な権利を擁護することである。また，国民に社会発展の成果を享受させ，和諧社会の形成を目指し，憲法に基づいて本法を制定するという内容が第1条に明記された。また，国民の権利について，第2条では，

国は基本養老保険，基本医療保険，労災保険，失業保険，生育保険を整備し，国民が老齢，疾病，労災，失業，生育にある場合は，国及び社会から物質的な援助を受ける権利を保障すると明記された。

本法は，総計11章と附則から構成される。その第9章の社会保険の扱い，第10章の社会保険の監督においては，社会保険料の徴収，管理，責任所在，監督責任などが詳細に規定されている。

「社会保険法」が創設される以前でも，個々の社会保険制度が実施されてきたが，その規範となる統一的な理念，基準が明確でなかったため，様々な社会的矛盾が生じてきた。従って，「社会保険法」は統一的な理念，基準を明確化したという意義を有しているといえる。また，何よりも年金，医療，失業に対する公的な援助を受けることが国民の権利として法的に保障されたということの意義が大きいと思われる。

4　福祉政治再編の意味

前述の考察の中でもいくつか垣間見られたように，福祉政治や社会福祉政策の中に民主化へ向かう変化が見られたことが注目される。

まず，中国において政治体制の改革はタブー視されるところであるが，社会保障制度の改革といった側面においては少しずつ変容しているという点である。改革開放以来，中国は政治体制への衝撃を極力避け，経済成長という目標を追求することで現行政治体制の正当性を証明しようとしてきた。しかし，生存権という政治理念が欠けた社会保障制度の実施は，やはり破綻を免れ得ない。このような訳で，政治に対し正面からの変革を迫るのではなく，国民生活という身近なニーズや要望の面から変化を推し進めていったのである。

第2は，政党支配的な政策決定の過程が改められ，多元主義的な性格が強まった点である。以前は，党と政府が一体化し，党による代行という政策決定体制が形成されており，政策決定の過程は上から下へといったトップダウン方式で不透明だった。しかし，2003年のSARS危機以後のプロセスでは，社会福

祉政策の決定過程に多元化の側面が見られるようになった。政治的パフォーマンスも部分的に見られたが，一応，国民による政策策定への関与を拒否できなくなったと思われる。

　第3は，「非難回避」という福祉政治手法の活用である。よくいわれるように，社会福祉サービス削減は有権者からの批判が容易に予想されるため，政治家は自らの責任を回避するために，「避難回避の政治」を用いることになる。従来，中国の福祉政治では，国民の批判や反抗に対し，回避よりもむしろ「非難を封殺する」手段がよく使われてきた。しかし2007年においては，国民の怒りに対し圧力をかけるという従来の手法は使わず，代案的施策の「国民皆医療保険」を実施することによって補償した。すなわち，福祉政治手法が変化しつつあるのである。

　第4は，福祉政治の再編の過程についてであり，市場経済化の中で社会福祉における国家責任体制が個人責任体制へと転嫁していくことである。そして，その移行プロセスで生じた格差問題や貧困問題などを是正するため，国家責任は再び強化され，再構築された社会福祉の責任体制は国家，社会，個人のリスク分担体制となった。

注
(1)　田中拓道『法制理論』第41巻第2号，2009年，31頁。
(2)　宮本太郎『福祉政治——日本の生活保障とデモクラシー』有斐閣，2008年，37-38頁。
(3)　鄭功成『社会保障改革30年』人民出版，2008年，22-26頁。
(4)　亀山伸正「現代中国における政治体制改革をめぐる言論」創価大学社会学会『ソシオロジカ』2011年，第35巻，62-80頁。
(5)　北京週報「医療改革はなぜ失敗したか」(http://www.bjreview.cn/JP/jp2005/)。
(6)　同前。
(7)　三浦有史「中国の医療格差と医療改革」『環太平洋ビジネス情報』RIM2009年 Vol. 9 No. 33，2009年，6頁。
(8)　同前論文21頁。
(9)　経済産業研究所　関志雄「中国の改革の方向に関する論争」「経済改革——市場

化改革を巡る大論争」参照（http://www.rieti.go.jp/users/china-tr/jp/060426kaikaku.htm，2010年1月10日アクセス）。
(10) 『炎黄春秋』は，1991年に創刊された評論誌で，かつて共産党及び政府の要職にあった老幹部が編集委員に名を連ね，引退した党，政府，解放軍幹部による回想録及び評論が多く掲載されていた。
(11) 亀山伸正「現代中国における政治体制改革をめぐる言論」『ソシオロジカ』2011年，第35巻，61-80頁。
(12) 経済産業研究所　関志雄「中国の改革の方向に関する論争──理論的と実践的意義──」（http://www.rieti.go.jp/users/china-tr/jp/060901-1kaikaku.htm，2013年12月25日アクセス）。
(13) 中国経済体制改革研究会主宰した第1回，2回全国社会主義論壇資料より。
(14) 亀山伸正「現代中国における政治体制改革をめぐる言論」創価大学社会学会『ソシオロジカ』2011年，第35巻，61-80頁。
(15) 「胡錦濤在中国共産党第17次全国代表大会上的報告」新華社，2007年10月15日。
(16) 2010年〜2012年「全国人民代表大会政府工作報告」より。中国人大網（www.npc.gov.cn，2012年12月3日アクセス）。
(17) 「全党全国各族人民更加緊密地団結起来　沿着中国特色社会主義偉大道路奮勇前進」『人民日報』2012年7月24日。
(18) 宮本太郎編『比較福祉政治──制度転換のアクターと戦略』早稲田大学出版部，2006年，79頁。
(19) 胡錦濤「在記念党的11届三中全会30周年大会上的講話」（胡錦濤総書記による党の第11期三中全会30周年記念大会での講話）「人民日報』2008年12月19日。

参考文献

石原享一「中国の社会保障制度改革と社会統合」『アジア経済』2003年5‐6月号。
G. エスピン‐アンデルセン／埋橋孝文監訳『転換期の福祉国家──グローバル経済下の適応戦略』早稲田大学出版部，2003年。
関志雄・朱建栄『中国の経済大論争』勁草書房，2008年。
厳善平『中国人口移動と民工』勁草書房，2005年。
沈潔「中国──福祉政治民主化への途」『週刊社会保障』2010年2月。
鄭功成『社会保障改革30年』人民出版社，2009年。
高橋善隆「福祉政治の理論とアメリカの社会的内実──"いまあるような福祉の終焉"の再検討」『跡見学園女子大学文学部紀要』第45号，2010年。
広井良典『日本の社会保障』岩波書店，1999年。
三宅康一『中国改革開放の政治経済学』ミネルヴァ書房，2006年。

第Ⅱ部　中国社会福祉の改革

三浦有史「中国の医療格差と医療改革」『環太平洋ビジネス情報 RIM』Vol. 9 No. 33, 2009年。

宮本太郎「福祉国家の再編と言説政治」宮本太郎編『比較福祉政治――制度転換のアクターと戦略』早稲田大学出版部, 2006年。

宮本太郎『福祉政治――日本の生活保障とデモクラシー』有斐閣, 2008年。

第Ⅲ部　中国社会福祉の実像

第8章　社会福祉改革と専門職制度の確立

　中国では，改革開放の成果を如何に国民全体に享受させるかという，改革の真価が問われる時期に入った。国民の不満や不安を少しでも和らげるように，社会福祉サービスの充実や社会福祉制度の整備等が政府の重要課題としてプランにのぼっていた。

　近年のこれに関連する政策の動向としては，社会保障行政改革と，社会保障の立法及び社会福祉人材育成が取り上げられている。特に，急速に押し進められた社会保障改革によって展開された社会保障・社会福祉領域においては，社会福祉を有効に機能させる担い手が求められている。つまり，社会福祉人材不足の問題が浮き彫りになったのである。

1　福祉人材の需要

（1）社会福祉行政の再編

　行政面では2008年，旧人事部，労働社会保障部の業務を統廃合し，「人力資源社会保障部」が新設されたことが注目される。その背景には，社会保障を管理的に統制しようとする従来の中央官庁の姿勢が，国民生活の向上につながる社会福祉事業を発展させようとする姿勢に変化した点が挙げられる。この再編により，労働，雇用，年金，失業保険等といった従来の職務に，所得分配制度の整備や実務レベルの人材育成，資格制度の開発などが追加された。このような動きは，社会保障の拡充や年金・医療保険に関連する業務が増加したため，社会福祉業務に携わる人材の育成が求められるようになった状況を反映したものだと思われる。

　一方，社会福祉を管轄する民政部は，社会福祉ニーズの高まりとニーズの多

様化に対応するため，民政部に「社会福祉と慈善事業司」を設け，その中に老人福祉処，児童福祉処，障害者福祉処，慈善寄付処，福祉宝くじ基金処を配置した。そして，人事司の中に，ソーシャルワーク処，福祉人材処を新設した。省市県レベルの地方政府においてもこれに準じた部署や窓口が設置された。

また，民間の社会福祉活動を推進することを目的として，2010年に中国社会福祉協会が発足された。中国社会福祉協会は，全国組織で全国の福祉関係者や福祉施設等事業者の連絡・調整や社会福祉の様々な制度調査，提案及び人材育成などに取り組んでいる。将来的には，各省市県レベルにも社会福祉協会を設けて，全国的なネットワークを完成させる予定である。

(2) 社会福祉の再編によってもたらされた福祉人材の需要

社会福祉改革の中，社会保障及び社会福祉の実務を十分に理解し，十全に遂行できる人材が不足しているという問題が浮上した。これまで進められてきた社会福祉の改革成果を，国民生活の向上に有効に機能させることができるかどうか，そのための人材の養成及び確保こそが重要な課題であるという認識が共有されるようになった。

中国の調査によって，社会福祉人材の需要と供給のギャップが非常に大きいことが明らかになった。近年では，社会保険業務の増加に伴い，地方自治体社会保険の事務手続きの一部を分掌させるため，コミュニティにおける社会保障事務所の新設が急増した。しかし，社会保障事務所に配置された従業員らは，そのほとんどが他の領域から異動させられた職員であり，社会保障業務に精通するスタッフが非常に少ないことが悩みの種となっている。また，要介護・要支援の高齢者人口は，2011年に3,300万人，2012年に3,600万人，2013年に3,750万人と増加しつつある。中国政府の概算によると，2015年までには，1,000万人もの養老介護専門人員が必要と指摘されているが，現状では，養老介護員資格を持つ介護者はわずか30万人だけである。

一方，都市部及び農村部の低所得者は6,500万人以上，障害者は8,500万人以上，孤児は57万人以上いるといわれている。1人のソーシャルワーカーが対応

する利用者が平均約1,000人という大人数であることを考えると，中国の現状と社会福祉先進国との間には大きな格差があるといえる。また，各国の社会福祉専門職者の総人口に占める比率をみてみると，アメリカが0.2‰，日本が0.5‰，カナダが0.22‰，香港が0.17‰となっている。

また，2010年に中国の「青年日報」新聞社が，社会福祉人材の需要と供給について，2,056人を対象にアンケート調査を行ったところ，社会保障・社会福祉の分野である社会救済（公的扶助），施設福祉，地域福祉の3つの領域における人材不足の問題がもっとも深刻であるという実態が明らかになった。

日本の経験からみると，社会福祉人材養成の課題は大きく4つの時期に区分できる。まず，第1期は，社会保険制度などの所得保障が十分でなく，かつ経済的に多くの国民が貧困であった時期である。主に，1979年以前における公的扶助の担い手の問題であり，福祉事務所の生活保護を担当する社会福祉主事の養成が重要な課題であった時代であった。第2期は，1971年の「社会福祉施設緊急整備5カ年計画」で，急速に整備されていく福祉施設で働く生活指導員，寮母等の職員養成と確保が量的にも質的にも問われていた時代である。第3期は，1990年の社会福祉関係八法の改正により，在宅福祉サービスが法定化されたことに伴い，ホームヘルパー等の訪問型サービスの担い手，あるいはホームヘルプやデイサービス利用をマネジメントする職員を量的，質的に確保することが問われた時代であった。第4期は，介護保険実施に伴うケアワーカーの確保，そして，2000年以後の社会福祉のメインストリームであった地域における自立生活支援を抱えるソーシャルワーカーの確保とその質が問われる時期である。

すなわち，日本の社会福祉人材不足の問題は慢性的に発生しており，それぞれの時期に生じた国民の福祉ニーズに答え，対応してきたといえる。しかし，中国の場合は社会変動があまりにも激しいため，福祉のニーズや人材不足の問題などが一気に噴出し，手順を踏んで対応していく余裕がなかった。そのため，こうした構造的な問題を，どのようにクリアしていくかが問われている。

第8章　社会福祉改革と専門職制度の確立

2　福祉人材の養成と確保

(1) ソーシャルワーカー養成と資格制度の導入

1) ソーシャルワーク教育課程の復活

　中国におけるソーシャルワーカー専門教育の導入は，20世紀初頭に遡ることができる。1910年代前半，アメリカのコロンビア大学社会学部に留学して中国に戻ってきた朱友漁氏は，帰国後，上海にある聖約翰大学で社会学の教授をつとめ，アメリカのソーシャルワーク教育をはじめて中国に伝えたという。

　また，1922年，北京大学（当時，燕京大学）の社会学部が設立された際，理論社会学と応用社会学の2学科に分け，応用社会学においてソーシャルサービス専門の人材育成に取り組んだ。1925年に同学部は社会学与社会服務（社会学とソーシャルサービス学部）に改称され，「ケースワーク」「精神健康ソーシャルワーク」「グループワーク」等14の科目を開講した。1948年，南京金陵大学（現・南京大学）は社会福祉行政学部を設け，ソーシャルワーク4年制学部生を募集し，中国唯一の独立したソーシャルワーク学部の先駆けになった。その他，蘇州の東呉大学，金陵女子文理大学，復旦大学，山東斉魯大学，北京の清華大学と輔仁大学等の大学も「ソーシャルワーク」「社会福祉行政」等の科目を設置した。養成した人材は，当時の各ソーシャルサービス機関や団体に勤務することとなり，ソーシャルワーカー専門職の道が切り開かれた。

　しかし，1952年に旧ソ連の極端な左翼的教育方針の影響により，中国国内も急進的な社会主義教育体系の改革を行った。その中でも，社会学やソーシャルワークの専門教育は，社会主義国家教育の理念にそぐわないと判断され，廃止されるに至った。大学教育でのソーシャルワーク専門課程の再開は，30数年後の1980年代後半のことであった。1988年に教育委員会は北京大学社会学部にソーシャルワーク専攻を設置することを許可し，中国におけるソーシャルワーカー専門教育の復活の契機となった。

　また，1988年12月に，北京大学でアジア太平洋地域ソーシャルワーク教育協

会と北京大学の共催で「アジア太平洋地域におけるソーシャルワーク教育の現状および将来の展望」をメインテーマとしたシンポジウムが開かれた。このシンポジウムにおいて，アジア太平洋各国ソーシャルワーカー教育の歴史と現状，ソーシャルワーカー教育のモデル，ソーシャルワーカー教育のカリキュラム設計の原則等について議論された。これは，着手されたばかりの中国のソーシャルワーカー教育に大きな刺激を与え，国内から世界へと視野も広がっていった。

2000年以後，中国では，高度経済成長および都市化，少子高齢化，家庭機能の変化等，国民の社会福祉需要が普遍化，高度化した。また，従来の行政主導の社会福祉供給は，政策の緩和により，NPOや民間人等誰でも参与できるようになり，社会福祉供給主体の多元化へ転換せざるを得なくなった。社会福祉が新たなパラダイムに向かって転換していく一方，それを担う社会福祉人材の欠乏という問題が浮き彫りになった。このような状況のため，各大学では，ソーシャルワーカー学科を次々に新設するというラッシュ期に入っていった。

例えば，ソーシャルワーク教育過程の復活と位置づけられる1986年から1999年までの間，ソーシャルワーク教育課程を開設した大学は，北京大学をはじめとする計28校であった。2000年以後はさらに凄まじい勢いで急激に増え続け，2010年には243校までに達した[1]。そして，学部教育のニーズが高まっていく中，研究者を目指す者，高度専門職へのキャリアアップを希望する者が増加している。2009年には，教育部の許可により，ソーシャルワークの大学院教育（MSW）がスタートし，2013年3月までには北京大学等全国56校の大学でMSW教育が展開された。

中国ソーシャルワーカーの専門教育は，こうした国内の社会福祉需要の高まり及び国際社会の支援によって新たな展開を迎えた。

2）ソーシャルワーカー資格制度の導入

中国におけるソーシャルワーカーの正式な名称は，「社会工作師」（Social Workers）である。「社会工作師」の概念提起について，社会福祉養成校の養成課程を修了するか，あるいは社会福祉の実務経験を有しており，さらに国家試験に合格し，認定を受けた者のみが名乗ることができると大まかに規定されて

いる。しかし，国家資格を有する者は極めて少ないため，現時点では，ソーシャルワーカーが社会福祉事業に携わる人の総称として使われている。

2006年7月に，ソーシャルワーカーの社会的地位や身分の安定化を図り，職務の専門性を高めるための政策の一環として，旧人事部，労働社会保障及び民政部は，「社会工作者職業水準評価暫行規定」「社会工作師職業水準試験実施方法」等の社会福祉専門職国家試験に関する法規を発布した。この法規は，今後中国において益々増大する福祉ニーズに対応するため，社会福祉専門職に相応しい人材か否かを判別する国家試験の客観的基準について規定された行政法規である。具体的な内容を見てみると，「社会工作者職業水準評価暫行規定」の第1条では，社会福祉の専門性を高め，社会福祉専門職の制度化を図るという本法規の目的が規定されており，第2条では，社会福祉の職種を横断的に包括して，その機能でもって統一性を図る等の本法規の適用範囲が規定されている。また，第4条では，社会福祉士国家資格の中には，初級ソーシャルワーカー（中国語名 助理社会工作師・英語名 Junior Social Worker），中級ソーシャルワーカー（中国語名 社会工作師・英語名 Social Worker），上級ソーシャルワーカー（中国語名 高級社会工作師・英語名 Senior Social Worker）の3つのランクが規定されている。

具体的には，初級ソーシャルワーカーについては，高校卒業者は福祉の実務経験が4年間，社会福祉短大卒業者は実務経験が2年間，また，一般短大卒業者は実務経験4年間，一般大学卒業者は実務経験が2年間，そして社会福祉系の大学卒業生が，資格を有する。中級ソーシャルワーカーについては，高校卒業者は福祉の実務経験が6年間，社会福祉短大卒業者は実務経験が4年間，社会福祉系大学の卒業生は実務経験3年間，社会福祉修士学位取得者は，実務経験1年間，社会福祉博士学位の取得者は資格を有する。また，一般の短大・大学の卒業生は，実務経験が福祉系の卒業者より2年間長く設定されている。これらの規定は，「社会福祉師職業水準試験実施方法」で詳細に決められている。

2008年6月，第1回目の全国試験が行われ，11万1,720人が受験した。試験の平均合格率は22.28％で，そのうち初級ソーシャルワーカーの合格率が39.5

％，中級ソーシャルワーカーの合格率に至ってはわずか6.7％であった。2009年の受験者は6万7,637人，合格者は1万837人，平均合格率は16.02％となっている。2012年4月までに，初級，中級をあわせて，認定された社会工作師は合計5万4,000人となっている。[2]

3） ソーシャルワーカー専門職の確立に向けて

現在では，毎年，各大学から合計1万人を超えるソーシャルワーク専攻の大学生が社会に送り出されている。しかし長い間，社会福祉に関連する職場に就職する卒業生は3割程度で，大半の卒業生は企業や行政など他領域に流出している。その主な原因は，3つあると考えられる。1つ目は，ソーシャルワークの専門性に対する社会的な認識度が低いため，雇用市場でソーシャルワーク関連の求人が少ないことである。2つ目は，ソーシャルワーク職種の給与が他職種より低いため，福祉分野の就職を希望するものの，より給与の高い他の職種を選ぶ者が多いためである。3つ目は，今の社会福祉現場では専門性が確立できていないため，社会福祉現場に就職したソーシャルワークの卒業生が，その環境に馴染まず，離職してしまうケースが多いことである。実際，離職率は50％ともいわれている。

社会福祉専門職の配置基準及び勤務条件などの労働環境の改善は福祉マンパワーの確保の鍵となっている。政府関連部門が策定した「第11回5カ年計画」(2006-2010年)の中には，1,000人余りの上級ソーシャルワーカー（高級工作福祉師），1万人余りの中級ソーシャルワーカー（社会工作師），10万人余りの初級ソーシャルワーカー（助理社会工作師）を育成する目標が盛り込まれた。

2010年，民政部は「ソーシャルワーカー育成10カ年計画」を打ち出した。この計画によれば，2015年までに社会福祉領域に従事する専門職は50万人を達成することを目標とし，そのうち，ソーシャルワーカー国家試験合格者が中級クラス5万人，上級クラス1万人という養成目標が立てられた。そして，2020年まで，福祉専門職従事者は145万人に，国家試験中級クラス合格者20万人，上級クラス合格者3万人に達成する養成目標を明確にした。[3]

また，社会福祉人材の供給先，すなわちソーシャルワーカーの就職・雇用に

第 8 章　社会福祉改革と専門職制度の確立

関して，政府関連部門は 4 つの職種を明示した。第 1 の職種は，主に行政機関・公共機関での社会福祉政策の策定及び執行に関わる社会福祉職としての公務員である。第 2 は，各種別の福祉施設及び医療保健機関という福祉事業の職場である。第 3 は，公益事業・福祉事業に関わる NGO・NPO の民間団体の専門職員である。第 4 は，コミュニティソーシャルワーカーとして様々な地域福祉活動に関わる社会福祉専門職である。また，医療現場への医療ソーシャルワーカーや学校現場へのスクールソーシャルワーカーの配置も増えつつある。

そのような中，2011 年 11 月中央省庁 18 の部門は連名で「ソーシャルワーク専門人材育成の強化に関する意見書」を発表した。おそらく，これは中国初のソーシャルワーカー育成の政策に関する公文書である[4]。

同「意見書」は，「努めて高水準のソーシャルワークの専門人材を育成し，社会主義調和社会の建設に力強い人材を提供する」ことを目的とし，ソーシャルワーカーの育成について新たな理念，方針，措置を示した。ソーシャルワーカーの職場の開拓と専門人材の起用について以下の 4 点を挙げた。

第 1 に，ソーシャルワーカーの職能範囲は，主に社会福祉領域であることを明らかにするとともに，人材育成の目標をより明確にさせた。また，初級ソーシャルワーカーの育成を強化する同時に，中級ソーシャルワーカー及び上級ソーシャルワーカー人材の育成と専門教育を力に注ぐべきである。

第 2 に，ソーシャルワーカーが活躍できる職場の開拓である。すなわち公的な社会福祉部門や関係行政部門の採用にとどまらず，民間組織の採用を積極的に奨励する。

第 3 に，ソーシャルワーカー人材を末端に配置することである。例えば，農村地域を含むコミュニティ，病院，企業，学校において専門職としてのソーシャルワークを積極的に配置する。

第 4 に，ソーシャルワーカーとボランティアの協働体制を確立することである。

ソーシャルワークの人材育成に極めて立ち遅れていることを受けて，政府が慌ただしく打ち出した対策と思われる。ソーシャルワークを大量生産させるこ

とで国民の日増しに増大するニーズに対応することが期待できる。しかし，人材の育成は量的な問題だけではなく，質的な問題がより重要であるように思う。

4） 医療ソーシャルワーカーの実践事例

養成したソーシャルワーカーは，実際の現場でどのような役割を果たしているか。次に医療ソーシャルワーカーの事例を通じて，専門職の現状をみる。

表8-1に示したように，医療ソーシャルワーカーが携われる職務範囲は，①予防医学と公共衛生，②臨床医療と病院，③リハビリとコミュニティ，④経営管理と広報になっている。具体的に見ると，患者に対するサービスとカウンセリング，医師と患者との連絡調整，患者訪問，医師と患者のコミュニケーション，コミュニティの健康教育，広報及びレフェラルの諸政策，患者及び家族に対するセルフヘルプなどが職務範囲となっている。つまり，社会福祉の立場から患者の抱える経済的，心理的・社会的問題を解決，援助し，社会復帰の促進を図ることが，医療ソーシャルワーカーの役割として期待されており，その期待はますます大きくなってきている。

しかしながら，医療ソーシャルワーカーの業務範囲の規定はあまりにも広すぎる。例えば，経営管理と広報のような業務は，医療行政の役割なのか，あるいは医療ソーシャルワーカーの役割なのか，その境界線が不明確なのが問題である。

また，2007年以後，各地方自治体は，福祉マンパワーの確保について様々な計画を立てた。例えば，江蘇省は地域福祉推進のため，2010年までに2万1,269人の社会福祉専門職を採用し，コミュニティセンターに配置する計画を立てた。また，北京では，各コミュニティにおいてソーシャルワークステーションを設置し，地域計画，福祉相談などを担う社会福祉専門職のポストを開拓している。

2012年4月，社会工作師が自身の専門職の水準を高め，併せて専門職者としての社会的認知度を高めていくため，2012年4月中国社会工作協会の傘下に「社会工作師」委員会を結成した。

第8章 社会福祉改革と専門職制度の確立

表8-1 病院における医療ソーシャルワーカーの職務範囲

医療機関 職務範囲	①予防医学と公共衛生	②臨床医療と病院	③リハビリとコミュニティ	④経営管理と広報
北京博愛医院	コミュニティリハビリ，巡回訪問		職業，社会復帰	ソーシャルワーク実習管理
深圳南山医院	健康教育・促進	メンタルヘルス相談と治療	社区健康サービス	社会サービスと広報
上海交通大学附属上海児童医学センター	コミュニティサービス：無料診療	白血病児童の父兄会	児童会絵画コンクール	病院公共関係
	児童健康の日と健康教育	患者グループのストレス軽減指導	児童のゲームや音楽	ボランティア管理とサービス
	児童の事故予防	専門教育と研究	ロールプレイングとリハビリ	慈善支援金
	社会普及と教育		夏季児童イベント	医療救助減免
臨沂人民医院	コミュニティ健康教育	巡回訪問・在宅診療	リハビリサービス	医療救助減免
上海東方病院	健康教育専門家講座	患者訪問	メンタルヘルス相談と指導	社区無料診療
	患者グループ活動	医師と患者のコミュニケーション	患者の会の支援	専門職交流活動
	コミュニティ健康ニーズ調査	病室でのサービス	患者クラブの支援	ボランティア募集管理
北京朝陽病院	健康教育	各種疾患友の会	病院とコミュニティの連携	クレーム処理・対応の整備
	患者のニーズ調査	コミュニティ医療サービスの促進	退院後の巡回訪問	社会監督員のフィードバック
	患者の満足度調査	医師と患者の良好な関係を図る	コミュニティ支援サービス	
			ボランティアサービス	
北京大学深圳病院		医師と患者の良好な関係を図る		医療トラブルとクレーム
広東省人民病院	コミュニティ健康ニーズ調査	患者サービス及び互助会の支援		ボランティアサービス管理
上海臨汾地区病院	コミュニティ健康教育		コミュニティ末期ケアの援助	社区ボランティアサービス
江門障害者リハビリ医院	コミュニティ健康教育	患者互助会の支援	コミュニティリハビリ	ボランティア者管理
北京大学第六病院	コミュニティ健康教育		社会復帰の援助	実習ソーシャルワーカー管理
北京地壇病院	コミュニティ健康教育	患者互助会の支援	がん相談サービス	広報とプロジェクト管理

出所：衛生部人事司編『全国衛生系統社会工作和医務社会工作人材現状調査与崗位設置政策研究報告』2007年をもとに作成。

図8-1　介護職員の学歴の状況

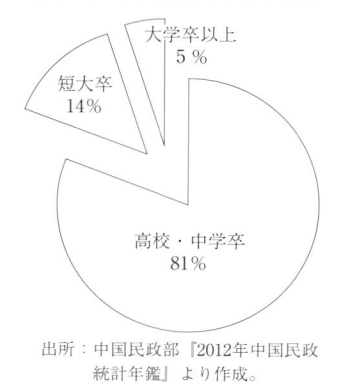

大学卒以上　5％
短大卒　14％
高校・中学卒　81％

出所：中国民政部『2012年中国民政統計年鑑』より作成。

（2）ケアワーカー養成及び資格認定制度の導入

　1990年代からケアワーカー養成に位置づけられた家政服務員（家事援助ヘルパー）及び養老護理員（介護ヘルパー）の養成が民間福祉団体によって進められた。2002年に人力資源社会保障部の前身である旧人事部は「養老護理員（介護専門職）国家職業基準」を定め，高齢者福祉サービスを支える人材養成事業に本格的に取り組むようになった。

　一方，介護従事者という専門職に対する理解や認識度が非常に低いこと，高齢者ニーズの地域差が大きいことから，養老護理員の専門職制度は中身を伴わない点が多かった。

　例えば，現状では養老介護員資格を持つ介護者の大半は，農村からの出稼ぎ労働者と失業者が介護現場の主力を担っている。特に，彼らの学歴が低いことが特徴的である。

　図8-1に示したように現場で働いている30万人を超えた介護従事者の81％は，高卒以下であり，そして短大卒14％，大学卒5％となっている。学歴が低い主な要因は，介護職の給料の安さ，労働時間の長さ，仕事がきついこと，また当該業種に対する社会的偏見等の様々な理由が考えられる。

　この問題を解決するため，老齢事業第12次5カ年計画においては，養老介護職員の就業認定試験制度を導入する計画が織り込まれた。養老介護職員の就業認定試験制度は，初級，中級，上級の3ランクに設定されており，級が上がるほど高度な知識が要求される。2015年まで介護就業者は，この3つのいずれかに合格しないと，採用されない方針が定められた。

　改正された「養老護理員国家職業基準」では，初級，中級，上級，特級（技師）の4等級が定められ，研修時間，研修内容によってそれぞれのレベルの資格が取得できることになっている。現在，大都市の各病院，老人ホーム，地域

第 8 章　社会福祉改革と専門職制度の確立

表 8-2　北京市の職業技術訓練センターで行われている研修認定制度

レベル	資格認定要件	業務内容
初　級	初級教育資格認証を取得。または業務研修 2 年以上	①清掃，食事，移動など日常生活支援 ②高齢者身体状況記録，介護状況記録，消毒など
中　級	初級教育資格認証を取得後，実務経験連続 3 年以上，中級教育資格認証を取得。または初級教育資格認証を取得，実務経験連続 5 年以上。または労働保障部門が認定する専門学校（中級教育以上）を卒業。	①清掃，食事，移動など日常生活支援 ②高齢者身体状況記録，介護状況記録，消毒，救急など ③リハビリ支援 ④メンタルケア
上　級	中級教育資格認証を取得後，実務経験連続 4 年以上，高級教育資格認証を取得。または中級教育資格認証を取得，実務経験連続 6 年以上。または労働保障部門が認定する専門学校（高級教育）を卒業。	①救急，重病看護，健康指導など ②リハビリ支援 ③メンタルケア ④初級養老護員を業務指導
特　級	高級教育資格認証を取得後，実務経験連続 5 年以上，技師教育資格認証を取得。または高級教育資格認証を取得後，実務経験連続 8 年以上。または労働保障部門が認定する専門学校（高級教育）を卒業後，実務経験連続 2 年以上。	①高齢者介護環境の提案，高齢者介護計画制定と実施，介護技術の研究 ②養老護理員の育成計画を制定，養老護理員を業務指導。 ③介護業務，介護施設を管理

出所：日本貿易振興機構北京事務所編『中国高齢者産業調査報告書』2013年 3 月，51頁を参考に作成。

　介護福祉センター等の介護福祉業界においては，介護職員，臨時介護職員を採用する際，初級から特級まで何らかの資格を持っていない者は採用しないことになっている。

　現行の規則によれば，資格取得に際し，初級者は180時間以上の研修を受けた上で，実務認定試験に合格すれば，中級に昇格することができる。また，中級は150時間，上級は120時間，特級（技師）は90時間の研修を受けた上で，実務認定試験に合格すれば昇級できることになっている。民政部は現在実施されている介護従業員の認定試験制度を2015年までに全面的に施行させる計画を立てている。

　2012年12月28日，「高齢者権益保障法」改正法が公布され，2013年 7 月 1 日より施行することが定められた。新法の主な概要は，高齢者の生活支援体制の構築，家族の扶養義務，介護サービスの拡充及び介護人材育成，高齢者優遇政

策，居住環境の整備等である。

　今後の見通しでは，ソーシャルワーカー専門制度との整合性を取りながら，日本の介護福祉士のような国家資格制度が整備されていくだろうと思われる。

（3）社会保障事務所職員の研修制度

　近年，社会保険業務の増加に伴い，地方自治体社会保険の事務手続きの一部を分掌させるため，コミュニティにおける社会保障事務所の設置が続いた。事務所の主な職掌業務は，国家及び所在地方自治体が公布した法令，政策の宣伝・執行，年金・医療保険に関する事務処理，失業者の生活支援及び再就職の斡旋，公的扶助に関する関連業務，コミュニティにおける社会保障に関する業務指導等である。現行では，社会保障事務所に関する組織規則や所掌事務に関する統一規定はなく，各地方自治体の人力資源社会保障局が地域の状勢を基に作成した規定しかないのが現状である。

　また，社会保障事務所に配置された職員には，他の領域から異動させられた職員が多く，社会保障業務に精通するスタッフが非常に少ないことが課題である。数年前から，旧人事部，労働社会保障部は，自ら従業員研修プロジェクトを導入し，省市レベルの社会保障事務官を対象とした研修に取り組んでいる。従って，省市レベルの社会保障事務所の職員を対象とした研修も地方自治体が責任を持って展開しているとみられる。このように，最初にリーダーを育て，そのリーダーがさらに人材育成をするという過渡的な方法によって従業員研修が進められているのが現状である。

　一方，大学における専門家の養成も同時に進められてきた。現在，中国人民大学や北京大学及び中国社会科学院等の教育，研究機関は，人力資源社会保障部の委託を受けて，ハイレベルな社会保障専門職の養成を始めている。

3　福祉人材の育成における日本との比較

　各国のソーシャルワークのあり方は，それぞれの歴史的な経緯や実践目標に

よって異なっている。専門職組織の研究者であるフレイドソンやコリンズは，専門職の性格を，英米をモデルとするアングロ・アメリカン型とフランスなどの中央集権国家をモデルする大陸ヨーロッパ型に分類している。中国国内の学者は，中国のソーシャルワークの性格は大陸ヨーロッパ型に近いと分析している。大陸ヨーロッパ型の専門職は，政治的・社会的権威によって正当化されることが特徴である。中国では1980年代以後，ソーシャルワークの復活から専門職養成課程の導入に至るまで，すべてに国家や政治がからんでおり，「上意下達」という傾向が強かった。一方，日本においてもソーシャルワーク形成の過程で大陸ヨーロッパ型に似た傾向がみられる。

　また，社会福祉人材の養成と確保が抱える課題について日本と中国には共通点がある。すなわち，専門職を如何に社会福祉の現場に定着させるかという課題である。しかし，中国の場合は，専門職の報酬や待遇などの労働環境よりもソーシャルワークの専門性に対する社会的な認知度がきわめて低いことの方が要因なのではないかと考えられている。今後，社会的な認知度を高め，ソーシャルワーカーに対する信頼性を確保していくことが喫緊の課題である。日本の場合は，専門職の労働環境の改善だけでなく，ソーシャルワーカーを多様なニーズに如何に対応させるかという課題も横たわっている。

　また，中国では，社会福祉教育の現場に立つ社会福祉研究者や教育者が日本に比べて少ないことが独自の課題となっている。例えば現在も，ソーシャルワーク領域で教鞭を執っている教育者の多数は，哲学や社会学，政治学等の隣接領域からの転向者である。そのようなこともあり，中国におけるソーシャルワーク教育科目の中には，歴史，哲学，国際経済など関連領域の知識を摂取したり，寄せ集めたりする傾向がよくみられる。また，他国と比べ，ソーシャルワーク教育の方が福祉現場の拡充や整備より一歩先に走り出しており，教育先行という特徴を有している。本来，社会福祉人材の育成は，社会福祉現場の要請や社会福祉ニーズに合わせながら教育規模や目標を定めるはずである。しかし，中国の場合，経済成長政策の一環としての教育産業化に左右されながら，ソーシャルワーク教育の定員が急に拡張されたのである。その結果，卒業生の他領

域への流出が深刻となり，ソーシャルワークの専門性が現場に定着しにくくなるという実態がある。

今後，社会福祉専門職の確立において，いかなる視野や専門性，科学性を持ち，理論と方法を構築していくことできるか，この点が中国の社会保障・社会福祉改革の成果に関わる大問題となっていくであろう。

注
(1) 中国社会工作教育協会事務局提供資料を参照。
(2) 社会工作協会網（http://gongyi.ifeng.com/news/detail_2012_04/10/13771963_0.shtml，2013年2月5日アクセス）。
(3) 民政部「社会工作専業人材隊伍建設中長期規画2011-2020年」参照。
(4) 民政部「ソーシャルワーク専門人材育成の強化に関する意見書」2011年11月。

参考文献
沈潔「中国のソーシャワーカー」秋山智久編『世界のソーシャルワーカー——養成・資格・実践』筒井書房，2012年。

王思斌編『社会工作概論』高等教育出版社，2006年。

韓榮芝「中国におけるソーシャルワークの現状と課題（その1）」『長崎国際大学論叢』第8巻，2008年。

沈潔「中国の社会保障改革と専門職制度の確立」『週刊社会保障』2011年4月。

中華人民共和国国家人事部・民政部刊行『社会工作者職業水準評価暫行規定』2006年及び「全国社会工作師職業水平考試大綱」2007年版。

中国社会工作教育協会編『社会工作藍皮書——中国社会工作発展報告 1988-2008』社会科学文献出版社，2009年4月。

中国社会工作教育協会編『社会工作藍皮書——中国社会工作発展報告2011-2012』社会科学文献出版社，2013年4月。

包敏「中国におけるソーシャルワーク専門教育の現状と課題」『広島国際大学医療福祉学科紀要』（創刊号），2005年。

山下英三郎・大橋謙策監修『アジアのソーシャルワーク教育——ソーシャルワーカーを取り巻く現状と課題』学苑社，2007年。

第9章　地域社会の変容と社区福祉

本章は，現代中国の各転換期において，末端社会の地域共同体では，どのように変化したのか．社会福祉サービスの供給はその時期ごとに，国家，社会，住民の関係にどのような影響を与えたのか．また，市場経済改革開放以後の「社区」福祉の誕生は中国の社会福祉にとっていかなる意味をもったのかを考察する．

1　中国にとって「社区」(Community) とは

第3章に述べたように中国の社区（Community）の概念は，アメリカの都市社会学者パークのコミュニティ理論を起源としている．

近代化の意味で社区（Community）を捉える時には，一時代前の人間の暮らしのように，消費生活や生産労働や余暇活動の営みが家族や村社会の人々と同一地域でなされているのではない．むしろ，生産労働や余暇活動の場が家族や村社会から離れて，別の場所で，別の社会関係の下で営まれるようになる．つまり，流動し移動する人々が一定地域に定住し，共住することを契機として，すこしでも住みよい街づくりへとお互いが努力し，取り組んでいく中で作られていく地域的まとまりと理解してもよいだろう．そうした地域社会は，常にコミュニティ（以下，社区）といわれる．

このような理解に即して考えると，市場経済改革前の社会主義期において計画経済体制の下で作られた「単位制」社会は，社区とは言えず，生活のユニティーといってもよいだろう．「単位制」社会では，単位の人々及び家族が，閉鎖的な，均一的な生活空間の中で共同生産労働，共同消費生活や余暇活動等を営むことが特徴である．しかし，市場経済改革によって，計画経済とセットさ

れた「単位制」社会のあり方が維持できなくなり，近代化意味での社区は，再建の機運を開いた。

特に2006年に実施された「11次5カ年社区服務体系発展計画」及び2011年から実施された「12次5カ年社区服務体系発展計画」により，政府から末端地域社会への権限委譲が一定程度進んだとみられる。

現在，社会主義的な地域づくりを経験してきた中国は，社区という新しい組織の形態と方向性を考えながら，既存のアクターとの共生・融合の道を探求している。

こうした地域社会及び福祉供給形態の変貌は，地域住民の空間的な移動や生活水準の推移として把握されるが，これは社会全体の構造変化や国家，社会，個人の関係の変化と無縁ではない。ある意味からすれば，その社会全体の変動の縮図でもある。

遡ってみれば，中国は1950年代初頭の社会主義国家の樹立とともに，地域社会の改造と再構築に着手しはじめた。東西冷戦という国際的背景を受け，地域社会においては従来の連帯責任・相互扶助組織の保甲制度を廃止し，地域治安を維持するための住民組織である居民委員会を創設した。これは階級闘争という社会主義イデオロギーに基づいての再編であった。また1960年代からは新たな地域社会の再編が行われた。ここで打ち出された「単位制」社会という地域社会のモデルは，戦時中に共産党革命根拠地で試みた地域社会づくりの経験を参考に再構築したものと思われる。「単位制」社会が，産業構造および職業構造の変化にともなって人々の生活空間を再編したと同時に国家・政党の人々に対するコントロールは一層強化された。また，「単位制」社会の特徴として，政治・政党意識の浸透と同時に，手厚い福利厚生の提供を通して末端社会に対する支配を達成するという点が挙げられる。つまり，頂点から末端まできわめて系統的に「単位制」社会システム化されることで，12億の国民はそれぞれの単位組織に組み込まれ，これまでにない高度な社会統合が実現されたのである。ところが1980年代後半から，経済の市場化が進むに従って単位社会に拘束されていた人々が単位から離れ，地域社会へ回帰するという動きが始まった。1990

第9章　地域社会の変容と社区福祉

年代以後になると，住民の生活空間としての地域社会づくりは生活と福祉を軸にしながら新たな再編をスタートさせた。

2　地域社会変容の3つのステージ

(1) 社会主義計画経済期における居民委員会の成立と住民の「生産自救」

1)　「居民委員会」の成立

1950年代初頭の社会主義国家の樹立とともに，地域社会の構築が始められた。1949年の新中国の成立後，政府は末端社会改造の一環として，これまで続いてきた保甲制度を廃止し，新しい行政地域として「街道」「居民委員会」を作った。1954年，全国人民代表大会の審議を経て「城市街道弁事処組織条例」及び「城市居民委員会組織条例」が公布されると，都市部の末端組織は，これら2つの法令によって統一されることとなった。

当時の認識によれば，「街道」は，行政の派出機関として，一般住民に向けての日常業務を担うものであり，また一方で，行政と住民の間の架け橋としての役割を果たす。「居民委員会」は「街道」の下におかれ，大衆の自主組織として，末端社会の日常運営に関わる。居民委員会の地域的な範囲は，100～600世帯を目安にするということであった。「城市居民委員会組織条例」で定められた居民委員会の主な役割は，住民の福利厚生，住民の意見や苦情の収集，治安管理，住民間のトラブルの調停等となっている。組織の内部には，社会福祉，治安管理，文化教育，衛生，調停，婦人委員会等が設けられている。1950年代にかけて，都市部においては居民委員会が，農村部においては村民委員会が全国に普及した。

2)　住民の生産自救活動

生産自救とは，正統なプロレタリア階級でないために民政救済を受ける資格がないとみなされた浮浪者・元資産家及び主婦らを，自治組織居民委員会の下で飲食店，売店及び家事援助の仕事に従事させ，住民に対する生活サービスの供給を担ってもらうことである。これは一種の住民自治の互助・自救活動とし

205

第Ⅲ部　中国社会福祉の実像

て考えられる。

　居民委員会の成立によって，住民生活の共同性と地域性を前提とした相互の支え合いが生まれ，それを通じて新たな社会関係が形成されていくだろうと期待されていた。当初，街道及び居民委員会の一つの役割は，地域住民を組織し，住民の手によって地域住民の生活ニーズを満たすことであった。当時，街道及び居民委員会は，地域内の無職者，主婦及び弾圧された資産家などを動員し，地域住民に向けての保育所，食堂，売店等を立ち上げて，生活・福祉サービスを供給する役割を担っていた。つまり，住民自らの生産によって自らの生活需要を満たしていたのである。こうした活動は「生産自救」といわれた。1954年まで，全国の末端地域社会において，総計1,802の「生産自救」組織が結成された。特に資産を押収された資産家たちや働けるのに働かない者たちに対して，こうした「生産自救」活動の参加は，自活能力を鍛えるという考えがあった。

　しかし，1950年代に生じた一連の政治運動によって，住民自らの生産によって自らの生活需要を満たすという期待は打ち砕かれてしまった。新中国の建国後，国民統合が最大の課題となり，その達成のために，社会主義新政権は1951年に「反革命の鎮圧運動」，1957年に「反右派闘争」を起こし，社会主義制度，共産党の指導及び政策に批判的な立場を取った者を徹底的に弾圧した。こうした政治運動及び政治理念が地域住民にまで浸透していく過程において，居民委員会はその手先として積極的に関わっていった。その結果，居民委員会は住民からの信頼を失い，住民の連携組織として，住民の自治，自主管理といった役割を果たしていく可能性を失った。

　その後，政治イデオロギーの浸透は一層厳しくなり，政府は「治安管理処罰条例」を制定し，また，都市住民の居住，農民の都市部への移住，移動を制限する戸籍制度を制定した。この政策の実施にあたっては，居民委員会が主な担い手となった。居民委員会の役割は，住民の生活を支援するというよりも住民を監視し，政治政策を宣伝し浸透させることを優先しなければならなかった。住民が生活支援及び福利厚生を利用できるかどうかの判断基準は，共産党に対する忠誠心が前提条件とされていた。この時期，住民の自治的な相互扶助活動

が制限された一方で、国家統治の一環として行政救済の民政救済の範囲が拡大された。

3） 民政救済の拡充

行政主導の民政救済の対象者は、①身寄りのない老人、孤児、障害者など、②軍人・軍人家族関係者であることが明確にされている。民政救済対象が建国初期より拡充された。援助資格の認定基準は単なる労働能力の有無のみならず、共産党や国家に対する忠誠心及び貢献度が重要な条件となる。

社会主義計画経済期、従来の地縁、血縁、業縁によって成り立ってきた人間関係は階級闘争イデオロギーの浸透によって解体されつつあったが、伝統地域共同体の中の相互扶助の機能は、弱いながらも生き長らえていた。しかし、1966年の文化大革命の勃発によって、居民委員会の政治的な色彩は一層際立ったものになった。居民委員会は革命委員会と改称され、住民の監視、告発に手を貸すようになっていった。その結果、住民の信頼を完全に失い、居民委員会が一時的に解散させられたこともあった。実際、1960年代後半から、居民委員会は既に機能不全に陥った状態となっていた。このようなイデオロギー化された地域政策は、結局、当初設けられた住民らの生活空間づくりという目標の達成までには至らなかった。挫折の原因としては、やはり地域における政治支配、住民監視にあったと考えられる。

（2） 住民の自助・自救機能の衰退と「単位制」社会の形成

1） 「単位制」社会の形成及びその崩壊

1957年頃、毛沢東は、国民経済の社会主義改造運動は基本的に終結すると宣言した。新たに設定された国家建設の目標は、社会改造から社会建設へ転換することである。この新たな目標の設定によって地域社会は壮絶な試練に巻き込まれることとなる。1958年以後、社会建設という新たな目標に合わせ、都市部においては「単位制」社会、農村部においては「人民公社」という構想のもと、壮大な社会組織改造が始まった。

ここにいう「単位」とは、農村を除くあらゆる企業、機関、学校、軍、各種

団体において都市部の人々が所属する組織のことである。「単位」を基礎とした社会の仕組みとは、就職した職場との雇用関係だけに限られるものではなく、家族を含んだ厚生福利の保障をもその中に組み込むものである。すなわち「単位制」社会は生産組織としての役割以外にも、「住宅、食堂、保育所、医務室、クラブから売店、学校に至るまで、さらには住宅、交通、電気ガス水道等々、必要な物はすべてそろい、一つの企業が一つの『小社会』を形成していた」(4)といわれるように、消費生活に対する供給の役割をも持ち合わせていたのである。1966年の文化大革命の勃発の後、「単位制」社会の形成は、一層に拍車をかけた。

こうした「単位制」社会は、「街道」「居民委員会」等とは異なり、政治的な機能を持つのみならず、経済的、社会的な領域までをも含む総合的な役割を果たしていたのである。具体的に政治的機能とは、共産党が各単位の党支部を通して各単位所属者を管理し、政治運動に際しては対象動員の場となることを指す。また、各所属者の身元を証明する権限も持っている。経済的機能とは、経済組織として、様々な生産活動を行うことである。

単位は所属者に給与を支給し、勤務及び家庭事情に応じて、住宅及び各種の厚生福利を決定し分配すると同時に、所属者を共産党及び単位に従属させる強力な制度となっていた。社会的機能としては、単位は所属者に給与を支給するのみならず、医療、年金、住宅、社会福祉サービスなどを報酬の一部として供与するし、また所属者の家族の福利厚生や冠婚葬祭の面倒もみなければならなかった。人々は単位社会に依存しており、単位は生産労働の場として、居住の場や消費の場としてきわめて重要かつ日常的であった。

1980年代後半までの中国において、地域社会は、住民の生活空間づくりとしての役割を課せられたのではなく、国家の政治統治を浸透させる為の末端組織としての役割を課されたのである。「新中国は中国歴代政権の中で、社会の末端まで政治権力をもっとも浸透させた点で、大きな特徴をもっている」(5)との指摘は、まさにその通りである。当時の地域社会の構造および組織はいうまでもなく閉鎖的であった。

第9章　地域社会の変容と社区福祉

　1960年代半ばから1980年代後半にかけては，多くの人々が，単位社会に拘束され，人生のすべてを単位のために奉仕するという「単位人」にならなければならなかった。表9-1から，単位社会が都市部の人々の生活にいかに影響を及ぼしていたかがわかる。いわゆる経済改革が始まった1978年，単位に所属する都市部の就業者は99.84％という高い比率を占めていた。つまり，ほとんどの人が単位社会に依存し，定年になっても単位から離れられないといった状況だったのである。

　わずかな体制外の人及びその家族は，「街道」や居民委員会に管轄された地域社会に配属された。体制外の人の多くは，刑務所から釈放された人や労働力を失った人々であった。言い換えれば，1950年代初頭に作られた自助・自救的な地域づくりは，実質上形骸化していたのである。住民の自救生産活動や相互扶助はほとんど機能しなくなった。

　1980年代中期から農村の市場経済改革は一定の成果を挙げつつあった。単位制と類似する人民公社の解体が宣告され，農民は人民公社の拘束力による強い依存関係から自由な身を取り戻しつつあった。これを背景に，大量の農村人口が都市に流入したため，社会の流動的人口が増加し，教育や住民管理の領域で手薄となる部分が出てきた。そこで，こうした都市における住民管理の相対的な遅れを取り戻すため，社区式の新しい管理モデルを作り上げる必要があるという認識が明らかにされた。

　一方，都市部においては1990年まで，単位に所属する者の比率は依然として94.14％という高い比率を維持している。1992年には，経済の活性化をはかるため，国有企業改革を皮切りとした単位体制改革が本格的に展開された。この改革により国有企業の資産売却と人員のリストラが進められ，その所有，経営していた学校や病院等は企業から切り離された。1995年には，単位所属者は，75.46％まで急速に減少した。1990年代の後期，各単位は，社会的「お荷物」を下ろすという最後の決断の下に，3,000～4,000万人の失業者を生み出し，また，4,000万人以上の離退職者の年金管理も社会に放り投げた。この一連の企業経済改革により，2000年の時点で，単位の所属者は半数以下の45.13％まで

表9-1 単位体制内と単位体制外の就業者数と比率の変化（1978-2000年）

年度	就業者数（万人）	単位体制内		単位体制外	
		人数（万人）	割合（％）	人数（万人）	割合（％）
1978	9,514	9,499	99.84	15	0.16
1980	10,525	10,444	99.23	81	0.77
1985	12,808	12,314	96.14	494	3.86
1990	14,730	13,895	94.33	835	5.67
1995	19,093	14,408	75.46	4,685	24.54
1996	19,815	14,260	71.97	5,555	28.03
1997	20,207	13,927	68.92	6,280	31.08
1998	20,678	11,021	53.30	9,657	46.70
1999	21,014	10,284	48.94	10,730	51.06
2000	21,274	9,601	45.13	11,673	54.87

出所：国家統計局2002年編制『中国統計提要』2001をもとに作成。

になった。すなわち，多くの人々は職場でもあり，また多くの場合生活の場でもあった「単位」との紐帯を失ったのである。その一方で，「単位」の拘束から解放された多くの「単位人」は，次第に市場経済体制下の「社会人」として生まれ変わりつつあった。そこで，単位から切り離された「社会人」に新たな居場所を提供するためにも，新しい社会管理モデルとしての地域社会の構築が重要課題となった。

1990年代に入ると，人的依存関係を特徴としていた「単位制」社会は，自由競争を理念とした市場経済改革の下で，その機能を弱体化させていった。そして，「単位制」社会という壮絶な試みは，幕を閉じなければならなかった。

以上のような地域社会の再編の中で，従来の相互扶助機とする住民の自救・自助の機能が発揮できなくなって，機能不在となった。「単位制」社会は，事実上に人々の生活に関わる厚生福利供給の担い手となり，これまで政府が行ってきた民政救済も事実上に縮小された。これがよく「単位福祉」時代といわれている。

（3）市場経済改革期における社区への復権——社区政策概念の登場

　1980年代中期以来，経済成長が最優先課題となった結果，貧富格差の拡大や人間関係の荒廃等を招いた。高度成長を追求する経済開発優先政策に対する反省から，均衡のとれた社会開発の重要性が主張され，地域社会問題が注目されるようになった。

　1980年半ば頃から，社区は政策用語として使われ，さらに1989年12月に公布された「城市居民委員会組織法」（1990年1月1日施行）の第4条では，「居民委員会は住民の利便をはかる地域「社区服務」（Community Services）を展開すべきであり，それに関連するサービス事業を興すことができるものとする」と明記された。すなわち「社区」及び「社区服務」（Community Services）が法律により規定されることとなった。

　この法律では，居民委員会は，住民が自己管理，自己教育，自己サービス，ならびに自己監督を行う自治組織であると規定されている。また，居民委員会が末端自治組織としての社会福祉サービスの供給主体であること，居民委員会が連絡調整の役割を担い，地域社会の生活空間を作ること等が法的に明示された。今回の法律では，「居民委員会は民主的な選挙を経て任命された主任，副主任，委員の計5～9名で構成され，地域社区の日常業務を担当する[7]」と規定されているが，ここには1950年代と異なり，民主的な選挙を行うことや正式なポスト枠を作るといった特徴が見られる。長い間荒廃していた末端組織の居民委員会に新しい役割を与え，再び登壇させたのである。

　再編後の居民委員会が管轄するエリアは「社区」とされ，管轄するエリアの世帯数は100～700と規定されたが，実は1,000世帯を超えるような「社区」が少なくない。再編を経た社区の役割は，家族計画，住民登録等の人口管理をはじめ，経済振興，公衆衛生，公共福祉サービスを担うとともに，高齢者・障害者の生活支援，子育て支援，結婚紹介，家事サービス，再就業支援，医療サービス等の供給に対する役割も求められた。

　政府が主導した社区政策の登場の動因としては，次のようなものが挙げられる。

表9-2 都市部における居民委員会の発展推移

年	組織数	年	組織数
1990	99,814	2002	86,087
1991	100,347	2003	77,431
1992	104,000	2004	77,884
1993	107,000	2005	79,947
1994	110,000	2006	80,717
1995	112,000	2007	81,372
1996	114,000	2008	83,413
1997	117,000	2009	84,488
1998	119,000	2010	86,932
1999	115,000	2011	89,129
2000	108,424	2012	90,772
2001	91,893	2013	94,620

出所：民政部各年「中国民政事業発展統計公報」より作成。

① 市場経済と競争原理の導入によって終身雇用の理念が崩れ、大量の失業者が生み出されたため、生活の全てを依存してきた「単位」から離れた人々を受け入れる居場所として社区を作りあげる必要があったこと。

② 同時に、これまで企業が国家に代わり従業員及び家族に提供してきた年金医療及び社会福祉サービスを維持していくことが不可能となり、福利厚生サービスの供給は企業から切り離されなければならなくなったこと。そこで、切り離された厚生福利サービスを誰が担うかという問題の打開策の一つとして、1950年代以後に機能不全となっていた地域社会の復活を推し進めることになり、「単位制」生活保障モデルによって担われていた社会福祉サービスの供給を地域社会に移行させようとした。

③ もう一つの動因は、1980年代中期以来、経済成長が最優先課題となった結果、貧富格差の拡大や人間関係の荒廃などを招いたため、経済発展優先政策を是正する意味で社区が注目されるようになったこと。

2007年以後、行政の末端地域社会への権限委譲に従って社区福祉財政の捻出が可能になった。また社会福祉専門家の普及の一環として社区ソーシャルワーカーの導入が始まった。これによって地域社会は政治統制の機能から住民の生活サポート機能へと転換しつつあった。こうした末端地域社会の変動や社会福祉サービス供給の変化は、実際に住民、社会、国家の相互関係と権力構造の変

化を物語っている。現在では，社区という言葉は，老若男女問わず親しまれ，おじいちゃん，おばあちゃんたちの世間話の中にも「われわれの社区……」としばしば登場するほどになった。社区が一つの地域社会の空間として，また一つの社会連帯理念として，中国の都市の経済生活，社会生活，政治生活に広範で深い影響力を及ぼしていることは間違いない。

3 「社区服務」の展開

(1) 「社区服務」概念の導入

1980年代の後半から社区の再構築の動きに応じて社区服務（コミュニティサービス）への模索がスタートした。

1987年に民政部で開催された「全国社区服務工作座談会」の場において，中央民政部は「社区服務」（Community Services）の概念を初めて提起し，また，地域住民が地域内の公益サービスについて自らの積極的な参加により，地域住民のサービスを提供することを提唱した。これまで特に都市部の住民の消費生活を満たすための生活サービスは，「単位制」社会が担ってきたため，住民の消費生活を支える第3次産業の発展はかなり遅れていた。世界銀行の「1990年世界発展報告[8]」のデータによると，1988年，中国のGNPに占めるサービス業の割合は21％であり，高所得国の55％，中所得国の50％，低所得国の32％よりもはるかに低いことがわかった。関連データを提供した106の国家や地域のうち，中国は，モザンビーク（18％）とウガンダ（20％）は僅かにリードしているが，ラオスと並んで後ろから第3番目に位置している。一方，国家統計局のデータに基づいて計算すると，中国の商業的サービス網は1952年には1万人当たり96カ所であったが，1978年にはわずか13カ所を残すのみとなり，その後10年間の努力の末，1988年には116カ所にまで回復したが，それでもやっと1950年代初期のレベルを超えたに過ぎなかった。

以上のような新しい社会問題と社会的ニーズは，住民の日常生活のニーズに対応する供給型社区への発展の契機となった。

「社区服務」という言葉の内包する意味は，従来の地域，単位社会とは異なり，住民生活のニーズと関連する施設を整備し，住民の自主参加によって地域が抱えている生活問題を自ら解決してもらうことであると，政府側は解釈している。社区服務の領域は，従来と異なり福祉住宅，家事，医療保健，地域治安，高齢者福祉，障害者福祉，環境衛生，法律相談，交通安全の9分野に規定されている。基本的には，所得保障の代替的機能を果たすものではなく，地域における居宅生活の安定を基盤として，社会福祉サービスを利用しやすくするというシステムである。

(2)「社区服務」政策の取り組み

1987年3月，政府は民政部に社区服務処の部署を新設し，社区政策の策定及び行政指導の責任をもたせた。9月，民政部は「第1回全国都市社区服務会議」を開き，モデル事業を都市部から開始させようと動きかけた。この会議で示された方針は，①社区服務事業を都市部に限定し，大都市から中小都市へ徐々に展開する，②都市の自治組織居民委員会が政策推進の担い手となる，③サービスの内容は高齢者・障害者・低所得者に社会福祉サービスを供給すること，一般住民に生活サービスを供給することである，④地域福祉の運営財政は国・自治体補助金，募金，地域福祉経営収入によってまかなう，の4つであった。その後，上海，北京，武漢等を中心とした大都市で実験事業の実施が始まった。1989年3月，天津市新興区に住民主体のボランティア協会が誕生し，社会福祉サービス提供におけるボランティアの役割が認められた。

1993年8月，民政部をはじめ衛生部，労働部，人事部等の中央政府14官庁は連名で改めて「社区服務の促進に関する意見書」を公表し，この公文書の中で，「社区」を基盤に社会福祉サービスの供給メカニズムのシステムを立ち上げる方向を明らかにした。具体的には次のようなものである。①社区服務の民営化・産業化を目指し，民間人の参与，市場メカニズムによる調整といった政策を導入する。②障害者，高齢者，児童などを対象とした社会福祉サービス供給団体に免税及び助成金制度を与える。地域住民向けの生活サービスは基本的に

第9章 地域社会の変容と社区福祉

市場経済の調整で行う。③社区服務発展基金を設置する。財源は地方自治体財政，福祉宝くじ収入（国の投資として），社区福祉産業の収益によってまかなう。意見書では自治体の直営サービスの縮小，民間サービスへの方針転換が明らかにされた。

1995年，民政部は「模範社区服務基準」（コミュニティサービスの基準）を発表し，職員の専門化教育，地域福祉の運営体制，収益分配のあり方を示し，評価・認定制度を規定した。1998年，各地域で28カ所の模範福祉地域を選び，全国で推進事業を一層強化した。

その一連の政策の下で，生活基盤づくりを目指した社区の再生が順調に進められた。1992年，中国では3.24億の城鎮人口が10.4万カ所の城鎮行政社区（居民委員会を地域範囲とする）に分布しており，各社区の平均人口は約3,115人となる。その後，城鎮人口と城鎮社区の数はいずれも増加を続け，1998年には3.79億の城鎮人口が11.9万カ所の都市行政社区（居民委員会）に分布し。各社区の平均は約3,184人となった。1戸あたり平均3人として概算すると，各社区は平均約1,000戸余りで構成されることになる。[10]

（3）「社区」サービスセンターの整備

「単位制」社会の時代，一定規模の職場は職員及び家族が利用する保育園，病院，図書館，体育館，浴場，老人娯楽室，保養所等の社会福祉施設を持っているという経緯があった。1980年代以後，「単位制」社会の崩壊に伴って，職場の社会福祉施設が機能できなくなったことにより，一部の施設は「社区」に譲り渡され，「社区」の公共施設の土台づくりに役立った。

1993年に中央政府14官庁が連名で通達した「社区服務の促進に関する意見書」では，「社区」サービスセンターの設置運営を制度化する方針が明確にされている。これに従って，1つの「社区」に1カ所の総合サービスセンターを確保するため，中央，地方財政はサービスセンターの設置経費を予算化し，「社区」サービスセンターの設置を推し進めた。

「社区」サービスセンターの役割は，「社区」における住民生活支援の拠点と

第Ⅲ部　中国社会福祉の実像

表9-3　社区サービス施設の推移

施設＼年	2001	2002	2003	2004	2005	2006	2007	2008	2009	2010	2011	2012
社区サービス施設（万カ所）	19.6	19.9	19.6	19.8	20.3	12.5	12.9	14.6	14.6	15.3	16.0	20.0
社区サービスセンター（カ所）	6,179	7,898	7,520	7,804	8,479	8,565	9,319	9,873	10,003	12,720	14,391	16,306
社区サービスステーション（カ所）	—	—	—	—	—	—	50,116	30,021	53,170	44,237	56,156	87,931
非営利ショップ・売店（中国）	54	62.3	66.8	70.4	66.5	45.8	89.3	74.9	69.3	53.9	45.3	39.7

出所：民政部各年「中国民政事業発展統計公報」より作成。

して地域住民の福祉ニーズに応じて，高齢者，障害者，児童等を対象とした社会福祉サービスの供給，ボランティアの養成，福祉文化及び福祉意識の増進等を総合的に行うことである。また，センターの日常運営を維持するため，「社区」福祉発展基金を設置することを決め，財源は地方自治体財政，福祉宝くじ収入（国の投資として），「社区」福祉産業の収益によってまかなう等の具体策を打ち出した。設置運営の主体は地方自治体またはNPO団体であることも決められた。

　生活サービス供給型の地域づくりは，とりわけ，住民の地域活動の拠点やサービス拠点の整備に対する支援を中心とする施策である。その結果，都市部に「社区」サービスセンターが一気に普及することになった。

　1993-2012年までの「社区」サービスセンター発展の推移は表9-3の通りである。社区サービスセンターは基本として地方自治体が直接運営するが，住民生活をより便利するために設けられた社区サービス施設やショップ，売店などは，福祉NPOが運営するケースが多かった。表9-4に示されたデータは2001年以後，社区建設の推進に伴い整備された社区施設である。社区ステーションは，2007年以後に導入された新しいタイプの施設で，高齢者・障害者の生活支援を主な目的としてケアマネジメントの役割を担っている。また，社区ソーシャルワーカーを配属することが義務づけている。しかし，現時点に社区ステーションが大都市に展開されていたが，中，小城市はこれから少しずつ導入する予定とみられる。

4　社区建設

(1)「社区建設」への戦略

　「社区」の再生や組織化などは，いずれも行政主導で進められてきたが，近年，経済成長に伴い，住民の生活構造と意識に変化が現れてきた。これまでの行政主導の地域組織を乗り越え，地方自治，住民主体の地域づくりを求める声が強くなっている。また，中央政府主導型の経済改革を中心とした経済的合理性を追求する「効率の原則」が優先されたことに対し，地域住民は主体的に社会的合理性の追求，すなわち「公正」「公平」原則の追求を求めている。

　また，高齢者問題がクローズ・アップされたことが，もう一つの要因とされている。1990年代以後，高齢者人口の増加が高齢者の生活，経済，健康，介護，孤立，孤独などの多様なニーズを生み出したため，高齢者の生活基盤となっていた「社区」はこれらのニーズに対応せざるを得なくなった。地域社会づくりは，単に生活サービスの対応だけでは不十分であり，地域住民の参加を通して，地域問題の発見，地域資源の調達，地域的連帯感を育てていくことも重要であるという認識が徐々に広がっていった。

　この地域社会から汲みあげた希望に対し，2000年11月には党中央弁公庁と国務院弁公庁が「都市部社区建設を全国的に推進することに関する民政部の意見」【(2000) 23号】を出し，地域社会の施策は，「社区服務」の推進と並行に「社区建設」（コミュニティオーガニゼーション：Community Organization）のもう一本の柱を打ち立てた。言い換えれば，この施策の目的は，生活サービス供給型を地域の総合開発につなげることを狙っている。

　この意見書に示された新しい指針によると，今後，5年から10年間における社区建設の中核的目標は，新しい組織及び人間関係の構築，住民参加と住民自治の実現，経済と社会の発展の調和，国民生活福祉の向上，地域の公共モラルの育成等となっている。

　これに合わせて2000年2月国務院弁公庁は「社会福祉社会化の推進に関する

第Ⅲ部　中国社会福祉の実像

意見書」を公表し，住民，企業，NPO の民間組織及び住民のコミュニティ・サービスへの参与を呼びかけた。この意見書は，企業の社会運営機能を社団・社区・ボランティア等によるサービスとして「社会化」するべきであるとするもので，「人口6万人以下の街道弁事処は老人のための総合福祉サービス施設と30名収容可能な養老院を，人口6万人以上の街道弁事処はさらなる老人総合福祉サービスの施設を増設すべきである」等，街道弁事処による養老介護サービスの提供等について具体的なプランを示すものであった。2001年，民政部は再び「全国都市社区建設モデル運動の指導要綱」とその基準を出した。この基準に基づいて北京市が立てた「社区建設」の具体案は，以下のように記載されている。第1に，居民委員会の地域的範囲をベースに，地域の文化，資源，住民ネットワークなどの要素に配慮した上で，コミュニティの範囲を再定義する。およそ1,000～3000世帯を一つの社区の範囲にする。これまでは，社区は行政地域を基準として活動を進めてきたが，今後は，住民の連帯性を重視し，住民のアイデンティティによって結成された地域範囲を社区として認める方針とする。第2に，コミュニティケアのシステムを作り上げる。高齢者施設のベッド数は高齢者人口の1.5％にあたる数を確保するほか，コミュニティサービスセンターを中核に，在宅介護，リハビリサービス等を充実させ，高齢者，障害者，子ども等の多様なニーズに対応する。第3に，労働就業，環境美化，治安，衛生保健等を総合的に取り上げ，地域資源の統合，組織の連携を重視する。その目標は，①住民生活の向上を図る。②行政機能と社区機能を区別することによって，小さい政府，大きい社会の実現を目指す。③住民の自発，自主参加できる環境を整備することである。

(2)「社区建設」の取り組み

　学界においても「社区建設」について大きな論争が起こり，様々な意見が出された。学者たちが絵描いた「社区建設」の理想像は，「人間本位」（人間性の回復）の地域社会づくりの提唱であった。図9-1にあるように，社区の最終的な目的は，「人間本位」の生活を追求することである。図9-1によると，社

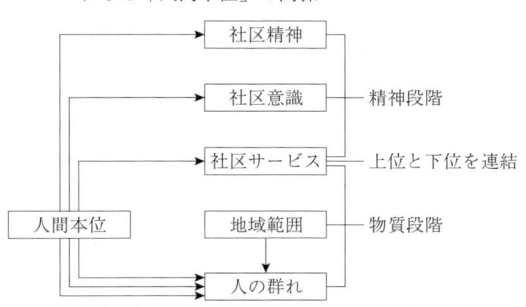

第9章 地域社会の変容と社区福祉

図9-1 社区の本来の意義に含まれる5大要素及びそれらと「人間本位」の関係[11]

```
                   ┌─────────┐
          ┌───────→│ 社区精神 │
          │        └─────────┘
          │        ┌─────────┐
          │  ┌────→│ 社区意識 │──精神段階
          │  │     └─────────┘
          │  │     ┌───────────┐
          │  │ ┌──→│ 社区サービス│──上位と下位を連結
          │  │ │   └───────────┘
  ┌─────────┐ │   ┌─────────┐
  │ 人間本位 │─┤   │ 地域範囲 │──物質段階
  └─────────┘ │   └─────────┘
          │  │     ┌─────────┐
          └──┴────→│ 人の群れ │
                   └─────────┘
```

出所：唐鈞「中国の社区与社区建設」2004年をもとに作成。

区は，5つの要素から構成される。いわゆる，「人の群れ」と「地域空間」という二大基本要素に加え，第3段階には「サービス」，第4段階には「アイデンティティ」或いは「社区意識」と呼ばれるもの，最上段階には，住民の参加によって結成される連携体制と互助文化という「社区精神」がくる。理論的には，この五大要素全てを備えて初めて本当の意味での理想的な社区であるといえる。この理想像が「人間本位」，いわゆる人間性を重視する地域社会である。

そして，これまで取り組まれてきたコミュニティサービスの施策は，物質と精神の間にある中間レベルとして，上位と下位をつなぐパイプの役割を果たさなければならない。

実際，「社区建設」の取り組みの中には，1960年代から1970年代にアメリカをはじめとして採用されたコミュニティオーガニゼーションの影響が見られる。一般的にいえば，「社区建設」の実践的アプローチとして，以下の要件が不可欠であると思われる。まず，地域社会の住民のニーズ（要求）に応えるために，地域の組織化を進めること。社会資源の調達において住民を活動の主体とすること。行政によるサービス確保の責任およびその供給の義務がなくなったため，効率的なサービス提供のため営利・非営利組織の関与が必要となること。そして，ケアマネジメント，専門化を重視するあり方が追求されていることである。

このような傾向が現れた理由の一つは，21世紀初頭より，中国がグローバリ

ゼーションの衝撃を受ける中で，先進諸国の社会政策の理念が中国に広がりつつあることである。また，政府が，経済改革によって経済の成長率は達成したが，社会の管理運営や社会政策の実践についてはかなり遅れていると認識していることも挙げられる。近年，行政官たちは，社会運営，管理に関して，先進諸国のノウハウ，理念，手法等に強い関心を持ち，積極的に吸収する姿勢を見せている。また，社会政策の先端に立っている策定者及び学者の多くは，海外留学経験があるか，あるいは，新しい知識構造の教育を受けた者である。従って，彼らの知識とキャリアが政策に反映されたと考えることができる。彼らのなかには，「社区建設」を英文のCommunity Organizationで表記する者も見受けられるのである。

5　社区福祉概念の提起

　1990年代半ばから，筆者を中心とした研究グループは，中国の学界において「社区福祉」（Community Welfare）の概念を提起し，社区福祉のニーズ調査に取り組むようになった。1990年代から地域社会の課題は多様化し，地域住民の高齢化によって介護の問題が浮かび上がるようになってきた。一方，この時期，市場経済万能論の影響が末端地域社会にまで浸透したため，地域社会サービスや地域医療の市場化といった風潮が一時的に横行した。筆者らは，社区建設のアプローチとして，社会資源の調達において住民を活動の主体に加えること，ケアマネジメント，専門性を重視することが不可欠であると積極的に政策提言を行ってきた。現在，社区福祉はすでに政策用語として専門家，実務家の間で使われるようになっている。

　1999-2004年の間に，筆者が研究代表者を務めた研究グループは，中国社会科学基金国家重点研究課題の「社会体制転換時期における社会福祉メカニズムの転換に関する研究」を受けて，「社区における社会福祉ニーズと供給」について実態調査を行った。

　2003年，研究グループは，都市部の武漢市を調査地点として，90の社区を選

第 ⑨ 章 地域社会の変容と社区福祉

表 9-4　住民の医療保健面への需要
　　　　　（住民需要）

要求サービス	回答(%)	標本(%)
家庭看護(有料)	8.3	15.3
定期的な検診	37.1	68.5
保健あん摩	12.6	23.2
知的障害児教育	2.4	4.5
障害者の能力開発	3.1	5.8
医師の往診(有料)	22.9	42.3
計画出産指導	7.8	14.5
その他	5.8	10.7
合　　計	100.0	184.8

表 9-5　住民の医療保健面への需要
　　　　　（社区供給）

要求サービス	回答(%)	標本(%)
家庭看護(有料)	11.3	31.8
定期的な検診	17.1	48.2
保健あん摩	9.2	25.9
知的障害児教育	1.3	3.5
障害者の能力開発	1.7	4.7
医師の往診(有料)	22.9	64.7
計画出産指導	33.8	95.3
その他	2.9	8.2
合　　計	100.0	282.3

出所：沈潔・江立華編「城市社区福利調査報告書」（非売品），2004年より作成。

出し，住民票1,080人の住民を対象に，社区票90人の社区主任を対象に行った。

　調査では，社会福祉を広い概念として捉え，一般住民へのサービス，特定サービスとしての老人福祉，青少年こども福祉，障害者福祉，失業者福祉とそれらの内容について，また住民が受ける保健・医療・福祉，文化・娯楽・相談サービス・安全に関するサービスについて調査を行った。

　以下では，調査データの一部である「社区の医療・保健・福祉におけるニーズとサービス供給の状況」を利用し，社区建設の限界及び社区福祉の拡充に関して明らかになったことをまとめておく。[13]

① 社区建設時期においては，政治や末端組織整備という目標を重視することで，提供するサービスの現状と住民のニーズと期待には距離がある。それゆえ住民の評価が低くなりがちである。

　例えば，表9-4から68.5%の住民が「定期健康診断」を，42.3%の住民が「往診」を，23.2%の住民が「健康あん摩」を，15.3%の住民が「家庭看護」を，14.5%の住民が「計画出産サービス」を，5.8%の住民が「障害者の訓練」を，4.5%の住民が「知的障害児教育」を，10.7%の住民が「その他」の保健・医療・福祉サービスを要求していることが

表9-6 社区の医療保健の拠点センターについて（住民票調査）

回答	回答率（％）
しらない	16.3
ない	34.7
ある	47.8
未回答	1.2
合計	100.0

出所：表9-4と同じ。

わかった。

一方，社区供給側においては，95.3％の住民が「計画出産サービス」，64.7％の住民が「往診」，48.2％の住民が「定期健康診断」，31.8％の住民が家庭看護等を求める順位となっている（表9-5参照）。これらから，最もニーズの低い「計画出産サービス」に対して，過剰な供給を行ったことが分かる。また，地域医療・看護の市場化の影響で，供給側が有料となった家庭看護や医師往診を推し進めたが，これに対する住民の反応が薄いことも明らかになった。

② 社区のそれぞれのサービスでは，多くの人的，財政的，物的投資がなされ，それには一定の成果があった。つまり，以前の社区サービスと比べて各サービスのレベルは向上したといえる。それゆえ，社区運営に携わる社区主任らの自己評価は高く，実際を誇張したものとなったのであろう。さらに計画経済の下，「単位制」社会におかれた都市住民の医療問題は，基本的に公費医療あるいは医療保険で解決されてきた。社区建設時期では，この点に関しては空白状態となっている。また，社区の新しい体制では，医療・保健をはじめとして，職員の経験不足や財源不足，人員配置の手薄さといった問題がある。つまり，未だ基本的な体系ができていないといえる。

例えば，表9-6の社区における医療・保健の拠点の有無について，47.8％が「ある」，34.7％が「ない」，16.3％が「知らない」とそれぞれ回答している。つまり，基本的な地域医療体制ができてないこと，そして社区医療・保健に対する認知度が低いことが浮き彫りになった。

また，地域医療保健サービスに対して，利用側の住民と供給側の社区行政の評価がずれていることがわかる。表9-7を見ると，18.3％の住民が「非常に満足」，「比較的満足」と回答したが，「不満足」「不満」は

第9章　地域社会の変容と社区福祉

表9-7　社区の住民の医療保健サービスに対する評価(住民調査)

評　価	百分率(%)	累積百分率(%)
非常に満足	2.7	2.7
比較的満足	15.6	18.3
ふつう	39.8	58.1
不　満	28.5	86.6
とても不満	8.5	95.0
未回答	5.0	100.0
合　計	100.0	

出所：表9-4と同じ。

表9-8　社区が提供している医療保健サービスに対する自己評価(社区調査)

評　価	百分率(%)	累積百分率(%)
非常に良い	12.6	12.6
比較的良い	49.4	62.0
ふつう	31.0	93.0
悪　い	3.4	96.4
とても悪い	0.0	96.4
未回答	3.4	100.0
合　計	100.0	

出所：表9-4と同じ。

合わせて37%までに上った。ただし，表9-8を見ると，社区主任らの自己評価は相対的に高いといえる。「非常に良い」「比較的良い」が62.0%に達しているのに対し，「比較的差が有る」「差が有る」はわずか3.4%にとどまっている。

　以上のように，調査データから，社会動員や末端社会の組織化という政治的な指標を重視した「社区建設」政策の限界が明らかになった。今後は，住民の主体的生活権に基づく公益生活圏の構築としての社区福祉の展開が重要であることを明示した。具体的には，社区福祉を構築していくに当たって，住民の主体化，社会福祉の総合化，専門化，組織化，生活化がその要件になってくるといえる。

　また，中国の社区福祉概念の形成について，我々の研究グループは，以下のような基本的な考えを提示した（図9-2参照）。

　具体的に説明すれば，1980年代以後，「単位制」社会の崩壊に伴って，これまで「単位制」社会が担ってきた福祉供給の機能を外部化せざるを得なくなってきたのである。実際，単位社会の社会福祉供給を担っていた従事者も単位社会の外部へと投げ出されるようになった。そして，社区服務が，その外部化されるべき従事者及び職務の受け皿となった。社区服務は，単位福祉の外部化や

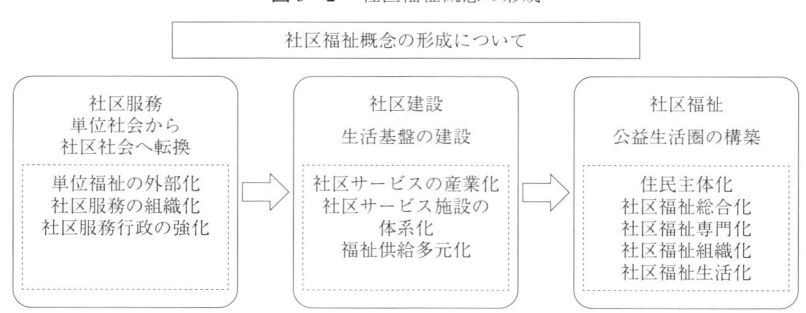

図9-2　社区福祉概念の形成

社区服務 単位社会から 社区社会へ転換	社区建設 生活基盤の建設	社区福祉 公益生活圏の構築
単位福祉の外部化 社区服務の組織化 社区服務行政の強化	社区サービスの産業化 社区福祉施設の体系化 福祉供給多元化	住民主体化 社区福祉総合化 社区福祉専門化 社区福祉組織化 社区福祉生活化

出所：沈潔『日本社会保障制度』中国労働保障出版社，2006年をもとに作成。

社区服務の組織化及び社区服務行政の整備等に向けて展開された。しかし，「社区服務」政策の実施は，社会福祉供給機能の外部化の受け皿として動き出したが，単位制社会から引き受けたサービス供給の職務及びリストラされた従業員たちの管理については，掌握する術を知らなかった。このような「社区服務」の限界が間もなく露見したため，その限界をクリアするために「社区建設」の取り組みがスタートされるようになった。

「社区建設」の施策は，社区サービスの産業化，社区福祉施設の体系化，社会サービス供給の多元化を求め，住民生活の基盤作りに力を注ぐことであった。「社区建設」は経済発展の国家戦略の一環として取り組まれたことから，住民の主体的参加や地域ケアの専門性という意識が薄いように思われる[14]。今後は，住民の主体的な参加による在宅ケアサービス，専門的なケアサービス，予防的なケアサービスを含めた「社区福祉」の構築が求められる。すなわち，次のステージである「社区福祉」において，公益公共圏の中核として，住民の主体化や社区の組織化，専門化，生活化等を展開していくことである[15]。

現在，我々の研究グループが作った造語「社区福祉」という言葉は，政策用語・生活用語として使われるようになってきた。社区福祉モデルを目指す先駆者の姿が現れ始めている。例えば，図9-3に示された社区福利サービスモデルは，北京市民政局社会福祉担当官が提示したものである。地域福祉推進の主体は，地域住民，社会福祉を目的とする非営利事業を経営する者および行政の

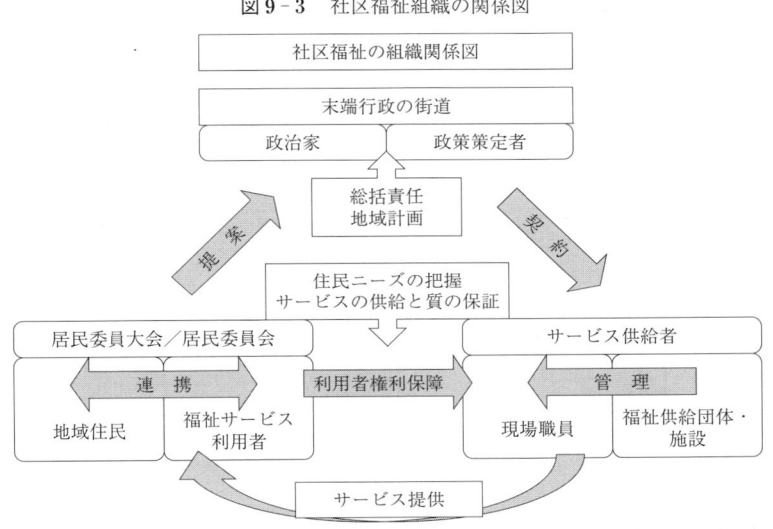

第9章 地域社会の変容と社区福祉

図9-3 社区福祉組織の関係図

```
          社区福祉の組織関係図
               │
          末端行政の街道
         政治家  政策策定者
               │
           総括責任
     提案 ←  地域計画  → 契約
               │
         住民ニーズの把握
       サービスの供給と質の保証
               ↓
  居民委員大会／居民委員会    サービス供給者
        連携 ← 利用者権利保障 ← 管理
  地域住民  福祉サービス      現場職員  福祉供給団体・
           利用者                       施設
           ↑      サービス提供      ↓
```

出所：呉世民「城市社区福祉服務的需求圧力と供給体系建設」2010年「民政論壇」論文集をもとに作成。

三者から構成される。主な課題は，住民の生活課題をいかに解決するかということである。社区福祉のキーワードは福祉性・互助性・公益性でなくてはならないのである。[16]

図9-3は，北京市政府より提示された社区福祉サービス供給における組織関係図である。これは，地域住民，福祉NPO，行政の協働の相関関係を示したものであり，行政の中核的な役割を強調している。いずれにしても，社区福祉の概念及び理念は社会福祉の現場に浸透しつつあり，今後のさらなる展開が期待される。

6　社区福祉の実践事例——社区公益事業の創出

以上のような社会主義及び市場経済改革の地域作りを挑戦してきた中国は，21世紀の半ば頃から社区という新しい組織の形態と方向性を考えながら，これ

まで地域社会つくりの探究に積み重ねてきた「単位制」社会及び「社区建設」のノウハウや地域ネットワークとの共存・融合の道を探しはじめた。

　これまでの社区の再生や組織化等は，いずれも行政主導で進められてきたが，近年，経済成長に伴い住民の生活構造と意識の変化が現れてきた。行政主導の社区組織を乗り越え，地方自治，住民主体の社区へ転換していくことを求める声が強くなってきている。一方，中央政府主導型の経済改革を中心とした経済的合理性を追求する「効率の原則」が優先されてきたことに対して，地域住民は，主体的な社会的合理性の追求，すなわち「公正」，「公平」の原則への追求を求めるようになってきている。

　その中に現れてきたのは，行政・企業・住民の合意や連帯及び共同の活動を中心とした社区公益事業である。

（1）社区公益事業の概念

　社会主義国家の成立以前において，人々は国家に依存することができなかったといわれる。そのため，市民社会は様々な形で互助や互益的な仕組みを構築していた。しかし，社会主義時代に入ると，計画経済及び国家所有制の下で，人々は国家に帰属するようになり，市民社会が有していた互助や互益的な機能が奪われ，国家が公共的な機能を独占するようになった。1990年代には，市場万能論の言説に誘導され，市場経済改革は市場重視に傾斜しすぎるようになり，格差や社会的排除などの問題が多発した。つまり，「公益」という新しい公共とは，長年「官」が独占してきた「公」の機能をその本来の持ち主である「民」へ奉還することを意味している。また，企業が，かつて社会主義時代に従業員及びその家族らの生活を保障する機能を発揮した経験，経緯をもち，企業の利潤の一部を「民」に返還することに抵抗がないことをも意味している。もっと端的に言えば，行政利益を優位にするのではなく，企業利益を優位にするでもなく，行政・企業・市民の包括的な利益が共享できる仕組みを作っていくことであろう（包括的な利益という）。

　しかし，現時点において，社区公益事業とは何か，はっきりした概念設定は

あまりない。一般的に言えば，多様な集団利益を融合し，多様なニーズや要望などを多元的なセクターから協働体制で対応していくことだろうか。あまり厳密な解釈でないため，問題の所在が曖昧化しているのが現状である。コミュニティサービスシステムにおける公益事業の位置づけについては図9-5の通りである。

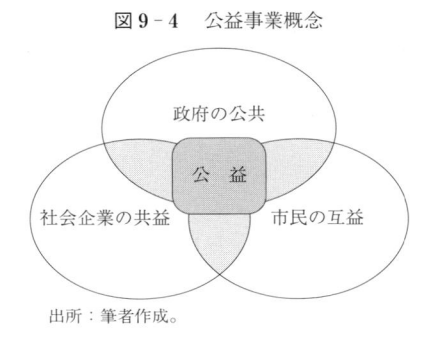

図9-4　公益事業概念

出所：筆者作成。

すなわち，社区公益事業が求めているのは，政府の公共性，企業の共益性，市民の互益性が包括的な利益として共有できる仕組みであると思われる。

また，公益事業の範囲について，1999年6月28日に公布された「中華人民共和国公益事業寄贈法」に明記された公益事業の領域は下記の通りである。

① 災害救助，貧困救助，障害者，高齢者等の社会的立場の弱い個人及び集団に対する支援活動。
② 教育，科学，文化衛生，体育事業に対する支援活動。
③ 環境保護，公共施設の建設に対する活動。
④ その他の公共事業と社会福祉活動。

いずれにしても，社区公益事業は，まさにこうした行政・企業・市民の包括的な利益が共享できる仕組みを具現化していく新しい挑戦であるといえる。

(2) 新たな公共を求め——社区公益事業の実践例

1) 事業型公益事業の事例——深圳桃源居社区公益事業

桃源居社区は，1997年に深圳郊外で不動産業者によって開発されたニュータウンエリアである。面積は180万 m² で，約3.6万人の居住人口，3,000余りの世帯が共同生活を営んでいる。深圳市の行政区画の基準によれば，桃源居のよ

うな集合住宅地域は一つの社区として位置づけられる。

　　深圳桃源居社区公益事業の概要
　　設　　　立：2006年8月法人設立，同年10月1日事務局開設
　　設立目的：企業・行政・住民の協働により持続コミュニティ社会の実現
2）　社区公益事業資産の構成
①　国有資産

　土地は国有所有制度であるため，集合住宅を開発する当初，不動産の開発業者が政府から土地使用権を購入しなければならない。不動産業者が土地使用権を獲得するときに，行政は公益施設の使用地36.4万 m^2 の土地使用権を国有資産として無償で提供し，また，行政委託事業として不動産業者に公益施設の建築を委託する。行政によって提示された公益事業に使用する施設の建築計画や基準などに基づいて建築されている。主な関連施設は社区警務，消防，地域医療施設，公立幼稚園・小学校等の住民の日常生活に必要不可欠な施設である。
　②　社区集団資産

　不動産業者は，国が無償で提供した使用地に独自の事業として高齢者施設や在宅福祉サービスセンター，文化施設などを増設した。増設した部分は，住民との公約で公益事業の専用施設として使用することと規定されている。施設の経営は，住民が主体となる福祉NPO団体や住民互助グループである。施設の運営資金は，不動産業者の一時寄付金，行政の委託事業資金から賄っている。現在，運営資金は4,000万元に達成した。収益金の配分は，社区公益積立金，公益福祉サービスの量的，質的の向上，福祉NPOや住民活動のグループという3つの目的に3分の1ずつ配分される。

　社区集団資産の創設の目的は，社区公益事業の持続的な財源を確保することにある。
　③　私有資産

　不動産業者が社区地域内に増設した大型商業施設，娯楽施設等である。不動産業者は，関連業者を誘致し，商業施設として経営するが，利潤の一部は住民

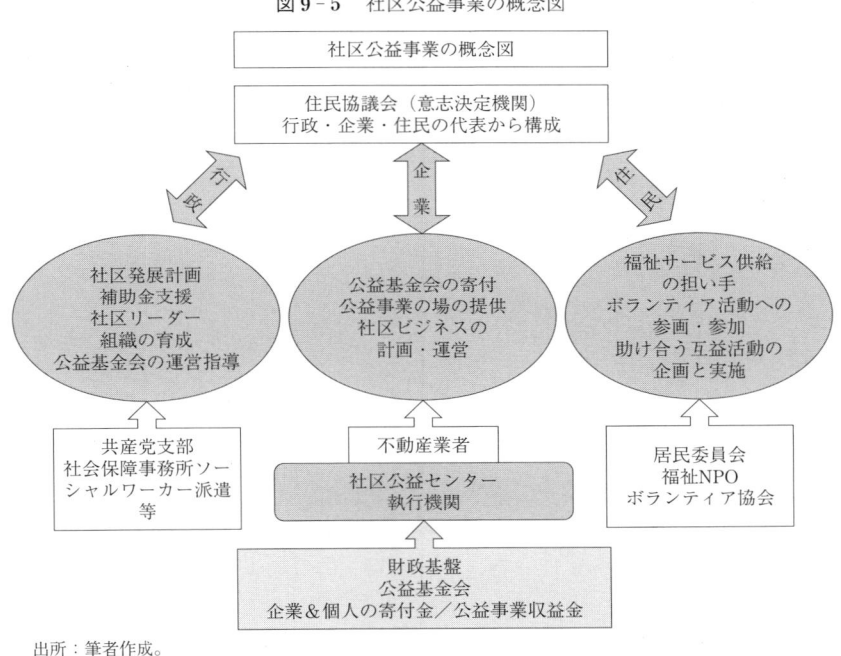

第9章　地域社会の変容と社区福祉

図9-5　社区公益事業の概念図

```
          ┌─────────────────────────┐
          │   社区公益事業の概念図    │
          └─────────────────────────┘
          ┌─────────────────────────┐
          │ 住民協議会（意志決定機関） │
          │行政・企業・住民の代表から構成│
          └─────────────────────────┘
           ⇙行政     ↕企業     ⇘住民

  ╭──────────╮  ╭──────────╮  ╭──────────╮
  │社区発展計画 │  │公益基金会の寄付│  │福祉サービス供給│
  │補助金支援  │  │公益事業の場の提供│ │ の担い手    │
  │社区リーダー │  │社区ビジネスの │  │ボランティア活動への│
  │組織の育成  │  │ 計画・運営   │  │ 参画・参加  │
  │公益基金会の運営指導│ │          │  │助け合う互益活動の│
  │           │  │          │  │ 企画と実施  │
  ╰──────────╯  ╰──────────╯  ╰──────────╯
       ↑              ↑              ↑
  ┌─────────┐    ┌────────┐    ┌─────────┐
  │共産党支部  │    │不動産業者 │    │居民委員会 │
  │社会保障事務所ソー│ │社区公益センター│ │福祉NPO  │
  │シャルワーカー派遣│ │ 執行機関  │ │ボランティア協会│
  │  等     │    │        │    │         │
  └─────────┘    └────────┘    └─────────┘
                       ↑
                  ┌──────────┐
                  │ 財政基盤   │
                  │ 公益基金会  │
                  │企業＆個人の寄付金／公益事業収益金│
                  └──────────┘
```

出所：筆者作成。

に還元しなければならない。

3）社区公益事業の組織図

　行政・企業・住民の代表から成り立つ公益事業の意思決定機関の住民協議会は，理論上からいえば，最高意思決定機関である。公約に基づき，行政・企業・住民のそれぞれの役割分担が明記されている。つまり，行政の役割は主に社区計画や補助金支援及びリーダー組織の育成などにある。不動産業者としての社会企業の役割は，活動の場の提供や運営ノウハウの提供などにある。福祉NPOや住民互助グループは，主に住民のニーズを把握しながら，自らの実践活動によって住民自治の目標を達成していくことである。しかし，「官本位」の中国社会の現実から見れば，行政の影響力は依然として強いのが事実であるが，従来の「行政から民へ」という垂直型の社区支配構造よりかなり改善されたといわれる。行政も従来の「官本位」ガバナンスから行政・企業・住民との

三者協働によるガバナンスに変わっていく可能性が見えてきたという。

　公益事業の実際の執行機関は，社区公益センターである。これまでの試行錯誤を踏まえ，より持続的，安定的な運営を求め，2006年に設立された。

　社区公益事業の運営に抱える最大の課題は財源の問題である。財源は政府補助，不動産業者の賃貸管理費からの支出金及び公益事業の収益金から賄う。より安定的な財源を確保するために2008年に「公益事業寄贈法」に基づき桃源居公益事業発展基金会を立ち上げた。この基金は，桃源居公益事業に助成するのみならず，周辺地域社区の新規事業にも助成する。

4）　事業の内容

　住民，行政，企業，各種ボランティアグループ等の共同イニシアティブにより展開された公益事業は下記の通りである。

　　　コミュニティビジネス：例えば，商業活動，個別のニーズに対応する有料生活支援サービス，介護用品の開発と販売，レストランの経営等
　　　社区医療・福祉サービス：行政委託事業として展開された小規模老人ホーム，在宅福祉サービスの供給，託児所，地域医診療所，リハビリステーション等
　　　住民生活への支援活動：住民グループが自ら提案し，自ら提供する食事配達，家政婦の紹介，派遣等
　　　社区文化の創設に対する支援：桃源居社区音楽祭・高齢者ダンスクラブ・子ども音楽教室，体育クラブ等

　また，社会教育に関しては，社区図書館，青少年教育，高齢者大学，パソコン教室の運営等，ボランティア活動に関しては，ボランティア教室，ボランティア組織の育成等がある。

5）　桃源居モデルの特徴

　桃源居モデルの最大の特徴は，市場とつながった公益の仕組みと持続的な財

源を開拓・確保することにある。その特徴を具体的に述べると，第1に，社区の資産には国が所有するもの，社区集団が所有するもの，住民個人及び不動産業者が私有するものに分けられることである。つまり，行政・企業・住民は組織上や名義上の協働ではなく，利益及びリスクともに共有することになる。第2は，積立形式の公益基金を設けて，資金の計画性と継続性を求めることである。第3は，執行部の公益センターが，住民の生活に関わる用品やサービスを開発，販売し，社区内で取引可能な財・サービスを極力地域内で生産・消費・廃棄させるようにすることである。こうした多様なセクターの連携によって，社区地域内において生活サービス及び良質な資金循環を形成させることができるようになった。したがって，社区のレベルから持続可能な社会を構築することが可能となる。

しかし，桃源居モデルには，社会主義計画経済期に企業と行政が主役となった「単位制」社会の姿も見られる。つまり，社区において不可欠な経済セクターの役割を果たしている。

現在，桃源居社区公益基金の積立金は，すでに1億元に達し，また，社区の公益事業だけで延べ2,000人余りの就職ポストを提供した。その従業員の大半はこの地域の住民である。そして，桃源居社区を開発した不動産業者は，このモデルをほかの地域に持ち込み，第2，第3の桃源居社区を誕生させたという。

この事例から何かの示唆を提示してくれたのでしょうか。かつて中国は，政治優先した社区，経済優先した社区をそれぞれ挑戦してきたが，うまくいかず，最終的に生活空間としての社区という原点に戻ったことが語られている。

社区究極的な存在は，人々が営んでいる生活の中にあるということである。

注
(1) 1978年までを社会主義計画経済，1978年～現在までは，市場経済改革期と言われる。
(2) 隣保制度とは，中国では家族制度とともに地域共同体による問題解決機能が長く存在していた。地縁，血縁のまとまりによって地域社会が成り立つのは一般的であった。その後，こうした自然発生的，自生的な地域社会を管理するために，隣保制

度が発達し，末端社会を支配する上で，警察，納税，相互扶助，相互監視などについて活用された。特に，連帯責任をもたせる制度は効果ある方法であるといわれている。
(3) 王渝『経済系』第245集，関東学院大学，2010年，174頁。
(4) 陳良謹『社会保障教程』北京，知識出版社，1990年，93頁。
(5) 辻康吾他編「原典中国現代史」第4巻，岩波書店，1995年，91頁。
(6) 唐鈞「中国の社区と社区建設」沈潔編『福祉サービス提供におけるNPOの参入のあり方に関する日中比較研究』報告書，2004年，36頁。
(7) 民政部『中華人民共和国城市居民委員会組織法』1990年1月。
(8) World Bank, *World Development Report 1990*, Oxford University Press, 1990.
(9) 沈潔「中国における地域福祉政策の形成及び問題点」『社会福祉研究』第72号，1998年。
(10) 唐鈞「中国の社区と社区建設」沈潔編『福祉サービス提供におけるNPOの参入のあり方に関する日中比較研究』報告書，2004年，48頁。
(11) 唐鈞「中国の社区と社区建設」沈潔編『福祉サービス提供におけるNPOの参入のあり方に関する日中比較研究』報告書，2004年，53頁。
(12) 沈潔「建立我国社会福利基礎理論的思考」1994年第1期 中国民政部刊行『社会工作研究』34-46頁。
(13) この一部の内容は，横浜勇樹がわれわれの調査研究書を翻訳し，「三重中京大学短期大学部論叢 第48号に掲載したものを利用している。ここに再び謝辞を申し上げる。
(14) 沈潔「社会福祉問題與中国社会福利改革」華中師範大学『華中師範大学学報』1996年度3期。
(15) 沈潔「生活問題是社会福祉研究的対象」華中師範大学『華中師範大学学報』及び1997年度3期。沈潔「論社区福祉的体系与功能」中国社会工作者協会『中国社会福祉研究』2003年12期。「建立我国社会福利基礎理論的思考」中国民政部刊行『社会工作研究』1994年第1期を参照。
(16) 呉世民「城市社区福祉服務的需求圧力と供給体系建設」2010年民政論壇論文集。

参考文献

井岡勉監修，牧里毎治・山本隆編『住民主体の地域福祉論』法律文化出版社，2008年。
井岡勉・埋橋孝文編著『地域福祉の国際比較——日韓・東アジアモデルの探究と西欧モデルの比較』現代図書，2009年。
岡村重夫『地域福祉論 新装版』光生館，2009年。

江立華・沈潔編著『城市社区福利制度』中国社会文献出版社，2008年。
王名主編『中国非政府公共部門——成果発展研究報告2003年』北京，精華大学出版社，2003年。
沈潔編著『地域福祉と福祉NPOの日中比較研究』日本僑報社，2006年。
三本松政之編『社会福祉非営利組織の組織原理とその運営実態についての動態的研究報告書』2003年。
周秀平・邓国胜「社区創新社会管理的経験与挑戦——以深圳桃源居社区为例」『中国行政管理』2011年9期。
沈潔「中国における地域福祉政策の形成及び問題点」『社会福祉研究』第72号，1998年。
孫昕「深圳市宝安区桃源居項目定位和営銷策略研究」復旦大学修士論文，2005年。
冯化飛「社区居家養老中的社区衛生服務需求研究」中山大学修士論文，2006年。
田中きよむ編「高知県における非営利市民活動の現状」報告書，2001年。
武川正吾『地域福祉計画——ガバナンス時代の社会福祉計画』有斐閣，2005年。
辻康吾他編『原典中国現代史』第4巻，岩波書店，1995年。
唐鈞「中国の社区と社区建設」沈潔編『福祉サービス提供におけるNPOの参入のあり方に関する日中比較研究』報告書，2004年。
邓正来『市民社会理論的研究』中国政法大学出版社，2002年。
菱田雅晴編『社会—国家との共棲関係』（現代中国の構造変動5）東京大学出版会，2000年。
張広軍「対培育湖南城市社区非営利組織的思考」『社会政策研究』6期，2003年。上海民生信息網（http://www.shmzj.gov.cn/node2/node396/node405/node524/node565/userobject1ai2777.html，2012年10月15日アクセス）を参照。
陳良謹編『社会保障教程』北京，知識出版社，1990年。
松野弘『現代地域社会論の展開』ぎょうせい，1997年。
野口定久『地域福祉論——政策・実践・技術の体系』ミネルヴァ書房，2008年。
楊団「社区非営利組織発育与社会政策」『社会政策研究』6期，2003年。
楊団主編『上海羅山市民会館個案調査——非営利機構評估』北京，華夏出版社，2001年。
李路路・李漢林『中国的単位組織——資源，権力与交換』浙江人民出版社，2000年。
労働社会保障部編『労働保障通訊』4期，2004年4月。
民政部財務司機関事務司編『中国民政統計年鑑』北京，中国統計局，1994-2003年。
民政部『中華人民共和国城市居民委員会組織法』民政部，民政部HP（http://www.mca.gov.cn，2012年10月15日アクセス）。

| 第10章 | 児童福祉 |

　2011年から2013年に北京師範大学公益学院児童研究プロジェクトは，3年連続で「中国児童福祉政策報告書」を発表している。本プログラムは，国連ユニセフや中国民政部の指導との連携の下で行っているため，その成果が注目される。

　2013年に公表された「中国児童福祉政策報告書2013年」において，児童権利擁護が主題であった。報告書によれば，中国では0～18歳の未成年3億人のうち，半数以上が農村に分布している。また，毎年約10万人の児童が親等によって遺棄されている。その放棄された児童の大半は，何らかの障害を持っている子どもである。現行の国の基準では，戸籍を持つ子どもや政府機関に登録された子どもに対して，直ちに公的な支援が受けられるが，遺棄された戸籍を持たない児童や登録されてない子どもたちに対する支援と保護は，はるかに遅れていると，政策の不在を批判している。また，報告書は，児童福祉理念の欠如，児童福祉支援体制の不完全，児童福祉法制度の不備等が，中国児童福祉の立ち遅れた主な原因であることが指摘されている。

　本章においては，主に日本の児童福祉のあり方を念頭に入れながら，指摘された現状と課題を分析し，また，なぜか，その要因を中国児童福祉政策の形成過程に置かれながら，明らかにする。

1　児童福祉の捉え方

(1) 児童福祉の理解

　日本では一般的に児童福祉の概念は3つレベルで解釈されている。第1は理念または目的概念であり，児童の幸福な状態を意味するものである。第2は実

体概念であり，現実に展開されている政策・制度並びにそれらの枠内で児童のニーズを充足するために行われている活動を意味する。そして第3はこれら両者をつなぐ動的概念であり，政策・制度の枠を越えて現実に行われている実践的活動に基づきつつ，理念の中身を深化・発展させるとともに，その理念の実現のために実体概念としての児童福祉を吟味・批判し，改変していく社会福祉追求の過程を意味する。

　日本の捉え方に照らして中国の児童福祉概念をみると，第1の理念または目的概念に関しては，児童の幸福な状態を意味するというよりも社会の担い手になる子どもに，よりよい生活環境を与えようとする意味があることが特徴的である。例えば，改革開放後，はじめて総合的に児童福祉及び児童政策を論じた研究書である『中国児童政策概論』は，児童福祉・児童政策に関し次のように提言している。「児童を考えるときに，まずその社会的な価値を考える必要がある。いわゆる社会主義社会制度の理念，実践，政策などに従わなければならない」[1]。

　次に第2の実体概念に関しては，「児童のニーズを充足するために行われている活動を意味する」という意識，つまり，社会福祉追求の過程を重視するという意識が極めて希薄である。児童福祉の政策及び活動は，国益に，社会の政治改革，経済改革のニーズに従わなければならないという立場におかれているようである。

　また第3の，前二者をつなぐ理念の中身を深化・発展せしめるという動的概念に関しては，近年，次のような新しい児童観を確立する動きの見られることが注目される。「これまでは，児童を国家の従属物，大人の従属物とみなす児童観に基づいて施策の展開がなされてきたが，今後は，児童を権利の主体とみなす児童観を基本に据える必要がある」[2]。これはつまり，これまでの児童福祉が児童保護的な性格をもつものであったのに対し，今後は，児童を権利主体とみなす理念に基づき，現代的な児童政策の一環として，児童全般を対象とする積極的な福祉的意味をもつものとして展開されてきていると理解できる。

　権利の主体としての児童の捉え方が登場したのは，1990年代の初頭である。

1989年の国連総会において「児童の権利に関する条約」が採択され，各児童の能力，年齢，成熟度等に合わせ，児童自身が権利の主体として保障されなければならないことが条文の中に明記された。1992年，中国はこの条約に参加し，これについて幅広く議論した上で，この「児童の権利に関する条約」にならい，「1990年代中国児童発展計画綱要」を打ち出した。これは，中国において初めてつくられた児童を主体とする国家レベルの計画綱要である。この中では「児童を最優先」にする理念が明らかにされ，これを基本に1990年代の児童発展計画綱要の目標が立てられた。

2000年，以上の経緯を踏まえ，政府は「中国児童発展綱要2001-2010年」が打ち出された。新しい綱要では児童を最優先するという原則がより具体化され，児童の生存権及び児童の社会参加の権利の保護を優先することが，基本方針として明記されている。また，この10年の間に，主に児童健康，児童教育，児童保護，児童の環境整備という4つの領域において，具体的な達成目標が提示された。

また，2011年に政府によって公表された児童事業発展とする「中国児童発展綱要2011-2020年」においては，児童健康，児童教育，児童福祉，児童と社会環境，児童と法制保護という6つの発展目標が挙げられた。つまり，児童福祉及び児童と法制保護を新たな目標として取り組むことになったのである。

新たに加えた児童福祉について具体的な達成目標が明記され，その概要は以下の通りである。

① 児童福祉の給付範囲の拡大によって，残余型児童福祉から適度普恵型社会福祉へ移行すること。
② 児童の基本医療保障の実現である。難病，大病を抱えている子ども及び貧困家庭の子どもに医療救助の給付を与える。
③ 都市部の戸籍を持ってない子どもや親が都会に出稼ぎに出て留守中しているの子どもに，基本的な教育，医療，福祉サービスを届くようにする。

④　里親制度の拡大。
⑤　0～6歳までの障害児の早期発見，早期治療によって，回復率を求める。
⑥　浮浪児の保護。
⑦　行政市及び指定県では，児童福祉施設及び浮浪児保護施設がそれぞれ1カ所設置しなければならない。
⑧　エイズ児童及びエイズ患者の子どもに対する医療，教育，就職権利の確保。

（2）児童福祉政策の変容

　1949年に新中国の建設に伴い，戦争孤児，困窮浮浪児に対する救助の対策が打ち出された。経済改革開放後，児童福祉政策は，社会・経済状況の変化や価値観の多様化等を背景として，困窮する児童を保護，救済するとした限定的な制度から，次代を担うすべての児童の健全な育成の保障へ転換した動きが明らかである。

　児童福祉政策の変容の流れは，萌芽期，初期段階，停滞段階，再建段階，制度化段階という5段階に分けて見ることができる（表10-1）。

　特に1990年代以後，児童給付対象の拡大や児童教育支援の実施等，児童福祉政策は要保護児童の保護，救済といった限定的な制度からすべての児童の健全な発達保障へという方向転換の動きが見られた。

　2013年6月に民政部福祉司に公表された「"適度普恵型"児童福祉制度建設の推進について」の通知の中に，児童福祉制度の構築にいくつかの方針が明らかとなった。まず，これまで，孤児，浮浪児が主な給付対象であったが，今後，障害児，難病，重病を抱えている児童，親が障害を持つことや服役中，麻薬中毒等の事情で，子ども扶養の義務が果たせない家庭の児童などを視野に入れて，給付対象を拡大していく方針である。次に，児童ニーズの多様化に対応し，児童福祉政策は，主に孤児・浮浪児問題，障害児問題，貧困児童問題，貧困家庭の児童の問題という4つのレベルで展開していく。第3に，子どもの様々なニ

第Ⅲ部　中国社会福祉の実像

表10-1　児童福祉政策の変容

時　期	時期の特徴	政策志向と基本方針
1949-1957年	萌芽期	孤児・貧困児の保護と救済
1958-1966年	初期段階	児童の生存環境の改善，基礎教育，幼児教育の重視など
1967-1978年	停滞時期	政治運動の影響で，児童事業の発展は停滞状況
1979-1989年	再建段階	児童事業の再建と児童保護範囲の拡大
1990年-現在	制度化段階	児童保護から児童福祉へ，児童給付基準の設定等

出所：北京師範大学公益学院児童研究プロジェクト編『中国児童福祉政策報告書2010年』2010年をもとに作成。

表10-2　1990年代以後，実施された児童福祉に関する主な施策

項　目	政　　策	政策の目的	責任主体
児童人身売買防止及び児童保護	①児童・女性の人身売買禁止に関する法律，政策の意見書2000年		公安部
	②児童・女性の人身売買禁止の行動計画（2008-2012年）2008年		国務院
	③「児童人身売買防止ネットワークづくり」2009年（雲南省）		公安部
浮浪児保護	①「わが国における孤児の現状及び窮状」という報告書2006年		民政部
	②「孤児救助強化に関する意見書」2006年		
	③浮浪児の発見・保護・送還に関する緊急救助システムづくり2013年		
	「孤児の保護に関する通知」2013年5月		
児童安全	①2000年「安康計画」の実施	児童の安全健全成長	中国児童少年基金会
	①農村児童意外傷害予防プログラムの実施		中国民政部&国連児童基金会
児童福祉	①『90年代中国児童発展計画綱要』1992年『中国児童発展綱要2001-2010年』2000年		国務院
	「中国児童福祉政策報告書2010年」2011年「"適度普恵型"児童福祉制度建設の推進について」2013年		民政部

出所：表10-1と同じ。

ーズに対してより専門的に支援する体制を整える。第4に，統一的な児童手当の最低給付水準を決めることである。(4)

2　中国における児童福祉に関する主な法律(5)

　中国では，児童福祉法という単独の法律は存在せず，児童に関する事項については，憲法，民法，刑法，婚姻法等との関連の中で，児童福祉に関するものをすべて取り込んでいくというものであった。しかし，児童福祉対策の内容が充実してくるにつれ関連法の運用だけでは難しくなったことから，近年では，諸制度との関連を明確にしながら，「未成年者保護法」「母嬰保健法」「教育法」等の派生的な法律を制定するようになってきた。また，国際児童福祉機関としての国際連合の世界保健機関（WHO），国連児童基金（UNICEF〔ユニセフ〕），国際児童福祉連合（IUCW）が定めた児童福祉に関する条例に関し，中国は加盟国としてこれを批准している。

　近年，児童虐待事件が頻発しており，「いかにして暴力から幼い子どもを守るか」に社会的関心が集まっている。国内では「児童虐待防止法」の成立を目指す，様々な動きが見られている。

　現在，児童福祉と密接な関係を持つ法律は次の通りである。

（1）未成年者保護法

　本法は，1992年1月実施にし，2006年に第1回目改正，2012年に第2回目に改正された。本法は，未成年の権利侵害行為が増加し，未成年者犯罪の多発などが社会問題となったことを背景として，1991年に制定され，1992年に実施された。

　本法において未成年とは，18歳未満の者と規定されている。本法は，1章総則，2章 家庭保護，3章 学校保護，4章 社会保護，5章 司法保護，6章 法律責任，付則など7章からなる。第1条には，主に未成年の心身の健やかな育成，権利擁護等を保障することを目的としていることが明記され，未成年者

の保護に関する法律において障害のある子どもへの差別を禁止することが規定されている。特徴としては，未成年に対する家庭保護，学校保護，社会保護，司法保護のそれぞれの義務と責任を明確にしたことがあげられる。また，各地方自治体が未成年保護委員会を創設することを義務としている。

2006年に本法は，大幅な改正が行った。新たに盛り込まれた主な内容としては，①未成年は，生存する権利，発達する権利，保護を受ける権利，参加する権利の規程。②未成年の教育を受ける権利の強調。③差別の禁止。特に品行上の欠点や学習上の困難がある子どもに対する差別の禁止。④インターネット中毒を予防する対策の整備であること等である。

2012年の主な改正は，未成年者の犯罪及び未成年の被害者が尋問や審判されるときに，保護者は出頭しなければならない規定を第56条に明記された。つまり，保護者の責任追究とすることである。

（2）未成年者犯罪予防法

「未成年者保護法」の実施に合わせ，1999年6月に「未成年者犯罪予防法」が実施された。前法では，未成年者の犯罪について特殊な規定が設けられ，また触法少年への対応の厳格化や保護教育制度の充実等が具体的に規定されている。本法は，青少年の犯罪予防に対する学校，家庭，地域の役割及び責任が強調され，具体的な対応策も記されている。ここには，刑事責任を問えない青少年の犯罪の場合，その責任の所在は家庭，学校，地域にあるというニュアンスが込められていると考えられる。未成年の触法等を取り扱う機関である少年法廷の普及も法律に明記され，少年法廷の裁判官は重要な職責を担っており，それは社会の長期安定及び民族の前途と未来にかかわるものであると記されている。

他の国と比較しても中国は早い時期に少年司法制度を整備し，未成年者の保護措置を重視したといえる。少年法廷の設置は，最盛期の1994年に3,336ヵ所設置されたが，現在，2,500ヵ所あまりに減少した。少年法廷で仕事をする裁判官および司法関係者は7,500人いる。

2003年，政府主導の「未成年犯罪実態調査」が各地域で展開された。調査の重点項目は以下の通りである。

① 教育を受ける権利：法律が保障する未成年者の教育を受ける権利，とくに農村部の未成年者及び都市部に流入した未成年者の権利がいかに守られているかという問題に関する現況とそこに存在する問題およびその対策。
② 文化的環境：未成年者の社会的保護，特に文化的環境として，主にインターネットカフェや電子ゲーム，映画・テレビ関連刊行物，AV（音響・映像）製品等を規制するための措置やそこに存在する重大な問題及びその対策。
③ 教育と救済：未成年者を保護する父兄の意識，罪を犯した未成年者に対する教育と救済の現況。

前述の法律の実施とあわせ，2004年3月，政府は「未成年者における思想道徳の形成の強化・改善に関する若干意見」を発布し，小中高校の周辺200m以内には，インターネットカフェやゲームセンターを開設してはならないと定め，さらに，「国家宝くじ公益基金」のうちの一定額を未成年者が集う場所の設立に投入することなどを定めた。

「未成年犯罪実態調査」は，毎年に行われており，表10-3は，2001年及び2010年に行われた「未成年犯罪実態調査」に基づいた未成年者犯罪特徴の比較である。表10-3を見る限り，この10年間に未成年犯罪の変化は，故意傷害罪と強姦罪が上昇傾向で，強奪が降下傾向である。全体から見れば大きな改善が見られなかった。

また，犯罪目的に関しては，金銭のためについてが2010年に下がったが，それでも高い割合を占めている。16歳未満が未成年者全体よりやや低い。友達のためについては，2010年に大幅に上がった。また，強姦については上昇傾向にある（表10-4）。

表10-3 2001年及び2010年における未成年犯罪類型の比較

(単位:%)

犯罪類型	2001年	2010年
殺人	8	7.8
故意傷害	8	13.5
強姦	14	19.8
強奪	68.7	61.8
麻薬密売	0.7	1.2
放火	0.6	0.4
爆発事件(注)	0.2	0.2
毒物混入	0.7	0.2

注:放火,洪水,爆発,毒物・放射性物質・伝染病原体その他の危険物質による破壊活動という。
出所:関穎「未成年者犯罪特徴10年比較」『中国青年研究』2012年6期をもとに作成。

表10-4 2001年及び2010年における16歳未満未成年犯罪目的の比較

(単位:%)

犯罪の目的	2001年		2010年	
	全体	16歳未満	全体	16歳未満
復讐	8.6	9.6	6.4	6.2
金銭	38.8	35.7	31.2	27.9
性欲満足	4.8	6.4	7.3	8.9
友人のため	19.8	19.2	28.6	27.9
注目されるため	0.7	0.5	1.1	0.8
悪戯のため	22.2	24.6	19.6	22.4
その他	5.1	4	5.7	5.8

出所:表10-3と同じ。

2012年に『民族の隠痛——中国未成年人犯罪最新調査』が出版され,未成年者犯罪について社会の関心が集まった。本書は未成年者の犯罪は,刑事犯罪件数の70%を占め,自殺のことを考えた子どもが全体の24.39%,自殺行為ある子どもが全体の4.9%を占めている事実を明らかにした。

未成年者の犯罪の原因として,急速な社会変動や家庭の崩壊等もあると思われる。

(3) 母嬰保健法

1994年に公布,1995年6月に実施を始めた。その後2001年6月,新たに「母嬰保健法実施方法」を定め,実施委員の資格及び罰則などの事項について明記している。

本法は,総則,婚前保健,妊娠期間保健,技術鑑定,行政管理,法律責任,付則など7章から構成され,母子の健康や保護を目的とした法律であるとされている。

衛生部の当局者は「母嬰保健法」と「母嬰保健法実施方法」の施行は、中国の母子保健事業が法律の軌道に乗ったことを意味するとしている。また、実施方法としては出産・健康といった目標を達成することと定められ、母子の健康的な出産、避妊等の総合的な家族計画と結びつけ、妊娠や出産、乳児の初期成長過程での発病と死亡の危険性を解消し、女性の出産期における死亡率と乳児の死亡率を低下させていかなくてはならないとした。また、婚前に男女とも身体検査が義務づけられている。いわゆる、優生思想的な色彩が強い法律である。

(4) 中華人民共和国収養法（養子縁組法）

「中華人民共和国収養法」は1991年12月実施され、1998年11月修改正された。第1章の総則には、養子縁組を保護し、縁組当事者の権利を維持し保護する、また、養子縁組は平等、自由意思の原則に従わなければならないと規定されている。第4章の養子縁組の成立では、下記の条件を満たす14歳未満の未成年者が養子として認められるとされた。①父母を亡くした孤児、②実父母の生死が明らかでない遺棄された嬰児、③児童あるいは実父母に特別な問題があり、扶養が困難である子ども。一方、養子を送り出すことのできる者の条件としては、①孤児の監護者、②社会福祉団体、③特に生活が困難で扶養能力のない実父母と規定されている。また、養親となる者の条件については、親族を優先すること、満35歳以上であること、1名に限定することなど具体的に規定されている。ほか、「第5章　養子縁組成立の形式要件」「第6章　外国人の養子縁組」「第7章　養子縁組の効力」「第8章　養子縁組の無効と養子縁組無効の確認、養子縁組登記の取消および養子縁組公証の取消」「第9章　離縁」「第10章　法的責任」「第11章　養子法の適用範囲」等が、改正された法律においてより具体的に規定された。

2012年に中国民政部より公表された統計公報によれば、2011年まで実際に成立した養子縁組は、中国人家庭においては27,578組、外国人家庭にいては3,845組となる。行われた養子縁組のケースは、昨年に比べれば、9％減少した。このような減少傾向は、近年以来続いている。

（5）人口と計画生育法

　中国の出生率及び人口増加率は低下し続け，すでに低水準になっている。今後は政策の安定性と持続性が求められることを背景に，2000年3月国務院による「低出生率の安定に関する決定」が発表された。同「決定」では，低出生率の安定を今後の政策目標に掲げており，そのため現行の人口政策を維持していくことが明示されている。さらに，2001年12月には「中華人民共和国人口と計画生育法」が制定され，2002年9月1日から実施された。

　「中華人民共和国人口と計画生育法」では，計画出産を実行している夫婦，家庭への奨励政策が明確に規定されている。例えば，晩婚で遅く出産した人は，結婚休暇と出産休暇の延長，その他特別福祉待遇が受けられる。計画出産のための避妊手術を受けた場合，避妊リングの挿入の場合は2日，避妊リングの除去の場合は1日，パイプカットの場合は7日，卵管カットの場合は21日等の規定の休暇を取得でき，その他にも地方行政から金銭的，実物的な補助がある。「一人っ子両親の栄誉証明書」を与えられると，一人っ子両親奨励費，出産休暇の増加，一人っ子への保育園，就学，医療についての優先権，住居の優先的な割り当て，地域における就職，老人介護分野における優先権等が与えられる。

　生涯子どもを一人しか持たなかった人は職場での優先措置が受けられる。一人っ子が障害を持ったり死亡したりした場合，その後子どもを作らず，養子もとらなかった親には，地方行政から必要な補助が与えられ，一定金額の退職金の増加，一時補助金の支給，社会保険への加入等を受けることができる。

　農村の計画出産を実行している家庭には，国から資金，技術，技術教育などの援助があり，計画出産を実行した貧困家庭には，貸与金，就職斡旋，生活保護の給付，社会救済などにおいて国から優先権が与えられる。

3　対象別の児童福祉の施策

　児童福祉に関する国の中心的な決定機関は，国務院に設けられた「婦女児童工作委員会」である。同委員会は，民政部，教育部，衛生部，財政部等の各中

第10章 児童福祉

央官庁から推薦された委員によって構成され，委員長は，国務院の常務委員が担当する。同委員会は，常設機関として児童福祉の向上のため，企画，立案，調査，予算計上等の基本方針を受け持っている。また，民政部，教育部，衛生部等の各中央官庁の中に，児童福祉を所管する部門を設け，事業の実施を担当させている。

現在のところ中国の児童福祉政策は，基本的に孤児対策，障害児対策，児童健全育成対策といった3つの柱から構成され，これに沿って進められている。

(1) 孤児の問題と孤児保護
1) 中国の孤児問題の現状

2005年，民政部は孤児に関する全国的な調査を行い，「わが国における孤児の現状及び窮状」という報告書を発表した。この調査によると，18歳以下で父母がおらず，事実上扶養者がいない孤児は全国で57.3万人いることになる。しかも，その中の圧倒的多数である49.5万人が農村の孤児であり，孤児の総数の約86％をも占める。さらに，このうち何らかの救済を受けている者の比率が都市部の孤児に比べてかなり低いこともこの調査によって明らかになった[6]。

また，2012年度に公表された民政部のデータによって，孤児の全体数は依然として57万人台にとどまっている[7]。いわゆる，7年の歳月を経たにもかかわらず，孤児問題に関して根本的な改善が見られてない。また，中国は毎年約10万人の児童が様々な要因で親に遺棄されている。遺棄された児童の大多数は，何らかの障害を持つ子どもである。孤児の問題は，単なる困窮の問題だけにとどまらず，児童政策の欠落や障害児差別意識の問題等多岐にわたって波及している。

中国政府は，孤児の現状及び窮状を受け，以下の具体的な対応を挙げていた。

第1に挙げられるのは，里親制度の整備である。実際，これまで政府は1991年12月に制定，1998年11月に修正した「収養法」（養子縁組法）及び関連施策を実施しており，里親制度に関する法整備や環境整備を行った。

第2に挙げられるのは，財政面での強化である。民政部は「福祉宝くじ」で

得られた公益金等を孤児の基本的な生活保障に充てている。また，中央財政部は財政的に苦しい地区に特化して，経済的支援を行い，社会福祉を充実させることを決定した。政府は児童福祉の改善に2011～2015年の間，毎年30億元の財政支援を投入すると決定した。

孤児の手当に関して，現在の基準によると，施設で保護されている児童に対し，都市部や農村部に問わず1人当たり月に1,000元（約1万4,000円）手当が支給される。里親に委託した児童に対しては，1人当たり月に600元（約8,200円）が支給される。しかし，遺棄され戸籍を持たない児童に対しては，補助金を受け取れない問題は続いている。

第3は，児童福祉施設の建設である。2006年4月，民政部は「孤児救助強化に関する意見書」において，2010年までに各都市で養護・医療・教育等の救済活動を行う児童福祉施設を最低1カ所設けることを提示した。また，民政部は同意見書の会議上で，児童福祉院を建設する計画を策定し，宝くじによる公益金を児童福祉院建設に重点的に投入することを決定した。そして，2013年より始動した「孤児・浮浪児の発見・保護・送還に関する緊急救助システムづくり」のプロジェクトは，孤児・浮浪児の一時保護施設の整備がメインとなっている。

統計によると2009年まで児童養護施設は303カ所，浮浪児保護施設116カ所にあったが，2012年には，児童養護施設463カ所，浮浪児保護の児童保護センター261カ所に増加した。そのうち児童養護施設による保護5.4万人，浮浪児保護施設による保護は延べ15.2万人である。

第4としては，教育的支援を挙げることができる。政府教育部門は，義務教育段階で必要となる教材費や寄宿費，雑費等を孤児と認定された者から徴収しないことを定めた。また，普通高等学校や中等職業学校における孤児の教育機会の均等を図るよう各諸部門に指示した。

第5に挙げられるのは，就職機会の提供である。政府労働部門や社会保障部門は，就業能力があるにもかかわらず職に就けない孤児らに対して，無料の就職斡旋等を行っている。政府側は，これらの就職支援を通して，孤児らが主体

的に働くことによって生計を立てていくことに期待している。

　第6に挙げられるのが，児童福祉保障の認定対象を拡張したことである。民政部は公布された「孤児救済強化に関する意見書」(2006年)，「浮浪児の発見・保護・送還に関する緊急救助システムづくり」(2013年)，「孤児の保護に関する通知」(2013年)において，児童福祉保障の対象をこれまでの「父母がいない未成年」から「事実上扶養人のいない未成年」や「ストリートチルドレン」「扶養人がおらず刑に服役している未成年」まで拡大したことを明確にしたのである。また，同意見書では児童福祉政策を国家全体の社会経済の発展に組み込む計画を打ち出し，孤児の基本的な生活保障や児童福祉院の建設・管理に力を入れることを強調した。

2）孤児の生活保護

　民政部のデータによれば，2012年末まで，57万人孤児のうち，施設保護の子どもが9.5万人に，里親に世話している里子が2万7,310人，約45万人の子どもが親族及びコミュニティによって世話をしている[10]。また，孤児養護の形態は，里親養護と施設養護に大別されている（表10-5）。

　児童の生活給付について国の基準によって施設で保護されている児童に対し，都市部や農村部に問わず1人当たり1,000元（約1万4,000円）が支給される。しかし，適切な保護が受けられてない孤児らは，孤児全体の62.3％を占め，そのうちに何の救助も受けていない浮浪児，山村地域の孤児は，10.18万人にいる。そして，これまでの孤児の認定は，「父母がいない未成年」に限られていたため，それに当てはまらない浮浪児や家庭の崩壊によって扶養者の不在の子どもらが，基本的に公的な児童給付が受けられない。つまり，児童給付政策において，不平等の問題が生じている。

　これを解決するため，2009年に民政部が「孤児の生活救助基準の制定に関する通知」を伝達し，この通知によって全国一律の600元という児童の最低救助基準が初めて明確された。いわゆる，都市部及び農村部に問わず，児童の最低救助給付は600元という基準を満たされなければならない。豊かな地域及び公立養護施設の場合は，公的に最低生活救助給付基準にこだわる必要がない。一

表10-5 孤児養護の形態

制度の分類	養護の形態
里親制度 (国内限定)	①農村部の里親制度：障害を持つ孤児は基本的に農村部の家庭が預かる。扶養コストが低い。 ②都市部の里親制度：都市部の家庭が預かる。都市戸籍を取得することが可能である。 ③城郷混合の里親制度：都市と農村の境に接する郊外の家庭が預かる。 ④城郷連携の里親制度：健康及び軽度障害児を都市部の家庭に，重度障害を持つ子どもを農村部の家庭が預かる。
SOS児童村	SOS子どもの村は，国際SOS子どもの村協会の支援の下で展開された新しい孤児養護施設である。現在，10カ所を超えた。
小舎制養護施設	10人程度の児童が共同生活する小舎制で，近年，生まれ始めた新しい施設である。生活の単位が小集団であるために，より家庭的な雰囲気における生活体験を営むことができる。民間委託事業として運営しているため，常に経営資金に困っている。
大舎制養護施設 (児童福祉院)	1舎につき50～200人に大規模な養護施設であり，最も一般的な児童施設の形態である。児童が男女別・年齢別にグループを分けて，共同の生活空間で共同生活する。管理しやすい反面，家庭的雰囲気が出しにくい等の問題点を抱えている。

出所：筆者作成。

方，戸籍を持つ児童，国に認められた民間児童施設は，児童給付や施設運営補助を受けられる。遺棄された戸籍を持たない児童や，認可をもらえない児童保護施設の場合は，受けられない問題が残されている。

3） ストリートチルドレンの早期発見・早期保護

地方から都会への人口移動，急速な都市化，経済の成長，富の不公平な分配によって，新たな貧困が生じつつある。ストリートチルドレンの増加がその一例である。民政部の推計によると，少なくとも15万人の子どもが貧困や暴力，一家離散等の原因で路上生活をしているという。その中，6歳から16歳の子どもが96％を占めている。これらの子どもたちは，義務教育を受ける権利はあるものの，実際のところ生きていくことにさえ問題があり，勉強とは無縁となっている。

2012年現在，浮浪児対策として都市部に261カ所の児童保護センターを開設した。児童保護センターは，ストリートチルドレンに対する生活保護を行う一方，学校教育を行っている。しかし，児童保護センターは，一時保護の機能し

か果たさないため，保護された子どもたちは，親か親戚のもとに返されるか，身寄りのない場合は児童福祉施設や里親家庭で受け入れることになる。

2013年より始動した「浮浪児の発見・保護・送還に関する緊急救助システムづくり」のプロジェクトは，ストリートチルドレンに対する待遇の改善が期待される。

そして，2013年6月に民政部は，「適度普恵型」児童福祉体系の構築に向けて」を全国に呼びかけたことによって，児童保護の認定範囲が拡大された。また，生活保護の対象も，従来の孤児・浮浪児を限定することから生活保護の必要となる困窮児童，難病児童等にまで拡大された。今回の保護対象の拡大は，対象に当てはまる孤児と当てはまらない孤児の間の不平等を是正するものであるという意味で，従前の偏った政策とは一線を画しており，人権意識に基づいた児童観の萌芽が見られるものとなった。

（2）里親制度及び養子縁組

里親制度は，保護者のいない児童を養育することを希望する家庭に児童を預かってもらうものである。ただし，里親になるためには「収養法」（養子縁組法）に従って一定の審査などを受ける必要がある。里親制度は，中国の伝統から継承されたシステムで，中国の児童福祉において重要な位置を占めている。

現在，里親の種類は，「養育里親」「短期里親」「外国人里親」「親族里親」等がある。そのうち「養育里親」と「外国人里親」は，「収養法」に基づいて養子縁組の手続きを行う必要がある。「短期里親」と「親族里親」は，各レベルの政府機関に契約を結び，政府からの孤児保護給付を受けながら，責任を持って子どもを養育する。

「収養法」実施後，外国人が養子縁組によって孤児を引き取ることが可能となった。中国児童福祉養子縁組センターの統計によると，2012年まで中国はすでにアメリカ，スペイン，カナダ，スウェーデン，フランス等17国家138の政府機関と養子縁組の提携関係を結び，約10万人障害児や孤児が養子縁組を通して養父母に引き取って育てていた。

表10-6　「養育里親」「外国人里親」数の年次推移

実績／年次	2005	2006	2007	2008	2009	2010	2011	2012
里親数（人）	50,921	49,148	46,047	44,115	44,359	34,473	31,329	27,310
年増減率（％）	－3.4	－3.5	－6.3	－4.2	0.6	－22.3	－9.1	－12.8

出所：民政部「2013年社会服務発展統計公報」をもとに作成。

　また，国内における養子縁組を通して養育里親になった実施の状況については，表10-6に示されたように年々減少する傾向である。2005年に里親実施の件数は5万921件であったが，2012年に2万7,310件にまで減少した。その原因は，里親による児童虐待の事件が多発したため，審査基準が厳しくなったこと，また，児童養護施設の増設も一つの原因と思われる。

　以上のように，児童養護施設に保護された孤児は9.5万人に，「養育里親」及び「外国人里親」制度によって引き取った里子は，2012年の時点で27,310人，と年々減少している。57万人の孤児を抱えているが，「短期里親」「親族里親」によって養護された子どもが最も多いのである。

（3）障害児施策

　2006年4月に中国政府が行った「第2回全国障害者人口調査」のデータによると，2006年の時点での6〜14歳の障害児人口は246万人，障害者全人口の2.96％を占め，同年齢児童人口の2.66％前後を占める。その中，視力障害児13万人，聴力障害児11万，言語障害児17万人，身体障害児48万人，知的障害児76万人，精神薄弱障害児6万人，また，多重障害児75万人などとなっている。2009年の時点で特殊教育学校は1,672校あり，教育を受けられた障害児は，63.19％になるという[11]。

　障害児に対する施策については，以下のように整理できる。①障害の発生予防，早期発見，早期治療。具体的には妊娠時の健診，出生後の子どもの健康診査などの制度を設けている。②在宅リハビリ施策。特に都市部においては療育訓練の通園施設やコミュニティリハビリ施設がある。③施設入所施策。長期間の医療，訓練，生活指導が必要である障害児を受け入れる施設は，知的障害児

第10章　児童福祉

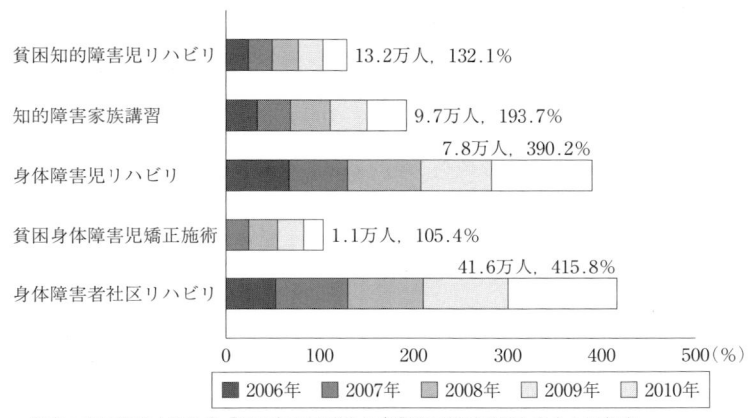

図10-1　障害児の療育及びリハビリの状況

貧困知的障害児リハビリ　13.2万人，132.1%
知的障害家族講習　9.7万人，193.7%
身体障害児リハビリ　7.8万人，390.2%
貧困身体障害児矯正施術　1.1万人，105.4%
身体障害者社区リハビリ　41.6万人，415.8%

■ 2006年　■ 2007年　■ 2008年　□ 2009年　□ 2010年

出所：中国残疾人連合会「2010年中国残疾人事業発展統計公報」をもとに作成。

施設，視聴力障害児施設等に分けられる。

　また，2004年から2006年までに中国政府は，3年間をかけて，6億元の資金を調達して，「身体障害孤児手術リハビリ未来計画」を実施した。毎年1万人近くの身障孤児に手術を施して健康を回復させている。最近，中国障害者連合会は11次5カ年障害者事業計画の達成状況の最新統計公報を発表した（図10-1参照）。つまり，2006年から2010年まで5年間に，基本的に無償で13.2万人の貧困障害児にリハビリ訓練を，9.7万人の知的障害者の親に知的障害者の早期教育を，7.6万人の身体障害児にリハビリを，また，コミュニティリハビリセンターを拠点として，41.6万人の身体障害者を対象に，リハビリ訓練を行った。すべての項目は11次5カ年障害者事業計画の指標を上回った。

　また，6～14歳の障害児の義務教育の状況は，少しずつ改善されていた。また，特に農村地域の障害児教育の改善は，一定の効果が見られた。

　しかし，2010年に中国の特殊学校の数は，1,697カ所，特別支援行動学校は104カ所であった。「中国障がい者事業11.5発展綱要」に求められた「30万人口以上の市町村に特殊学校を設置する」計画には程遠く，達成まで500カ所足りない状況にある。

第Ⅲ部　中国社会福祉の実像

表10-7　6～14歳の障害児童の義務教育就学率
(%)

	2007年	2008年	2009年	2010年	2011年
都市部	65.6	64.5	73.7	75.7	74.5
農村部	63.0	63.7	68.5	70.5	71.5
全　国	63.3	63.8	69.5	71.4	72.1

出所：中国残疾人連合会研究室，北京大学人口研究所，国家統計局科学研究所「2011年度全国残疾人状況及び小康進程観測報告」2012年10月及び小林昌之編『開発途上国の障がい者教育――教育法制と就学実態』調査研究報告書　アジア経済研究所，2013年をもとに作成。

(4) 子どもの健全育成施策

近年，子どもの非行，不登校の増加を受け，一般の子どもたちに対する健全育成対策が重要視されつつある。家庭，学校だけではなく地域社会にも，児童の健全育成のための重要な拠点としての役割が与えられている。

1) 子育て支援策――幼稚園・託児所

社会主義時代から男女平等理念の普及していた中国では，女性の就職率が非常に高く，夫婦共働きが当たり前となっており，この歴史的な伝統は現在もなお続いている。つまり，子育てをしやすい環境づくりのために国や地方自治体だけではなく，地域や企業も責務を負わなければならないという意識がきわめて高いといえる。具体策としては，国，地方自治体のほか企業においても幼稚園，託児所を設けることが義務とされている。規模の大きい行政機関や，大学，大企業等はほとんど幼稚園，託児所を開設している。保育教育の規定によると幼稚園は3～6歳児を対象に，託児所は3歳未満を対象とする。夫婦の共働き率が高いといった事情から，一般に保育・託児時間が長いのが特徴的であり，月曜の朝から土曜の夕方まで子どもを預かるという寄宿制の幼稚園も増えている。2005年の時点で全国の幼稚園は12万4,400ヵ所，在籍園児が2179.03万人，幼児教育者は83.61万人いるという。近年は一人っ子政策の影響で幼稚園の数がしだいに減っていく傾向にあり，統計によると1998年には18万を超えた幼稚園が，7年の間に6万ヵ所減少していた。その後ゆっくり上昇したが，2011年に16.3万ヵ所，幼児3424.45万人，入園率63.2%となっている。このように幼

児教育が量的に拡大していく時期は幕を閉じたが，今後は質的向上を目指して行かなければならないであろう。一方，農村地区の幼稚園の入園率は2011年の時点で43％しかない，取り残された貧困地区の子どもたち，都市部であっても就園できない「農民工」の子どもたちへの幼児教育普及はまだ多くの困難を伴っている。貧困幼児が平等に教育を受ける権利を保障することは今後の重要な課題の一つである。

　経済改革開放以前，幼稚園や託児所の設置経営主体は，ほとんどが行政や大規模な企業だったが，1990年代以後，市場化の波に影響され，NPOや民間による幼稚園，託児所の経営も認められるようになった。したがって従来の政府や企業が財源を主に負担する形から，財源の半分を経営者が自ら賄う形へと切り換わっていった。こうした変化の中で小規模な託児所や幼稚園は，閉園，経営中止等の道を選ばざるを得ないという窮地に追い込まれた。

　一方，優れた設備を持つ，個性的な幼稚園もたくさん生まれ始めた。マネジメント強化のため，1990年代に国務院は「幼稚園管理条例」等を定め，2001年に教育部は「幼稚園教育指導綱要」を公布した。「指導綱要」は，幼稚園の設置基準，保育・教育内容，行政管理規則等を統一的に規定した。これらの規定では，民間による経営は，保育事業の公共性，社会性を確保し，事業の健全なる進展をはかるものとすることが明記されている。また，幼稚園，託児所の認可にあたって，条例に定めた要件を満たさなければならないとしている。

　2006年5月31日，政府によって発表された「中国児童発展綱要（2001-2010年）」の実施状況では，子どもの健康・栄養状態の改善，基礎教育の普及レベルの上昇，児童の権利の法的保護など，中国の子どもを取り巻く状況がさらに良くなっていることが報告された。報告によると，中国の乳児死亡率は5.02％（1990年）から2.15％（2004年）に，5歳以下の幼児の死亡率は同6.10％から2.50％に下がった。基礎教育の普及レベルも上昇を続けている。2004年末時点で9年の義務教育はほぼ普及，青壮年の識字率は93.6％を超えた。学齢児童の就学率は98.95％（男児98.97％，女児98.93％），小学校卒業生の進学率は98.10％，中学校の就学率は94.1％となっている。(14)

中国国務院は，2006年から実施されてきた中国児童発展10カ年計画の継続として，2011年8月に「中国児童発展綱要（2011-2020）」を発表し，すべての子どもが教育を平等に受ける権利を確保することを改めて強調した。また，2020年までに幼児教育から高等学校教育までにおける教育の普及を目指すという目標を打ち出した。今回の綱要は，「普恵型」社会福祉の理念に基づき，農村部と都市部における格差の縮小を目指し，子どもの生存と発展，保護と参加を享受する権利を確保することが強調された。綱要は，健康と教育，社会福祉，社会環境，法的保護の5つの分野における発展の目標と措置を明確した。幼児教育について，2020年まで幼稚園，保育所の入所率70％を達成し，農村地域においては郷鎮レベルや村レベルの公立幼稚園の増設が目標に立てられた。

2）児童・少年活動センター

「少年宮」とよばれる児童少年活動センターは，地域社会の児童の健全育成に関する総合的な機能を持つ児童施設である。児童たちの課外学習を目的として，省，市，区といった3つのレベルの地方行政で設置されている。芸術，体育，科学等の総合的な活動ができ，劇場，温水プール，児童遊園地等が付設されている。専任指導員，教師が配置され，普段の指導を行う。

また，コミュニティの中には地域に密着した児童活動室もある。子どもが放課後や休日に利用することが多い。

運営管理に関しては，各地方自治体が教育部の「少年宮工作条例」に従い地域の実情にあわせて「少年宮実施弁法」を策定し，これに準じて運営している。

(5) 児童保健・母子保健の施策

2001年から実施された「中国児童発展綱要（2001-2010年）」では，子どもの健康・栄養状態の改善が重要な目標として立てられている。例えば乳幼児や児童の健康について，要綱は，出産前の保健検査率を都市部で90％，農村部で60％に引き上げることや子どもたちの受ける医療・保健・教育・社会福祉等を全面的に改善することなどを示した。国務院婦女児童工作委員会弁公室が発表したデータによると，中国の乳児死亡率は33.1‰（1991年）から10.2‰（2008年）

第10章　児童福祉

表10-8　全国0～5歳の児童死亡率推移

年別	1997	1998	1999	2000	2001	2002	2003	2004
‰	42.3	42.0	41.4	39.7	35.9	34.9	29.9	25.0
年別	2005	2006	2007	2008	2009	2010	2011	
‰	22.5	20.6	18.1	18.5	17.2	16.4	15.6	

出所：国務院婦人児童委員会『90年代中国児童発展状況報告書』及び中華人民共和国衛生部『2011年衛生事業発展統計公報』より作成。

へ，0～5歳以下の幼児の死亡率は表10-8に示した通り，1997年の42.3‰から2011年の15.6‰に下がったという[15]。

このほか，統計によると，2009年現在中国国内の大規模総合児童病院は70カ所，乳児愛護病院は4,730カ所，母子保健所は2,724カ所，児童・母子保健に関わる医療関係者は9万人にのぼる[16]。

4　児童福祉施設

（1）養護施設——児童福利院

　児童福利院は，保護者のない児童，あるいは扶養の困難な家庭の児童を入所させ，これを養護することを目的とする施設である。公的施設として養護，治療，教育という総合的な機能を有する。規模は大きく，施設はさらに乳児部，児童部，小学生部，中学生部など年齢別に分かれている。なお，児童福利院は入所設備であるだけではなく，障害児童に対するリハビリ等の医療サービスも提供している。2009年時点での児童福利院の入所者は11万5,000人で，児童養護施設の推移は2004年の208カ所に対して，2009年には303カ所に増加した。また，民政部の公表データによって，2012年にその数は463カ所に急増し，一時保護・救助児童養護施設を加え，724カ所にのぼる[17]。しかし，児童福利院は，孤児や貧困地域の農村部等から都市に流入した浮浪児等（15万人にのぼると推計される）をはじめとする困窮児童の対策が主であった。

（2）知的障害児・身体障害児施設——残障児童施設

「中華人民共和国未成年者保護法」「中華人民共和国教育法」等の法律・法規によると，国は児童に教育，計画的病気予防等の社会福祉を提供し，特に身障児童，孤児，棄て子等の特殊な苦しい状態にある児童には福祉施設の保護，地域福祉サービスを提供して，その生活，リハビリ，教育を保障することとなっている。現在，全国にある192の専門児童福祉施設の児童部は，知的障害児，身障児童を受け入れている。またリハビリセンター，知的障害児訓練プログラム及び孤児や身障者をサポートする機構が全国各地に約1万近く設置された。こうした障害児福祉施設は，重度の知的障害児及び身体障害児を受け入れ，これを保護するとともに治療や生活自立に必要な知識技能を指導することを目的とする施設である。この施設の対象者は先天的あるいは後天的な脳の障害のため知的発達が遅れている児童である。日本の場合は，知的障害児施設や重症心身障害児施設を区別して，より専門的な対応に取り込んでいるが，中国では，両者を区別せずに父母の希望があれば入所させることが可能である。一般に軽度の知的障害児は通所治療施設に通い，生活保護及び生活指導は家庭内で行う。

（3）障害児教育

長い歴史をもつ盲ろうあ児の学校は，盲ろうあの子どもを入学させ，特殊教育を受けさせながら自立に必要な指導または援助をすることを目的とする。学校という名称となっていたが実際には寄宿制で，生活指導や生活保護の機能も果たしている。とはいえ，やはり重視するのは教育であり，卒業してから学校を離れ社会に入るというシステムである。2001～2005年の時点に障害児の教育及び療育状況は表10-9に示されたように，しかし，11次5カ年障害者事業計画の5年間に激しい変化が見られた。

また，2010年末現在で障害者を対象とした特殊教育学校は1,705校，一般学校に開設した特殊教育クラスは2,775クラス，在学の障害児は51.9万人にのぼった。また，障害児・障害者を対象とした職業教育・訓練機関は2,504校があ

表10-9　障害児福祉実施の状況

	2001年	2002年	2003年	2004年	2005年
聴力障害児入学率（％）	22.5	23.6	24.5	26.8	27.1
知的障害児リハビリ延べ人数（人）	26,093	22,642	22,295	22,982	24,141
脳麻痺障害児リハビリ延べ人数（人）	8,607	10,003	10,539	11,014	10,819
進学できない障害児率（％）	35.6	32.3	30.6	27.5	24.3

出所：中国統計局『中国統計年鑑』2006年版をもとに作成。

ったという。障害者の進学率は2005年より下げたが，経済が発達した地域の障害児進学率は95％を達成しているが，遅れた農村地域においては，30％以上の障害児が教育を受けることと無縁となっている。

(4) 教護院――工読学校・少年教養所・少年管教所

不良行為あるいは触法行為をした青少年を入所させ，教護することを目的とする施設である。法律によって，この施設は満12歳から17歳未満の青少年を対象とした教育矯正機関とされている。

工読学校は，不良行為をした12歳から17歳未満の青少年を入学させ，学校教育と生産労働を通じて更生させる学校である。少年教養所・少年管教所は，触法行為をした青少年を収容し，生産労働と教育を通じて，更生させる施設である。

(5) SOS 児童村

中国の SOS 児童村は，世界的に高い評価を得ている民間の国際児童支援組織 SOS 子どもの村（SOS-Kinderdorf International）の支援を得て設立された児童福祉施設である。1984年に中国民政部が国際組織 SOS 協会と協定を結び，国際組織 SOS 協会の支援によって1985年第1号の SOS 村が天津で開設され，1986年に30人の孤児を迎えた。SOS 児童村の理念及び運営は中国国内で高い評価を得，その後，中国各地で開設が相次ぎ，現在，SOS 村が10カ所にのぼった。SOS 児童村の用地や子どもの生活費用は，各地方自治体から提供し，

建設費，運営資金等は国際組織の SOS 子どもの村協会が負担する形となっている。現在，中国にはその協会の支部である「中国 SOS 児童村協会」（NGO）が組織され，全国の業務を一括で管理しながら，発展途上国に対する国際支援の役割も担っている。中国 SOS 児童村協会の統計によれば，2012年末，各地域に創設された10カ所の SOS 児童村に141の家族，1,210名の孤児らが共同生活している。これまで多数の子どもたちが大学や専門学校等へ進学することができ，すでに1,255名の子どもたちは，自分で働いて自立生活ができた[19]。

　国際児童支援組織 SOS 子どもの村は，世界でもっとも大きな非政府の児童福祉組織（NGO）で，家庭を失った子どもたちを保護し，家庭環境の下で養育する事業を世界132か国で展開しており，ノーベル平和賞候補に10数回ノミネートされる等，国際的に高い評価を得ている。中国の SOS 児童村協会はこの事業に賛同し，国際児童支援組織から資金を得ているだけではなく，実践，運営のノウハウも受け継いでいる。SOS 児童村は，一般の児童福祉施設とは異なり，家庭環境の下で孤児たちを養育するという理念に従い，村の建築設計はユニット形式で一つの村の中に独立した12～18軒の家庭をつくる。年齢，性別のバランスを配慮して一つの家庭に5～6名の子どもを入れる。ここで生活している子どもたちは，男の子の場合，14歳になると家から離れ，SOS 児童村協会が運営する青年アパートに引っ越し自立生活を始める。女の子の場合は就職するまで家で過ごすことが認められる。各家庭で母親の役割を担う職員は公募で決められるが，子どものいない女性ということが応募の前提条件となっている。現在，中国 SOS 児童村の運営管理は，国際基準に準じて定められた「中国 SOS 児童村管理基準」「中国 SOS 児童村の母親のための手引き」「中国 SOS 児童村児童ソーシャルワーカーのための手引き」によって進められている。SOS 児童村の運営理念や自立支援のあり方などは，中国児童福祉の発展によい刺激を与えていると思われる。

注
(1) 陸士禎他編「中国児童政策概論」中国社会科学文献出版社，2005年。

第10章　児童福祉

(2)　同前。
(3)　「児童の権利に関する条約」前文外務省（http://www.mofa.go.jp/mofaj/gaiko/jido/zenbun.html，2010年2月3日アクセス）。
(4)　民政部社会福祉と慈善事業促進司　公表　「"適度普恵型"児童福祉制度建設の推進について」の通知，2013年6月26日。
(5)　以下に取り上げた各法律の解釈は人民出版社2011年版『中華人民共和国法律大全』を参照。
(6)　沈潔「中国孤児」新華網『中国産業動向』第3期　2006年を参照。
(7)　中国民政部「2012年社会服務発展統計公報」（http://www.mca.gov.cn/article/zwgk/mzyw/201306/20130600474640.shtml，2013年8月10日アクセス）より。
(8)　2009～2012年度「民政事業発展統計報告」（http://cws.mca.gov.cn/article/tjbg/201006/20100600081422.shtml，2013年3月3日アクセス）。
(9)　北京師範大学公益学院児童研究プロジェクト公表『中国児童福祉政策2013年』報告書2013年より。
(10)　中国民政部「2013年社会服務発展統計公報」（http://www.mca.gov.cn/article/zwgk/mzyw/201306/20130600474640.shtml，2013年8月5日アクセス）。
(11)　中国人口網（http://zgrk.hw01.com/a/0807/31/66744.htm，2010年10月）。
(12)　呂暁彤「中国における障害児童のニーズ分析」『帝京科学大学紀要』Vol. 8，2012年。
(13)　2011年「全国教育事業発展統計公報」「中華人民共和国教育部ホームページ」（http://www.moe.edu.cn/edoas/website18/info20732.htm，2012年6月15日アクセス）。
(14)　李敏誼「中国就学前教育の発展──回顧と展望」（http://www.spc.jst.go.jp/，2012年6月15日アクセス）。
(15)　中華人民共和国衛生部2009年衛生事業発展統計公報より（http://database.ce.cn/main/bgpt/201004/12/t20100412_21260948_7.shtml，2011年2月10日アクセス）。
(16)　同前。
(17)　民政部編『中国民政統計年鑑』2005年版から2012年版を参照。
(18)　中国残疾人連合会「2010年残疾人事業発展統計公報」（http://www.gov.cn/fwxx/cjr/content_1839338.htm，2011年5月20日アクセス）。
(19)　中国SOS児童村協会HP（http://www.tj.xinhuanet.com/jdwt/2005-06/24/content_4509142.htm，2012年12月10日アクセス）。

参考文献

王念家「中国における児童福祉の発展——児童福利院と里親制度を中心に」『国際文化学』神戸大学国際文化学会，2008年。

小林昌之編『開発途上国の障害者教育——教育法制と就学実態』調査研究報告書，アジア経済研究所，2013年。

尚暁媛『中国儿童福利前沿問題』中国社会文献出版社，2010年。

沈潔「1940年代における中国の児童福祉事業の展開——『中国福利基金会』の民間活動を中心に」『高知女子大学紀要』50巻，2001年3月。

沈潔「中国児童福祉の現状」『総合福祉』4巻，2007年3月。

北京師範大学公益学院児童研究プロジェクト編『中国児童福祉政策報告書2010年』2010年。

北京師範大学公益学院児童研究プロジェクト編『中国児童福祉政策報告書2013年』2013年。

呂暁彤「中国における障害児童のニーズ分析」『帝京科学大学紀要』Vol. 8，2012年。

楊雄『児童福祉政策』上海人民出版社，2012年。

第11章　障害者福祉

　長い間，中国の障害者は偏見と差別の中で生きることを余儀なくされてきた。障害があることは恥であり，「先祖が何か悪いことをした報いだ」という意識が人々の間にまだ強くある。

　従来，障害のある子どもたちは師匠について芸を身に付け，成人すると5～6人のグループで大道芸をやりながらあちこちを回って暮らしていた。社会主義の時代になると，児童・障害者・高齢者のための総合施設である社会福利院が作られたが，数は少なく，ここに入った子どもたちも，退所年齢の18歳までに歌や民族楽器，踊り等の一芸を習得させられた。知識よりも実技を身に付けるべきであるとされてきたのである。

　「千手観音」の幻想的な舞踊等ハイレベルな踊りや歌，楽器演奏で国際社会でも話題の障害者芸術劇団にも，その伝統を見ることができる。この旧慣を乗り越えて，障害者の権利保障を求め続けてきたのが当事者運動であった。当事者の活動は障害者福祉政策を変えた。

　根強い偏見と差別の中で，当事者として初めて公に声を上げたのは，故鄧小平氏の息子，鄧朴方であった。鄧小平氏が弾圧された文化大革命の時代，息子にも迫害が及び，飛び降り自殺を図った鄧朴方氏は一命をとりとめたものの，下半身不随となった。その後，鄧朴方氏は様々な活動に取り組み，1988年には中国障害者連合会を設立して当事者運動を引っ張ることとなった。障害者連合会はもともと政府機関として発足したが，現在はNGOと位置づけられる全国組織となっている。

　障害者連合会の中には，障害者芸術劇団のような芸術系の連合会の他に，スポーツ障害者連盟，身体障害者の会，聴覚障害者の会等々，分野ごとの当事者団体が所属する。

第Ⅲ部　中国社会福祉の実像

　当事者団体は，政府が認める範囲内ではあっても非常に活発に活動しており，その活動を背景にして政策が作られてきた。昨年新しく障害者政策・障害者教育の人材を養成する学部・大学院が人民大学で誕生した。これも下からの要望が少しずつ積み上がった結果，実現に至ったものと思われる。

　中国国内の障害者運動は，外部の力を利用して発展してきたとするのも一つの見方である。特に大きな影響を与えたのは，1981年の「国際障害者年」と「国連障害者の10年」（1983〜1992年）であった。以後，情報面・資金面で，国連やアジア太平洋障害者連盟など国際機関・NGO の協力を得て活動している。

　また，社会政策の対応においては，1982年に改正された「中華人民共和国憲法」の中で，それまでの高齢者，障害者，または労働能力喪失者に対する社会保険，社会救済，医療衛生の提供という一般的な社会保障の規定に加え，新たに国家と社会は視覚，聴覚，言語障害その他の障害を持つ公民に対し労働・生活・教育を援助し処置するという規定が設けられた[1]。1990年12月には「中華人民共和国残疾人保障法」が制定され，それに基づいて1994年には「残疾人教育条例」が，2007年には「残疾人就業条例」等が公布された。当時，「リハビリテーション条例」の草案なども作られたが，様々な事情により公布までには至らなかった。また，一部の条例や政策などは棚上げされており，障害者支援においては農村部と都市部の格差が大きいという問題が残されている。

1　障害者権益保障意識の醸成

（1）障害者の定義

　1990年に実施された「中華人民共和国残疾人保障法」（以下，「残疾人保障法」）及び2008年の改正法においては，障害者を下記のように定義されている。障害者とは「心理・生理・人体構造上において，ある種の組織，機能を喪失しているかまたは不正常であり，正常な方法によってある種の活動に従事する能力の全部または一部を喪失している者を指す」（第2条）。

　また，従来では障害を持つ人すべてを「障害者」とした上で「身体障害者」

と「視聴覚障害者」の2つに分類にしていたが，本法律では肢体障害，視力障害，聴力障害，言語障害，知力障害，精神障害，重複障害と分類されるようになった（第2条）。

障害者の認定に関しては，「障害者実用認定基準」があり，これはWHOの推奨する「国際機能，障害と健康分類」（ICF）に準じたものと見られる。その基準の中では，肢体障害，視力障害，聴力障害，言語障害，知力障害，精神障害の6種類の障害について，具体的な基準が定められている。例えば，視覚障害については，その障害程度によって全盲障害1級，2級，視覚低下1級，2級という4ランクが定められている。障害者は認定専門機関及び障害者認定専門医の審査等を経て，各地方自治体に申請し，「障害者手帳」をもらい，補助及び支援サービスを利用することができる。

（2）障害者人口の構成

中国政府は1987年と2006年に第1回，第2回の全国障害者状況調査を行った。2010年に行われた第6回人口センサス調査の中において，障害者人口調査の項目が設けられた。その3回にわたって行った障害者人口の構成及び調査の結果と内訳は，表11－1の通りである。

このように，障害者人口が総人口に占める比率は，1987年に4.9％，2006年に6.34％，2010年に6.34％とそれぞれなっている。2006年以後，障害者人口の増減には大きな変化がなかったが，1987年から2006年までの間の増加が激しかった。急増する原因は，人口の増加の他，急速な経済発展にともない，特に労災事故や交通事故による障害者や高齢障害者が増えることが見て取れる。また，農村部に集中している医療水準が低く，安全管理の意識も不十分な中，病気や事故の後遺症で障害が残るケースが多いと見られる。精神障害者が，1987年に194万人対して2006年に614万人までに急増した背景は，おそらく認知症高齢者が加算されたことによるものと推測できる。

また，2006年に行った第2回の全国障害者状況調査データによると，障害者の年齢構成は，0〜14歳の障害児人口は387万人で4.66％を占め，15〜59歳ま

表11－1　障害者人口の構成状況

		1987年	2006年	2010年
総人口		10億8,000万人	13億1,448万人	13億3,972万人
障害者総数		5,164万人	8,296万人	8,502万人
総人口に占める比率		4.9%	6.34%	6.34%
内訳	聴覚障害者（1987年のみ聴覚・言語障害者を統合した）	1,770人（34.3%）	2,004万人（24.2%）	1,263万人
	言語障害者	—(1)	127万人（1.5%）	130万人
	知的障害者	1,017人（19.7%）	554万人（6.7%）	568万人
	肢体障害者	755万人（14.6%）	2,417万人（29.1%）	2,472万人
	視力障害者	755万人（14.6%）	1,233万人（14.9%）	1,263万人
	精神障害者	194万人（3.7%）	614万人（7.40%）	629万人
	重複障害者	673万人（13.0%）	1,352万人（16.3%）	1,386万人
60歳以上の高齢障害者の比率		39.72%	53.24%	—

注：(1)　障害者人口を占める比率
出所：中国国家統計局より「第1次・第2次全国障害者抽様調査主要数据公報」及び真殿仁美「適度普恵型福祉のもとでの障がい者福祉」『東亜』2013年9月号，霞山会をもとに作成。

での障害者人口は3,493万人で42.10％，60歳以上の高齢障害者（認知症，寝たきり等）人口はもっとも多く，4,416万人で，53.24％を占める。0〜14歳の障害児人口の減少は，近年，「優生・優育」政策の実施によってもたらされた結果と思われる。

障害者の学歴について，大学・短大卒94万人，高校卒406万人，中学卒1,248人，小学校卒2,642万人，15歳以上の障害者のうち，文字の読めない人口は3,591万人，文盲率が43.29％となっている。文字の読めない人口は，主に農村部に分布している。

全国の障害者世帯は7,050万戸，全国世帯総数の17.80％を占める。障害者家族の世帯人数は，平均3.51人となる。また，男性障害者人口は，4,277万人で51.55％，女性は4,019万人で48.45％を占めている。

2　中華人民共和国残疾人保障法の改正

　現在，障害者法制の核となっているのは1990年に成立した「残疾人保障法」である。障害者の権利，政府の責務，政府及び社会において実施すべき対策（リハビリテーション，教育，就業対策，文化生活，福祉，環境等）等の障害者対策全般にわたる基本的事項・対策指針が定められている。なお，中国政府は国連障害者権利条約の策定に積極的な姿勢を示している。

　1991年より実施された障害者保障法に基づいて，様々な施策が講じられてきたが，2008年4月24日に18年ぶりに改正案が成立し，7月1日より施行されることとなった。今回の改正の目的は「ここ数年の社会変動の中，障害者の権利保障の分野で現れてきた様々な問題を解決すること」にあり，国連の障害者権利条約批准を意識した法改正と思われる。改正された「残疾人保障法」の構成は，「総則」「第2章 リハビリ」「第3章 教育」「第4章 労働就職」「第5章 文化生活」「第6章 社会保障」「第7章 バリア・フリー」「第8章 法律の責任」「第9章 附則」からなる。

　法改正のポイントや課題を以下に整理する。

（1）ノーマライゼーション理念の提唱

　今回の法改正で，もっとも注目されたのはノーマライゼーション理念があげられたことである。周知のようにノーマライゼーションという考え方は1950年代末にデンマークで打ち出され，その後スウェーデンやアメリカで発展し，現在，各国の障害者政策の基本指針となっている。2008年に改正された「残疾人保障法」の中では，障害のある人々が障害のない人々とともに生きていく調和社会を目指すことが強調され，ノーマライゼーションの考え方が法律の中に初めて加えられた。

(2) 障害者差別の禁止と社会参加の権利保障

障害者に関する新しい人権理念の下で、根強く残る障害者差別・蔑視を禁止するための思想や目標も盛り込まれている。障害者の権利について「障害者は政治・経済・文化・社会及び家庭生活などの面においてその他の公民と平等の権利を享有する」と規定されている（第3条）。具体策として、毎年5月第3週日曜日を「障害者デー」と定めた。政治権利・社会参加の保障では、いろいろな分野において、障害者のリーダーシップを育成し、政治の舞台にも進出できるようにすることが強く求められている。その他、障害者政策における行政の役割、あるいは行政と障害者支援民間団体の連絡調整、監査等についても明記されている。

(3) 医療とリハビリテーション

2008年の改正では「国家は障害者がリハビリテーションサービスを享有する権利を保障する」ことが明記され、医療とリハビリテーションに関する地域の役割の強化があげられている（15条）。1990年法は、国及び社会がリハビリテーション措置をとるとのみ規定していたが、改正法は、リハビリテーションを障害者の権利であるとするとともに、各級人民政府及び関係部面がリハビリテーション・サービスの体制を整備する等必要な措置をとらなければならないと定めた[2]。

その具現化されたものとして、まず、政府はリハビリテーション・プロジェクトを実施し、白内障患者の手術やそれぞれの障害者のリハビリテーションを展開してきた。2006年の時点での全国の障害者リハビリセンターは1万9,600カ所、コミュニティ内の小規模なリハビリステーションは4万2,020カ所、各コミュニティの中に1カ所リハビリステーションを設置することが義務づけられている。しかし、2006年の調査では、実際にこれらのサービスを受けることができた障害者は、医療が35.61％、リハビリテーションが8.45％に過ぎない。医療とリハビリに関して、コミュニティの法的責任の明記が必要とされている。

(4) 共に学ぶ教育の権利

　今回の改正では,「平等」が加わり,「国家は障害者が平等に教育を受ける権利の享有を保障する」と規定した (21条)。また, 従来, 義務教育の実施の重点が置かれていた文言は, 就学時に存在する実際の困難を解決し, 義務教育を修了できるよう支援する方針へ書き改められていた。貧困障害者世帯の生徒・学生に対する教科書費用の免除や寄宿舎費用の補助等の具体的な費用の減免についての規定が追加されている[3]。

　さらに今回の改正では, 障害児が普通学級・普通学校で一般の子どもたちとともに学ぶ「統合教育」を受ける権利が明記されている。

　第11次障害者事業5カ年計画 (2006-2010年) の実施により, 特殊教育学校は全国で1,662カ所, 特殊教育クラスは2,700カ所が設立され, 専門教員の養成プログラムの実施など達成できた。

(5) 就労促進

　国家は障害者が労働する権利を保障すると規定している (第30条)。中国は障害者保障法の制定以前, 1988年にILOの「障害者の職業リハビリテーション及び雇用に関する条約」を批准した。障害者の就労は, 障害者政策の最も大きな柱といえる。政府機関をはじめ地方行政, 企業, 事業組織等に対し障害者の法定雇用率 (現行1.5%) の達成を義務づけており, 達成に至らなかった企業には保障金の納付を義務づけ, 障害者のための給付金に回す仕組みとなっている。

　また中国では, 障害者の就労は集中型と分散型に分けられる。集中型は政府または社会が設立した障害者福祉企業や盲人の按摩院等に就職することであり (第32条), 分散型は障害者雇用率に基づいて, 国家機関や, 企業, 社会団体などに就職することである。障害者雇用率は最低1.5%と定めている (第33条)。その他, 自営業開業などもできる。個人開業への優遇措置も行われており, 税金優遇の他, 場所の提供・斡旋, 登録および証書の費用免除, 少額の貸付も定められている (第34条)。障害者を主な従業員とする福祉工場が多くあり, 税制上の優遇措置が定められている。これらの企業・工場に雇われているのは比較

第Ⅲ部　中国社会福祉の実像

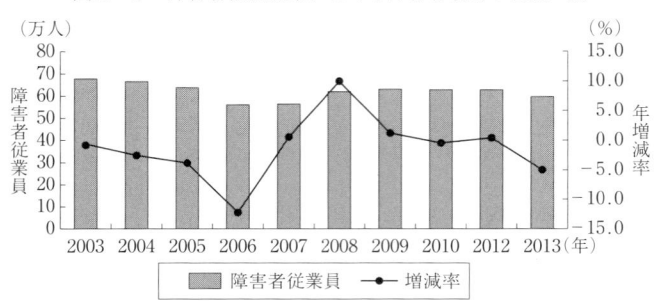

図11-1　障害者福祉企業における障害者雇用の状況一覧

出所：民政部「2012年社会服務発展統計公報」(http://www.mca.gov.cn/article/zwgk/mzyw/201306/20130600474640.shtml，2013年12月10日アクセス)。

的軽度の障害者で，重度の人々はコミュニティの作業所に通っている。

　視覚障害者に関しては，現在9万人いるマッサージ師をさらに5万人（うち高度な治療を施す医療マッサージ師を1万人，一般のマッサージ師を4万人）増やす養成計画が立てられている。その他，地域の中で障害者ができる仕事の援助義務が定められている。

　しかしながら，実に障害者の7割が農村部で生活しているにもかかわらず，農村部では労働力のある障害者に安定的な労働の場が確保できていない。今後もなお障害者就労の問題は大きな課題であると思われる。

　これまで知的障害者・精神障害者の権利・能力の問題に対し，適切な施策があまり取られてこなかったが，どのように適切な定義や判定を行うのか，基準が定められつつある。実際に心を病んだ人々は，他の障害者よりも特に強い差別を受けてきた。視覚，聴覚，肢体，言語障害という4障害を持つ人々の就労には明確な規定があるが，知的障害者・精神障害者に関しては，コミュニティの中に重度の精神障害者の作業所を1カ所設立する規定だけしかない。

　2012年時点で，知的障害者・精神障害者が利用できる総合施設は257カ所，そのうち，精神病院156カ所，ベッド数は6.5万床，利用者数5.8万人であった。

　図11-1は，障害者福祉企業による障害者雇用の実績の推移である。2012年度，障害者福祉企業は2万232社あり，雇用した障害者数は59.7万人だった。

（6）生活扶助

　改正法の（第47条）において，国は生活が困難である障害者に対して，社会保険補助金を給付し，地方政府は貧困障害者に対しては基本医療，リハビリテーションサービス，必要な補助機器などを救助し，また自立した日常生活ができない障害者に対しては状況に応じて介護手当を給付するべきとされている（第48条）。

　15～59歳の障害者で農村部に住む人は74％にものぼる。特に地域全体が貧しい北西部では，開発が進められているプロジェクトの中に障害者の救貧も含まれており，住宅の改築費用や医療リハビリ費用の援助等の方針が定められている。

　また，障害者の生活扶助の問題について，中でも1,200万人いる農村貧困障害者の就労と生活扶助の方向性が定められた他，就労できない重度の障害者と家族は，障害者のための生活保護を申請し，審査を経て受給することができる。生活保護の基準に満たない収入の場合は，その分を受け取ることができる。しかし，農村では生活扶助制度が実施されていない地域もあり，そこでは臨時的な補助や住宅手当，自営業・農作業等の資金貸し出し等を行っている。

　2010年以後，日本のような障害者年金制度の整備が始まり，2011年より重度障害者手当制度が導入された。

（7）バリアフリー及び文化的な生活の促進

　2008年の改正法では，「国家は障害者がリハビリテーションサービスを享有する権利を保障する」ことが明確に規定された（第15条）。バリアフリーの推進は，1983年から検討されはじめ，障害者関連団体が「障害者の生活環境を改善する」という提案を人民代表大会に提示するという経緯があった。これを受けて，1986年7月に中国建設部・民政部・中国障害者福利基金会は連携の形で公共施設におけるバリアフリー建設ガイドラインを制定し，1989年1月から実施することとなった。特にパラリンピックの開催は中国国内及び国際社会から広く支持を集め，北京のバリアフリー化を促進している。2007年には，130の道

路，1180の交差点，460の銀行，20の郵便局，50の大学，109の学校がバリアフリー化された。

　以上の経緯を踏まえ，今回の改正ではさらにコミュニティ内や新しい公共施設におけるバリアフリー建設基準が定められている。また，手話・点字なども普及しつつある。北京ではパラリンピックに備え手話通訳や点字表示等の準備が進められたが，地方ではこれからの課題となっている。

　2011年までに障害者スポーツ人口を障害者全体の15％以上に増やすという目標を打ち出すなど，障害者スポーツの振興や芸術劇団の増加が促されている。2004年9月に設立された「北京市障害者スポーツ訓練・職業技能訓練センター」では，毎年，3万人以上の障害者がスポーツ訓練や職業訓練を受けている。身障者連合会の統計によると，ここ数年では毎年200万人以上の障害者が各種スポーツ大会に参加している。また，スポーツ訓練センターも年々増えていて，国家級をはじめ，中国全土に省級のスポーツ訓練センターが18カ所設立されている。

3　障害者福祉事業推進5カ年計画

(1) 第9次5カ年障害者事業発展綱要――1996-2000年

　改革開放後，中国の障害者事業として5年ごとに国家政策が計画され，目標とその達成に向けた措置が明らかにされてきた。1988年「中国障害者事業5カ年計画（1988-1992年）」を皮切りに，以後，定期的に障害者事業計画を立案しながら展開されてきた。現在は，第6期目の障害者事業12次5カ年計画期間に入っている。

　1996年に中国国民経済と社会発展5カ年計画の一環として，3期目の「中国障害者事業第9次5カ年計画（1996-2000年）」が制定された。障害者の社会参加や経済格差の縮小を図るとともに，社会主義市場経済改革の歩調に合わせることの必要性が強調された。その主な施策は次のようなものである。

① 障害者教育の促進

障害児の無教育入学率を80％に引き上げること，障害者人口が比較的多い町に（30万人以上）特殊教育センター学校を設置すること，特殊教育学校の職業教育を強化すること，特殊教育学校や障害児施設に就学前教育クラスを設け，早期教育，早期リハビリテーションを行うこと等。

② リハビリテーション対策

1996年，中国衛生部は「総合病院リハビリテーション医学管理に関する規定」を公布し，3級，2級の総合病院にリハビリテーション医学科（理学療法室，作業療法室）を設置すること（しかしながら，リハビリテーション専門の人材を養成する学校が十分に整備されておらず，リハビリテーション専門職の養成・配置が十分に進んでいない現状がある）。

③ 障害者就業の促進

省・市・県に障害者就業サービス機構を設立し，職業訓練，就職情報の提供と就職斡旋を行う等によって障害者の就業率を80％までに引き上げるという具体的な目標が挙げられている。

（2）第10次5カ年障害者事業発展綱要——2001-2005年

中国障害者事業第10次5カ年計画（2001年4月）において，2001年〜2005年に実施すべき障害者対策の基本的方向が提示された。主な内容は，リハビリテーションの実施（510万人にリハビリテーションを実施）であり，実施期間中の具体的な目標は以下の通りである。

① 経済が発展した地区では，障害者の生活レベルを「小康」（安定し，やや余裕がある経済水準）に，発展が遅れている地区では「温飽」（衣食が足りる）にする。
② 510万人にリハビリテーション治療を施す。
③ 義務教育の就学率を高める。
④ 就業の促進。就業率の目標は85％。盲人按摩事業の発展によって3万

5,000人の盲人按摩師を養成する。また，彼らに社会保険への加入を促し，養老保険，医療保険，失業保険，労災の適用を促進する。
⑤　障害者向けの総合サービス施設を少なくとも1市・1県に1カ所建設する。
⑥　障害者の救助対策。労働力のある1,200万人の農村貧困障害者のために労働参加の場を設け，労働支援を行う。

　中国障害者連合会の推計によれば，リハビリテーション医師は1万2,000～1万8,000人，PTは5万8,000～31万7,000人，OTは1万7,000～9万人，STは1万～5万5,000人が必要とされているが，現状の養成体制では必要数を確保することが困難になっている。こうしたリハビリテーション人員の養成及び指導者（教員クラス）の養成に対する協力を目的として，現在，日本の技術協力により，「リハビリテーション専門職養成プロジェクト」が実施されている（2001年-2006年）。
　リハビリテーションを受けるためには，長期にわたる受診を要するが，そのための費用保障の問題がある。医療保険制度の内容と関連するが，リハビリテーション受診者（特に児童等）の中には，制度や企業（単位）等からの保障を受けることができず，多額の自己負担を要している者も多い。

（3）第11次5カ年障害者事業発展綱要——2006-2010年

　中国障害者事業第11次5カ年計画（2006-2010年）においては，リハビリテーションの実施，就業の促進，盲人按摩の養成，障害者貧困対策，義務教育就学率の向上，バリアフリー等の政策の方向性が定められ，それぞれ前計画上の数値に上積みがなされた。特に交通事故や労災事故による肢体不自由者に対するリハビリ訓練，社会復帰に重点が置かれている。
　第11次5カ年計画の特徴は，就労型障害者福祉の提唱であった。この方針を受けて，2007年2月に「障害者就業条例」が公布され，都市部で75万人，農村部で1,800万人の就職達成が目標に掲げられた。また，盲人按摩師の養成計画

については，それまでの9万人にさらに5万人が追加されることとなった。2008年9月の北京パラリンピックを前に，障害者スポーツに関する目標も定められた。障害者の教育に関しては，特殊教育学校を1,662カ所，特殊教育クラスを2,700カ所，職業訓練機関を3,048カ所まで拡充することが定められた。

就労型障害者福祉政策の下で，障害者の就労，職業訓練，専門学校教育体制の整備等において，変化が見られた。2010年まで障害者職業訓練機関は4,704カ所に，訓練を受けた障害者は延べ376.5万人であった。障害者専用の就職相談，就職紹介の窓口は3,019カ所，就職したのは延べ179.7万人であった。[5]

（4）第12次5カ年障害者事業発展綱要——2011-2015年

2011年5月に採択された「第12次5カ年障害者事業発展綱要」の主旨は，2015年までに障害者の生活全般が「小康」（経済的に多少ゆとりのある状態）に到達することを目指すことである。取り上げられた政策の目標は，社会保障の拡充，リハビリテーションの実施，教育水準の向上，従業の促進保護政策の充実，扶貧対策の強化，介護サービスシステムの整備，公共文化サービスの強化，障害者組織体系の充実，バリアフリー，法制度の整備，障害の予防，科学技術・情報化水準の向上等である。

また，2015年までに達成する数値目標も掲げられた。例えば，リハビリに関して，1,300万人に高度的なリハビリサービスを提供し，500万件のリハビリ機材を無料で提供するなどである。扶貧対策については，1,000万人の農村障害者に障害者手当給付を与え，100万人の農村障害者に職業訓練サービスを提供すること等が掲げられている。

つまり，第12次5カ年障害者事業計画の目標は，如何に障害者を貧しい暮らしから脱却させられるかである。特に障害者に対する公共サービスを受けることできなかった農村地域の障害者及びその家族にサービスを届くように重点を置いている。

4　家庭扶養の責任からの脱出に向けて

　これまで障害者の扶養や生活支援に対しては，主に家族がその役割を担っていた。すなわち，障害者の扶養は家族の責任であるという旧慣が根強く残っている。「障害者権益保障法」の実施によって，障害者の権利擁護や公的責任という権利意識が芽生えた。従って，障害者生活支援体制やリハビリ体制の整備と拡充も少しずつ進められてきた。

　中国の障害者政策は就労と教育を柱に，救貧，医療，リハビリと様々な試行錯誤を繰り返しながら展開されてきた。障害者が自信をもってどんどん社会に進出してきているという実感がある。社会福祉が未整備だった分，自活意識が非常に強いという点もエネルギーになっている。結婚して一家を養っている人も多く，非常に誇りをもって生きている姿に出会うことができた。

　地域では，身体障害者や知的障害者が家電修理等の店を営んでいて，そこに人が集まって話をしている光景をよく見かけた。地域住民が商売を通じて障害者とコミュニケーションをとる中で当事者の苦労や生活を理解するという経験を通して人々の意識も変わってきているのではないだろうか。

　一方，障害者政策の中に，制度間の格差の問題が生じている。例えば，障害者向けの医療，リハビリサービスが農村地域に届かず，利用できるのは都市部の障害者のみである。制度，法律上では平等が明記されたが，資源分配の不平等によって地域間，制度間の格差が生じつつある。また，都市部の最低生活保障の給付計算は，世帯の収入をもとに計算することが原則であるため，都市部の障害者2,071万人のうち，最低生活保障を受給しているのは，275万人しかなかった。地方政府の裁量で定期的，不定期的な障害者手当は，支給されていたが，障害者の経済保障に関する法律や全国的に統一された制度は，明確化されてないため，障害者個人の生活が実際に保障されてない状況にある。

　そして，近年，障害者の就労支援の抜本的強化が進められたが，身体障害者の就労はある程度の成果が見られた。しかし，精神障害者の就労は，依然とし

て壁が厚い。今後,障害者施策における制度間,地域間格差の解消が大きな課題である。

注

(1) 小林昌之編「中国の障害者と法――2009年の障害者法改正を中心に」『開発途上国の障害者と法――法的権利の確立の観点から』調査研究報告書,アジア経済研究所,2009年。
(2) 小林昌之編『開発途上国の障害者と法――法的権利の確立の観点から』調査報告書,アジア経済研究所,2009年。
(3) 同前。
(4) 中華人民共和国民政部「2012年民政事業発展統計報告」より。
(5) 中国国務院「第11次5カ年障害者事業発展綱要2006-2010年」より。
(6) 真殿仁美「適度普恵型福祉のもとでの障害者福祉」『東亜』2013年9月号。

参考文献

小林昌之編『開発途上国の障害者と法――法的権利の確立の観点から』調査報告書アジア経済研究所,2009年。

小林昌之編『開発途上国の障害者教育――教育法と就学実態』調査報告書,アジア経済研究所,2013年。

趙麗麗「中国におけるバリアフリー化に関する政策の動向及び現状」『北星学園大学大学院論叢』2008年。

楊立雄・蘭花『中国残疾人社会保障』人民出版社,2011年。

相自成『権益保障的中国模式――残疾人権益保障問題研究』華夏出版社,2011年。

鄭功成編『中国残疾人事業発展報告』人民出版社,2011年。

卓彩琴編『残疾人社会工作』華南理工大学出版社,2009年。

森荘也編著『発展途上国障害者の貧困削減――かれらはどう生計を営んでいるのか』岩波書店,2010年。

第12章 高齢者福祉

　急速な少子高齢化は，東アジア地域の共通課題であると言われていたが，一人っ子政策を実施してきた影響で，中国の人口構造・社会構造は偏り，高齢化問題がより深刻になった。その深刻さについては，「高齢化」「老齢化」「空巣化」「失能化」という4つのカテゴリーから語られている。

　本章では，中国高齢者福祉政策生成の背景及びその構築における独自な課題を焦点に考察する。

1　急速に進む中国の高齢化

　2013年3月，中国全国老齢工作委員会弁公室によって公表された「2013年中国老齢事業発展報告書」（以下，「報告書」）の中で，いくつかの事実が明らかになった。まず，急速に進む「高齢化」について，報告書によると，60歳以上の高齢者人口が2012年末に1億9,400万人に達し，総人口の14.3％を占めるようになった。2013年末までには2億200万人を突破し，総人口の14.8％を占めるようになる。そして，高齢者人口は2025年まで毎年100万人のペースで増え続けると予測されている。

　一方，16～59歳の労働力人口は減少しはじめた。2011年には，9億4,000万人という過去最高水準に到達したが，2012年から減少に転じ，9億3,900万人になった。2013年にはさらに減少し，9億3,600万人となり，今後も労働力人口が減少し続ける予測というである。これらのことから，経済活動に対する人口ボーナスが消失していくであろうと予測できる。

　高齢者の増加と労働力人口の減少により，社会的な扶養圧力が高まっている[1]。2012年の社会的扶養率は44.62％（低年齢扶養率23.96％，高齢者扶養率20.66％）と

第 12 章　高齢者福祉

図12-1　中国少子高齢化の現状

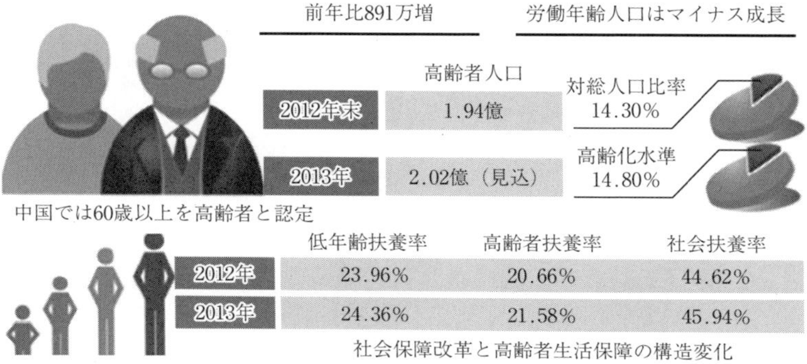

前年比891万増　　労働年齢人口はマイナス成長

高齢者人口　　　　　対総人口比率
2012年末　　1.94億　　　14.30％
　　　　　　　　　　　　高齢化水準
2013年　　2.02億（見込）　14.80％

中国では60歳以上を高齢者と認定

	低年齢扶養率	高齢者扶養率	社会扶養率
2012年	23.96％	20.66％	44.62％
2013年	24.36％	21.58％	45.94％

社会保障改革と高齢者生活保障の構造変化

出所：「2013年中国老齢事業発展報告」人民網日本語版（http://j.people.com.cn/94475/8147675.html，2013年12月5日アクセス）。

なり，2013年には1.32ポイント上昇し，45.94％になる。

「老齢化」に関しては，60歳以上の高齢者が急増する中，80歳以上の後期高齢者の増加が注目に値する。2012年末までの統計によれば，80歳以上の高齢者人口は2,273万人になり，100歳以上の高齢者も5万人を超えた。高齢化社会の最前線である上海では，2005年の平均寿命が80.13歳であったが，2012年に82.41歳に上がった。このような後期高齢者の急増は，「老齢化」現象と呼ばれている。中国老齢工作委員会のデータによると，現在，80歳以上の高齢者及び要介護高齢者が年間100万人ずつのペースで増加し，2050年までには80歳以上の人口が1億人を超えるとの見込みで，超高齢化へ突入すると予測されている。[2]

「空巣化」の問題は一人っ子政策と関連する問題である。「空巣化」とは，高齢者の一人暮らし又は夫婦だけの世帯ということである。調査によると，城郷高齢者世帯での「空巣率」は，2013年までに50％を超え，「空巣老人」は1億人まで増加することになる。2050年後，「空巣率」は54％にとどまり，大幅に上昇しないであろうと予測されている。

「空巣」高齢者世帯の問題は，1990年代初頭に都市部より出現しはじめたが，現在では，農村部の方が都市部より深刻となっている。「空巣」高齢者世帯を生み出した社会的な原因は，①高齢者に自立できる経済力がついたことによっ

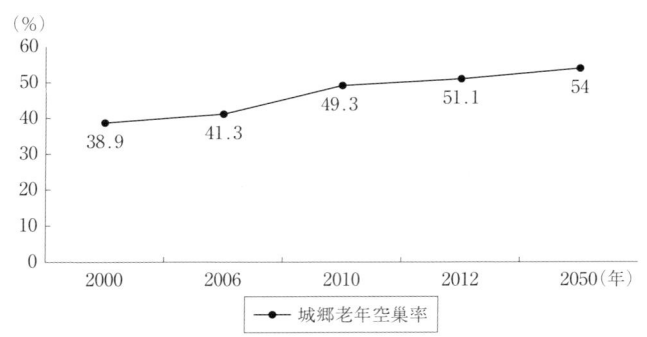

図12-2　城郷高齢者世帯における「空巣率」

年	城郷老年空巣率（%）
2000	38.9
2006	41.3
2010	49.3
2012	51.1
2050	54

出所：中国老齢工作委員会及び北京師範大学公益研究院「国際養老護理服務管理与運営課程・講義」2013年4月資料より作成。

て，なるべく子どもに負担をかけたくない意識が芽生えたこと，②世帯間の価値観の違いから，3世帯居住が難しいこと，③子どもが都会・海外に出稼ぎに出たこと，④子どもが老親扶養の役割を果たせないこと等が挙げられる。

第4の「失能化」とは，いわゆる自立生活困難や要介護・要支援の高齢者の増加である。要介護・要支援の高齢者人口は，2011年に約3,300万人，2012年に3,600万人，2013年に3,750万人に増加している。つまり，介護サービスの必要性がますます高まっているのである。

2　高齢者福祉政策の構築

(1) 高齢者問題の提起

中国高齢者問題の提起は，1980年代に遡ることができる。1982年，ウィーンで開催された高齢者問題世界会議において，中国は国際会議に初めて代表団を送った。ウィーン高齢者問題世界会議の中で，国際社会は初めて中国の一人っ子政策実施後の高齢者問題を知り，中国の高齢者問題に対する関心が高まった。翌年，国際社会の要請に応じて，中国は政府の常設諮問機関として「老齢問題全国委員会」を創設した。これは，現在の高齢者政策の立案権限を持っている

「全国老齢工作委員会」の前身であった。国際社会からの刺激を受け、政府は、ようやく顕在化してきた老人問題の重要性を痛感した。

　しかし、1982年に改正された「中華人民共和国憲法」第45条では、高齢者問題について次のように触れられている。「公民は高齢化や疾病又は労働能力を失った場合、国と社会から物質的な補助を得る権利を有する。国は公民がこれらの権利を享受するための社会保険、貧困救済及び医療衛生事業を発展させなければならない」。また、第49条では「親は未成年の子女を扶養する義務を有する。成人した子女は親を援助し、扶養する義務がある」と規定している。つまり、憲法には、高齢者の生きる権利があえて規定されていると同時に、成人した子どもの父母に対する扶養義務が明確に規定されており、原則として「家族扶養」を推進することが明文化されている。また、1996年に公布し、実施された中華人民共和国「老人権益保障法」の中では、社会保障や教育、社会参加、施設整備等の高齢化対応施策に関する基本的な考え方が規定されている。一方、本法第10条においては「老人扶養は主に家庭に頼り、家族が老人に関心を寄せ、家族が老人の世話をしなければならない」と明記されている。市場経済が進行する中、一人っ子政策の実施によって、核家族化が進み、家族関係が従来に比べ希薄になりつつあるため、中国の国情と経済発展の状況に基づき、家族扶養が再確認されたわけである。

　また、実務レベルの施策に関して、中央政府は1993年に「中国養老事業7カ年発展要綱（1994-2000年）」、2000年に「中国養老事業発展の第10次5カ年計画要綱（2001-2005年）」、2006年に「中国養老事業発展の第11次5カ年計画（2006-2010年）」を策定し、実施してきた。そして、「中国養老事業発展の第12次5カ年計画（2011-2015年）」が2011年にスタートされた。

（2）高齢者政策の取り組み

1）中国養老事業発展に向けた第11次5カ年計画要綱——2006-2010年

　2006年にスタートした第11次5カ年計画には、高齢者の社会保障、権利と利益の保障、貧困救済、社会参加、社会福祉サービスの供給、シルバー産業の推

進，養老施設の整備等が盛り込まれている。その中，低所得者対策が重点事業として位置づけられている。具体的には，低所得及び無収入の高齢者による無条件での最低生活保護制度の利用や各自治体の財政状況に応じた高齢者医療救助・介護補助制度の創設等が明示された。その他，一般高齢者を視野に入れた入所施設の整備に関しては，2010年までに都市部では高齢者ベッド占有率を10‰にし，農村部では老人ホームのカバー率を85‰に上げるという目標を掲げた。

今回の事業計画はいくつかの特徴がある。一つは，これまで主に「高齢者問題」や「養老事業」という言葉が政策用語として使われてきたのに対し，今回初めて「高齢者社会保障」という言葉が用いられたことである。もう一つは，高齢者の医療・保健・介護システムの整備が重要視されたことであり，実際に養老事業計画に関連する医療保健政策の実施が行われたことである。例えば，主に高齢者を対象とする「全国健康教育および健康促進活動計画要綱（2005-2010年）」の実施，または「中国介護事業発展計画要綱（2005-2010年）」及び認知症対策と見られる「中国精神衛生活動計画（2002-2010年）」の実施等である。

つまり，高齢者政策は従来の貧困高齢者を対象とする救済から高齢者の医療・福祉・介護といった総合的な社会サービスシステムの整備へと変わりつつあるのである。

これまで構築された高齢者福祉政策からいくつかの政策志向の変化が読み取れる。まず，政策用語の変化である。1980年代では，高齢者福祉や高齢者社会保障という概念がいまだ形成されず，「老齢問題」という政策用語がよく使われていた。1990年代には「老齢問題」から「老齢事業」という言葉に切り換わり，2000年代半ばでは「老齢事業」の代わりに「老年人社会保障」という言葉が用いられるようになった。最近，1996年から実施された「老人権益保障法」の改正をめぐって，高齢者の介護や文化的・精神的生活の保障及び介護休暇制度の創設など，新しい理念の提起が見られた。学界では，「老年人社会保障」という言葉が最低生活保障をイメージしがちであるため，「老年人生活保障」という言葉を登場させたことがあった。こうした政策用語の変化から中国高齢者福祉の展開経緯をうかがい知ることができる。

2） 中国養老事業発展の第12次5カ年計画要綱——2011-2015年

次に,「養老事業第12次5カ年計画」における政策動向とは,従来の貧困高齢者の経済的な支援から新中産階級の満足度向上に深く関連する医療・福祉・介護サービスを視野に入れた総合的な生活支援へ転換することである。2006年にスタートした「第11次5カ年計画」においても,低所得高齢者対策が重点事業として注力された。当時の高齢者の貧困の現状について,①現金収入がない或いは少ないため,衣食など最低限の生活が保障されてないという絶対的貧困,②医療保障がないため,大病,難病にかかって貧困に落ちるという「因病致貧」,③住宅の商品化によってもたらされた「住まいがない貧困」,④高齢者差別,高齢者虐待問題によってもたされた貧困,⑤文化的な,精神的な支援が欠けているという精神的な貧困,にまとめられる。高齢者貧困の原因について,主に社会保険制度の不備によるものや家族扶養文化が急速に崩れていったことが原因であると指摘されている。それゆえに,2000年代頃の政策志向は,低所得及び無収入の高齢者の生活保護や医療救助に重点を置いたわけである。

今まで実施されてきた高齢者施策と比べて,2011年から始動した「養老事業第12次5カ年計画」では,重要かつ切実な問題となりつつある介護サービスシステムの構築を課題に取り上げたこと,また,公的支援の対象を低所得層高齢者から支援や介護が必要のある高齢者までに拡大されたことが,大きな一歩を踏み出したと評価できる。具体的には,第12次5カ年計画期間の養老事業の重点的取り組みとして,以下の点が挙げられた。

① 高齢者社会保障制度をより拡充し,養老保険制度をこれまで基礎養老保険に加入してない,加入できない農民及び都市部の住民に普及させること,また低所得層の高齢者に対して最低生活保障制度からフォローすること。

② 高齢者医療・衛生・保健事業を促進し,コミュニティ医療衛生機関が管轄区域内の65歳以上の高齢者の健康カルタを作り,定期健康診断を実

施すること。また，高齢者の健康教育を幅広く展開し，高齢者に対する精神的ケアにも力を入れること。
③　家族介護支援策の整備。
④　高齢者サービス事業の発展に力を注ぐこと。在宅養老サービスのネットワークを都市部のすべてのコミュニティ，80％以上の郷鎮，50％以上の農村コミュニティにカバーさせること。
⑤　高齢者の活動の場やバリアフリー施設の建設を加速し，文化・教育・スポーツ・フィットネス施設を増やし，高齢者の精神・文化生活を豊かにすること。
⑥　高齢者向け産業の誘導・支援策を整備し，高齢者用品・用具・サービス製品の開発を促進すること。
⑦　高齢者関連法の整備と法律サービスを強化し，介護サービス業界への監督を強化して，高齢者の合法的権益を保護すること。

2012年12月28日，「老人権益保障法」の改正法が公布され，2013年7月1日より施行することが定められた。1996年に本法が実施されてから，16年ぶりの改正となった。改正の目的は，高齢化が進展する中で，家族，地域社会，高齢者施設の連携による高齢者の生活を保障することにある。本法は高齢者の合法的な権益を保護するために設けられた法律であり，また，すべての家庭にとって密接に関わる法律でもある。特に「常回家看看」(頻繁に里帰りし，親の様子を見ること) という文言をこの法律に明記したことから，中華民族の伝統的な孝行を法律によって強力に推進していることがうかがい知れる。主な改正点は下記の通りである。

①　高齢者の生活支援体制の構築である。養老年金，医療制度の充実の他，介護施設の増設や在宅介護システムの整備等が盛り込まれた。
②　家族扶養義務の再強化である。老親扶養は家族の義務であると主張する一方，介護休暇，高齢者に対する家庭内暴力の禁止等の条例が設けら

第12章　高齢者福祉

表12-1　高齢者政策の歩み

年　月	発布部門	事　項
1982年4月		「老齢問題世界大会中国委員会」を発足
1983年4月		老齢問題全国委員会を発足
1991年	国務院	県級農村社会養老保険基本方案を発布
1993年	国務院	「中国養老事業7カ年発展要綱（1994-2000年）」を公表
1994年	国務院	「農村5保供養工作条例」を発布
1994年	民政部	「敬老院管理暫定弁法」を発布
1995年		中国老齢協会を発足
1996年	国務院	「中華人民共和国老人権益保障法」を発布
1998年	国務院	「城鎮職工基本医療保険」制度の導入
1999年		全国老齢工作委員会の成立
2000年	国務院	「中国養老事業発展の第10次5カ年計画要綱（2001-2005年）」を公表
2000年	中央13省庁	「社会福祉の社会化の促進に関する意見書」を公表
2000年	老齢科研中心	城郷老人人口状況調査の実施
2001年	民政部	2001年に民政部が「老人福祉施設設置基準」を公表
2001年5月	民政部	「社区老年福利服務星光計画実施方案」を公表
2003年	国務院	国務院が「新型農村合作医療制度の構築に関する意見書」を公表
2005年	衛生部	「中国介護事業発展計画要綱（2005-2010年）」
2006年1月	国務院	「中国養老事業発展の第11次5カ年計画要綱（2006-2010年）」を公表
2006年3月	国務院	「新農村5保供養工作条例」を発布
2007年	国務院	「城鎮住民基本医療保険」制度の導入
2007年	中央10省庁	「医療救助」制度の実施
2008年1月	民政部	「居家養老服務工作推進に関する意見書」を公表
2011年	国務院	「養老事業第12次5カ年計画（2011-2015年）」を実施
2013年2月	全国老齢工作委員会	「中国老齢事業発展報告2013年」公表
2013年7月	国務院	「老人権益保障法」改正版を公布・実施
2014年2月	国務院	城郷統一居民基本養老保険制度の創設について
2014年2月	民政部	養老服務施設建設を強化することについて

出所：筆者作成。

れている。
③ 介護サービスの社会化，専門化である。特に介護人材の育成，介護職の報酬の引き上げなどが法的に位置づけられた。
④ 高齢者に対する優遇政策である。例えば，公共施設を利用するときに無料や優待の利用等を定めた。
⑤ 居住環境の改善である。高齢者向けの公共施設，医療・介護施設の確保や高齢者住宅のバリアフリー化の推進等，居住環境の整備を図る条例が明記された。

本法は，実質的な拘束力が弱いが，実施によって社会の人々に道徳問題についての反省を促し，多くの人々に高齢者の権益問題に関心を持ってもらうことに対しては評価できる。また，高齢者の権益が侵害された場合，この法律を根拠に訴訟を起こして自身の権益を守ることができる。

3　高齢者介護福祉基盤の整備

(1) 貧困高齢者対策から高齢者の生活支援へ

以上のような背景の下で，2000年代後半から高齢者介護福祉基盤の整備が日程に載せられた。従来の高齢者施設保護は，主として公的セクターの社会福利院という福祉施設が中心に行ってきた。それは，弱者への救済を公的責任で実現するという公の義務が根底にある政策志向と思われる。

2000年以降，社会福祉の社会化の福祉改革の目標が掲げられ，行政主導の社会福祉改革は，福祉ニーズの拡大と多様の構造変化に対応させるため，社会福祉施設の改革を推し進めた。

図12-3は，2005年から2012年までの高齢者施設ベッド数の増加推移である。2006年の介護ベッド数は153.5万床であるのに対して，2012年には416.5万床まで増加した。1,000人当たりのベッド数は19.7床となっている。2011年時点の介護施設数は4万868カ所，ベッド数は353.2万床，1,000人当たりのベッド数

第12章 高齢者福祉

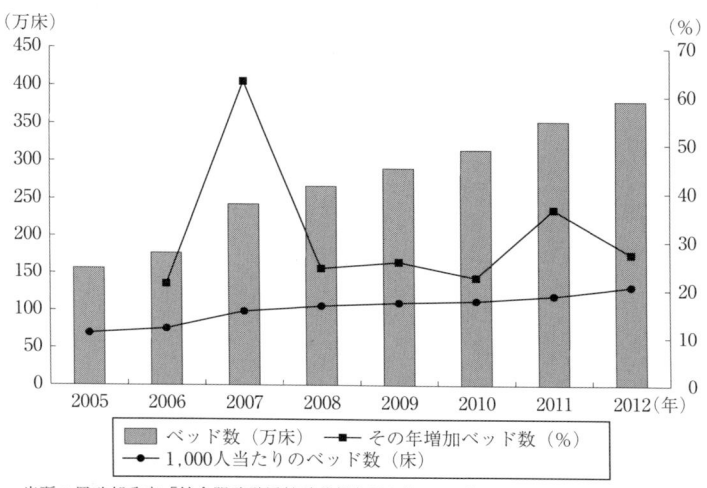

図12-3 高齢者福祉施設ベッド数の増加推移

出所：民政部公表「社会服務発展統計公報」2005年-2012年。

は19.1床となっている。ベッド数の上昇率は，2010年より11.7％増えている。「老齢事業第12次5カ年計画（2011-2015年）」に挙げられた介護ベッド増加目標は，2015年までに342万床を新規増設し，1,000人当たりのベッド数を30.0床に達成させることである。

　2008年以後，医療，介護福祉など公共サービスのインフラ整備に投入した資金は，毎年増加する傾向である。今回，公表された「養老事業12次5カ年計画」と「高齢者介護サービスシステム構築5カ年計画」において，中央政府は，介護基盤整備の基金造成について特別な投資補助金を新設し，各地の高齢者人口の規模等に応じて地方の介護基盤整備の資金をサポートすると明言するとともに，介護基盤整備に対する地方政府が安定的な資金確保をしなければならないという課題も要請された。また，高齢者人口の規模や地方政府の財政基盤に応じた介護保険制度の導入も視野に入れるべきと言及した。

　財政支援の仕組みは，中国の言い方によれば「補墻頭」「補床頭」「補人頭」の3つにある。「補墻頭」とは，新設する介護施設に対する建設用地優遇政策のこと，「補床頭」とは，稼働するベッドに対する補助のこと，「補人頭」とは

高齢者に対する介護給付のことをそれぞれ意味する。しかし，介護や支援が必要な人への給付金に関して，扶養者が不在及び低所得の高齢者に対して医療救助から介護給付を支出することが明記されたが，一般の高齢者の介護給付については曖昧にされていた。先駆的地域である上海は，2012年に低所得層の高齢者のみならず，介護認定された高齢者に対しても，医療保険の中から介護給付を支給する制度を導入した。つまり，介護給付に関しては，各地方政府が独自の財源及び政策を規定することになっている。

具体的な「補墙頭」に対する財政支援は，高齢者人口の分布状況に基づき，施設の建設を土地利用計画の策定や定期借地権利用の許可及び一時金に対する融資等である。表12－2は，新設介護ベッドに対する地方財政補助の状況である。「補床頭」という稼働するベッドに対する財政からの補助にはばらつきがある。財政補助がもっとも手厚くなったのは北京である。2008年から「補床頭」という政策を始め，1ベッドに対して8,000～1万6,000元の補助金を出している。上海の場合は，2011年に「補床頭」という政策を始め，1ベッドに対して一律1万元を補助する。財政補助の少ない地域は，湖北省，山西省，黒龍江省，雲南省と見られ，いずれも内陸地域及び僻地である。介護資源分配の格差問題が浮き彫りになっている。

「補人頭」に当たる高齢者介護手当の給付制度は，2007年にモデル事業として一部の都市で試行され，2013年3月までには18省市で展開された。介護手当の給付対象は，要介護・要支援の要件を充たす70歳以上の高齢者に限定されている。介護手当給付の財政は，各地方政府の独自財源により賄っている。そのため，給付水準にばらつきがあり，低い地域では毎月30元，高い地域では毎月255元とそれぞれ異なっている。図12－4に示されたように，2007年の受給者は，70歳以上の高齢者の1.61％を占め，2011年には4.87％に上がった。全体から見ると介護手当を受けている高齢者数は少なく，貧困高齢者対策としてのイメージが払拭できない。しかし，高齢者福祉政策のあり方は，鰥寡孤独という貧困高齢者への救済から一般高齢者への生活支援へ転換しつつあるという方向が明らかになった。

第12章 高齢者福祉

表12-2 新設介護ベッドに対する地方財政補助の状況

地名	新設介護ベッドの財政補助（元／床）	実施時期	地名	新設介護ベッドの財政補助（元／床）	実施時期
北　京	8,000-16,000	2008年	湖　北	500-1,000	2012年
天　津	2,000-3,000	2012年	湖　南	3,000	2011年
河　北	1,500	2012年	広　東	3,000-5,000	2012年
山　西	1,000	2012年	広　西	1,000-3,000	2012年
内モンゴル	6,000	2013年	海　南	2,500	2012年
遼　寧	6,000-7000（大連）	2012年	重　慶	2,000-4,000	2012年
吉　林	1,200-3,000	2012年	四　川	10,000	2011年
黒龍江	1,000	2011年	貴　州	2,000-3,000	2012年
上　海	10,000	2011年	雲　南	1,000	2011年
江蘇省	3,000-10,000	2012年	チベット	—	—
浙　江	1,000-6,000	2011年	陝　西	2,000-3,000	2011年
安　徽	1,200-5,000	2012年	甘　粛	5,000（蘭州）	2012年
福　建	2,500-5,000	2012年	青　海	5,000	2010年
江　西	2,000	2011年	寧　夏	5,000	2012年
山　東	4,500-6,500	2012年	新　疆	5,000	2012年
河　南	1,500-3,000	2011年			

出所：民政部編『2012年民政統計年鑑』2012年より作成。

　また，民政部によって公表された「高齢者介護福祉サービスシステム構築計画（2011-2015年）」（社会養老服務体系建設規則）では，各地方自治体が財政負担能力に応じて「高齢者介護福祉サービスシステム構築の5カ年計画」づくりが義務化されている。従来「家庭内・家族が担ってきた」介護について，広く社会共通の課題として認識し，高齢者の介護を家族や地域及び行政という「社会全体が担っていく」こと，そして，これまで介護福祉サービスの供給は，都市部を中心に進められたが，これから農村部の高齢者の介護サービの供給問題を「5カ年計画」の中に位置づけながら展開していくことが期待できるであろう。

　今後，年金や生活保護を中心とした最低生活保障の確保とともに，介護福祉サービスの比重も益々高まっていく。従って，社会福祉施設の機能は鰥寡孤独

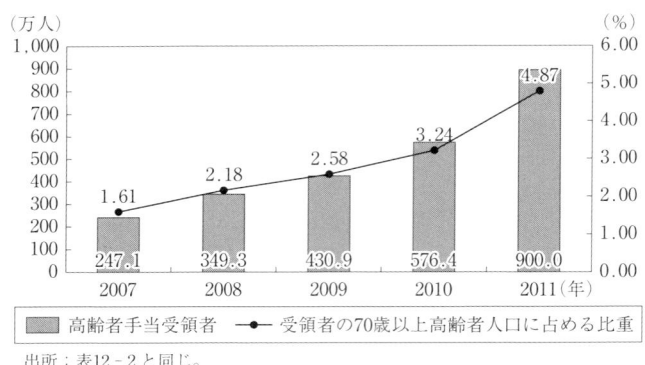

図12-4 高齢者介護手当の給付状況

年	高齢者手当受領者(万人)	受領者の70歳以上高齢者人口に占める比重(%)
2007	247.1	1.61
2008	349.3	2.18
2009	430.9	2.58
2010	576.4	3.24
2011	900.0	4.87

出所：表12-2と同じ。

という弱者への救済から一般高齢者への生活支援へ転換しつつあるといえる。

(2) 高齢者介護福祉サービスの社会化

　高齢者介護福祉サービスの社会化について，「養老事業第12次5カ年計画」に示された今後の取り組みは，高齢者の年金・医療・保健・介護福祉制度を総合的に整えることを強調する一方，高齢者介護福祉サービスの社会化を押し進める方針を明らかにしたことである。

　昔から家族文化の基盤となってきた「親孝行」や「老親扶養」文化を持っていた中国は，家族介護が一つの義務，一つの社会規範，一つの美徳として規定されていた。しかし現在，急速に変化する家族がその役割を果たしていくのが難しくなった。家庭機能の社会化に伴い，高齢者の介護に家族・親族だけで対処することが困難ないし不可能となってきたのである。高齢者の老後生活を誰がどういう形で担うか，家族と社会が負担をどう分かち合うのか。様々なジレンマの中で中国は，公的なレベルで対処しようと介護の社会化へ踏み切るという苦渋の選択をした。

　しかし，ここでいう中国の介護サービスの社会化は，日本が提唱した「介護の社会化」の意味合いと若干異なる。日本では，介護保険の導入にあたって「介護の社会化」という概念が文明化されたことは周知の通りである。一般的

な理解によれば，介護の社会化は，「家庭内・家族が担ってきた」介護を，広く社会共通の課題として認識し，実際の介護（ケア）を担う社会資源（サービス）を，税と保険料を中心に拠出された財源によって，「社会全体が担っていく」ものである。しかし，中国の介護福祉サービスの社会化は，「家庭内・家族が担ってきた」介護を，広く社会共通の課題として認識する点では日本と共通するが，「社会全体が担っていく」財政的な仕組みが異なる。

「第12次5カ年計画」に明記された介護福祉サービスの社会化のあり方は，公的なレベルで対処するとともに社会的資源を最大限に利用しようということである。例えば，介護施設の新設及び運用に関して，「公建民営」と「民弁公助」の方式が示された。「公建民営」は，介護施設の建設・設備に関する費用等は公的資金から賄うが，日常の運営は入札を通じて基本的に民間福祉団体に委託する。一応，公立施設に位置づけられる。「民弁公助」は，非営利施設に位置づけられる。これは建設用地が政府から提供し，その後の運営まで民間福祉団体に任せ，行政がベッド数及び利用者数の実績によって補助金を与えることである。

また，元気な高齢者が支援や介護の必要ある高齢者に対して，自主介護サービスの提供をすることが提唱されている。高齢者協会の普及によって，こうした自主介護サービスの供給及び自主管理を実現する。5カ年計画期間中に高齢者協会の普及率は都市部を95％，農村部を80％にするという目標が掲げられた。

中国は，高齢者介護福祉サービスの社会化に向かって，そのあり方を模索しはじめた。こうした高齢者の個人による自助努力のみでは対応できない人々の生活を社会全体の仕組みで支えるセーフティネットの構築を視野に入れざるを得なかった。これは調和社会の実現に不可欠なものとなっている。

（3） 介護福祉サービスのコミュニティ化

介護福祉サービスが，そもそも家族や地域共同体によって担われていた相互扶助の外部化であることから，なるべくコミュニティにおいて，問題解決する議論の中で介護福祉サービスのコミュニティ化が推し進められたと考えられる。

従って，政府が公的供給における責任が曖昧にされている。

　介護福祉サービス供給の仕組みに関して，居宅介護（在宅養老），コミュニティ介護（社区養老）と施設介護（機構養老）から構成すると規定された。

　「居宅介護」は，住み慣れた地域で自立した生活を継続できるよう生活支援を行うことである。主に生活援助員等を派遣して，軽度な家事援助や精神的なケアに対する援助等を行う。また，補助器具の配置，食事宅配サービス，バリアフリー改造工事，緊急呼び出しと安全援助サービス等を提供する。

　「コミュニティ介護」は，主に日中に介護者がいない家族，または家族が在宅してもケアできない利用者を対象に専門的な介護サービスを提供することである。コミュニティ介護のシステム構築は，主に農村部に重点を置き，老人ホームやコミュニティ介護支援センターをベースに，日中介護と短期入所介護を提供するものである。「養老事業第12次5カ年計画」の方針によると，今後5年間にコミュニティ介護福祉サービスセンター及び小規模な介護福祉ステーションを農村地域の郷・鎮レベルでは80％以上，村レベルでは50％以上カバーするという具体的な数値目標が掲げられた。

　「施設介護」は，主に入所した寝たきり及び認知症高齢者向けに介護サービスを提供することである。特に介護医療型の施設の建設が重要視されている。しかし，介護施設のもう一つの役割は，介護施設のノウハウを活かし，コミュニティ介護サービスとの連携を図りながら，より高度な介護サービスを居宅の要介護者に提供することである。また，介護施設は，コミュニティ医療機関との連携によって高齢者に対して保健・医療・在宅ケア・リハビリテーション等の介護を含んだ包括ケアシステムの構築を目指すという中軸な役割を付け加えた。

　一方，高齢化が急速に進む中，在宅しながら介護サービスを受けられるデイサービスに対するニーズが高まっている。もう一つの背景といえば，入所施設を利用する場合，費用はほぼ実費となっているため，経済負担能力のない要介護高齢者にとって手の届かないものとなっていることである。コストの低い居宅サービスが求められている。

第12章　高齢者福祉

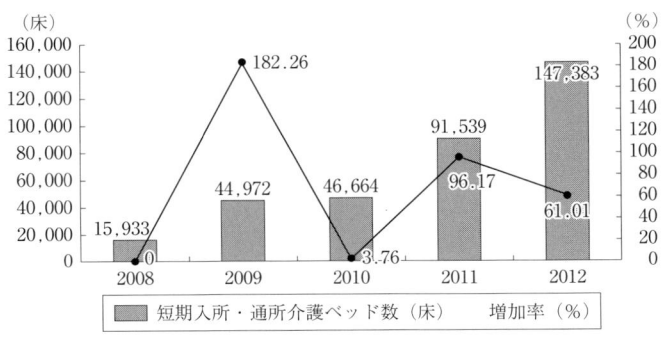

図12-5　短期入所・通所介護ベッド数の増加推移

出所：民政部編『中国民政統計年鑑』2008～2012年より作成。

　社会福祉の普遍化を目指していた胡錦濤政権は，2007年に「適度普恵型」社会福祉路線を明確にした後，低所得層の高齢者も利用しやすい居宅サービスの通所介護システムの整備を国家戦略の一環として取り組んでいった。

　図12-5に示されたように2008年以後，居宅サービスの短期入所・通所介護ベッド数の増加が著しい。特に2011年にスタートした「中国養老事業第12次5カ年計画」（2011-2015年）においては，「社区養老」モデルが確立され，短期入所介護病床やショートステイの建設も一層拍車がかかった。第12次5カ年計画実施前の2010年には，短期入所介護病床4万6,664床に対して，2012年に14万7,383ベッドに急増した。

　以上のように，基盤整備や施設整備費補助金における国・地方政府の一定の責任等が規定されたが，サービス供給の責任は家族やコミュニティに押しつけられた。

　また，地方政府に介護システム構築計画の作成を義務づけるとともに，計画の作成に当たっては地方政府における介護福祉ニーズを十分に把握し，このニーズに基づいた高齢者のための介護福祉サービスの量的な目標を定めるというものであった。

（4）介護福祉の産業化・市場化

　2015年までに中国の高齢者介護サービスの市場規模は4,500億元を超え，介護福祉サービス分野で500万人の雇用が創出できると推計されている。政府が医療・社会福祉関連分野を新規成長分野として旗振りし，介護ビジネスの創設を積極的に推し進める姿勢が明らかになった。現在，介護福祉サービス供給は，公的責任の枠組みに基づいた体制づくりではなく，福祉サービス市場の形成を目指すものであり，福祉団体及び利用者個人への費用助成によって構築された。

　介護福祉産業化の背景には，欧州金融不安の情勢が横たわっているが，現政権としては，経済成長が急速に減速することを恐れ，バブルのコントロールとインフレの引き締めに重点が置かれている経済政策を見直し，成長の方向へシフトする方針を明示する一方，内需を開拓するために，社会福祉の産業化政策を全面的に打ち出したと見られる。

　介護福祉の市場化がもたらす問題点として，個人の経済負担能力によってサービス利用が左右されたり，地域によってサービス格差ができたり等，様々な問題がすでに発生してきた。また，公設公営施設と民設民営施設の競争は，いつも不平等な環境に置かれていたため，その溝が広がっていたことが懸念される。公設公営施設の場合は，人件費，設備費等は地方財政から賄うことが基本で，経営の圧迫があまりない。そして介護利用料の設定が低い，信頼度が高いことで，入所者が待つ状況がずっと続いている。一方，民営施設の場合は，稼働ベッドに対して補助金が入るが，稼働しない場合は補助されない。経営に苦しんでいる民設民営介護施設が多い。中国の雑誌に掲載されたイラスト（図12－6）は，このような状況を批判している。

　公設公営の施設は，順番待ちでなかなか入れないのに対して，民設民営の施設では，ベッドが空いている状態が続いている。今後，介護福祉の産業化・市場化の方向に向かっても，市場化による弊害から民営施設及び民営施設の利用者の権益を如何に守るのかが課題となってくる。その公平な競争の環境づくりには行政が責任を取らなければならない。

　「高齢者介護サービスシステム構築5カ年計画」の中に，行政が介護サービ

第 12 章　高齢者福祉

図12-6　介護施設における「公営」「民営」の格差

出所：「新華網」(http://www.gz.xinhuanet.com/2008htm/xwzx/2009-08/12/content_17372484.htm, 2012年12月13日アクセス)。

ス全体を監視し, 指導と規制を積極的に行う必要があることを示していたが, 行政職務の機能に対する監査システムは, ほとんど規制されていない。官僚主義及び賄賂が横行している中国の実情に鑑み, 利用者の権益がいかに守られるか, 介護サービスの質がいかに保障できるか, 懸念せざるを得ない。介護サービスの質の確保に関する福祉行政の最終責任及びその行政責任を監査するシステムの構築は, 残された大きな課題である。

4　中国高齢化社会の課題

　急速に進んだ高齢化社会において, 様々な未経験の課題が現れてきた。すでに言及されてきた豊かになる前に老いる問題や社会的扶養率の上昇の問題の他, 市場経済改革に残されたいくつかの構造的な課題も無視してはならない。
　その課題とは, まず, 所得や福祉資源の分配において年齢別, 所在地別で格差が広がっていることである。現在の定年退職高齢者の所得については, 現役世代と若年世代との格差が拡大しており, 高齢者の生活水準が以前より下がっ

ている。保険料を払えないため年金保険に加入できない，医療・介護費を払えないため寝たきりになっても医療・介護サービスの利用ができないという高齢者が急増しており，既得権を持つ人々との緊張関係が高まっている。

　また，格差の問題は所得面だけでなく，高齢者の地域分布のアンバランスや福祉資源の分配などのあらゆる側面から現れている。図12-7に示されたデータは，介護職員対入所高齢者の比率における城郷の格差である。2011年まで全国高齢者施設は，4万868ヵ所，介護職員を含む従事者は29万3,409人で，介護職員対入所高齢者の比率は，全国平均1：10となる。しかし，介護職員対入所高齢者の比率は，都市部と農村部とで格差が大きい。特に，経済発展が遅れている内陸地域の四川省，黒龍江省，貴州省などでは格差が大きいと見られる。社会福祉資源の分配においては，農村地域と都市部の格差問題は解消されていない。

　そして近年，農村地域の高齢者の自殺率は年々上昇しており，都市部高齢者の自殺率より5倍高い。自殺の直接的な動機としては病苦が挙げられている。自殺者の年齢から見ると，80歳以上の高齢者が最も多く，75〜80歳の高齢者が次いで多い。自殺率の高い湖北省京山地域の実態から見ると，亡くなった高齢者のうち3割は自殺による死亡である。原因としては，ガンや脳梗塞等の病気を抱え，医療・介護費等が払えないという経済的な問題が最も多い。また，家族による介護を十分に期待できない高齢者は，生きながらえることを苦痛に感じるようになることも多い。いずれについても，医療・介護福祉制度が非常に遅れてしまったことが主な要因と見られる。

　2番目の課題は，総合的な高齢者介護福祉政策が欠けていることである。高齢者介護福祉政策は，持続的経済成長及び政治秩序の安定を最優先する課題の中に位置づけられているため，つねにその時期の経済と政治の変動に左右されていた。近年，中国政府は，消費中心の内需拡大に向けて，成長モデルを転換する施策を進め，高齢者介護福祉の産業化を高らか謳っていた。これを背景に，全国各地域において高級有料老人ホームの建設がラッシュに入った。しかし，立派な有料老人ホームが多く建てられたことは良いが，いまだ空室が目立ち，

第 12 章　高齢者福祉

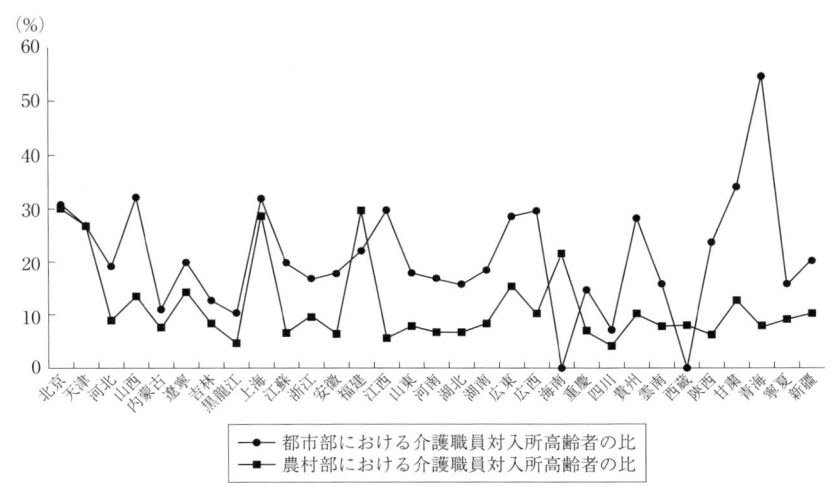

図12 - 7　介護職員対入所高齢者の比率における城郷の格差（2002年）

――●―― 都市部における介護職員対入所高齢者の比
――■―― 農村部における介護職員対入所高齢者の比

出所：表12 - 2 と同じ。

利用率は 4 割にとどまっている。これは，高齢者のニーズを視野に入れた中長期的な介護福祉ビジョンが欠けていることが原因である。また，高齢者介護福祉を所管する部署は，民政部，衛生部，人力資源社会保障部等に分散し，政策が断片化する問題が顕著に現れている。高齢者医療・介護・リハビリを含めた総合的な政策づくりが求められている。

　一方，急速に整備されてきた高齢者福祉施設や福祉団体で働く職員の養成と確保が量的，質的にも問われる時期になってきた。いわゆる，マンパワーの課題である。在宅介護福祉サービス供給システムの整備に伴い，ケアワーカーに位置づけられた家政服務員（家事援助ヘルパー）及び養老護理員（介護ヘルパー）の養成が行政及び民間によって進められた。2000年，中国社会保障と労働部は「家政服務員国家職業基準」「養老護理員国家職業基準」を設定し，各地域が地域のニーズに合った在宅福祉サービスを支える人材養成事業に本格的に取り組み始めた。

　また，中国老齢科学研究センターが2013年 2 月に発表した「中国老齢事業展報告」によって，今後，介護従事者の需要は，ますます高まっていくと予測し

第Ⅲ部 中国社会福祉の実像

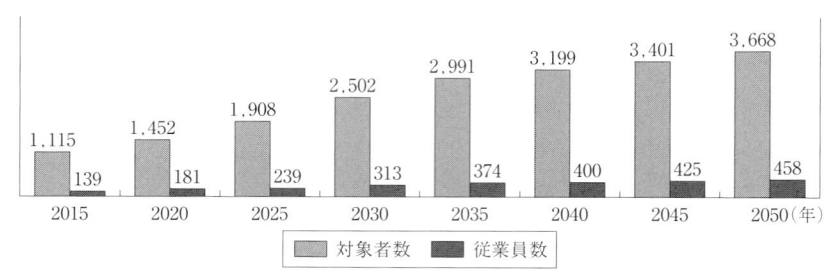

図12-8 在宅介護高齢者数と介護従事者数の予測(万人)

年	対象者数	従業員数
2015	1,115	139
2020	1,452	181
2025	1,908	239
2030	2,502	313
2035	2,991	374
2040	3,199	400
2045	3,401	425
2050	3,668	458

出所:日本貿易振興機構北京事務所編『中国高齢者産業調査報告書』2013年3月,39頁をもとに作成。

ている。

図12-8に示されたように,在宅介護の場合は,介護従事者の需要が,2015年に139万人,2025年に239万人,2035年374万人,2050年に458万人と予測されている。今後は,介護福祉専門職支援人材の養成及び確保が急務である。

注
(1) 社会的扶養率=[0～14歳の低年齢人口+65歳以上の高齢者人口]÷15～64歳の労働力人口。
(2) 65歳以上人口の割合が7%超で「高齢化社会」,14%超で「高齢化社会」,21%超で「高齢化社会」とされている。

参考文献
宇佐見耕一「新興国における高齢者生活保障制度――批判的社会老年学からの接近」アジア研究所2011年。
王徳文「中国老年人口貧困的数量・成因与政策」『中国老齢研究』5期,2005年。
何立新『中国の公的年金制度改革 体制移行期の制度的・実証的分析の詳細』東京大学出版会,2008年。
郭平編著『2006年中国城郷老年人口状況追跡調査数据分析』中国社会出版社,2009年。
厳善平『中国人口移動と民工』勁草書房,2005年。
沈潔・王文亮・戴禾訳『護理福祉学』中国社会科学文献出版社,2009年(一番ヶ瀬康子『介護福祉学の探求』有斐閣,2003年)。
三宅康一『中国改革開放の政治経済学』ミネルヴァ書房,2006年。
宮本太郎『福祉政治――日本の生活保障とデモクラシー』有斐閣,2008年。

第12章　高齢者福祉

白樺「及早解決貧困高齢者問題」『老齢問題研究』2002年5期。
全国老齢工作委員会「城郷貧困高齢者に関する調査」『老齢問題研究』2004年10期。
全国老齢工作委員会「2010年中国城郷老年人口状況追踪調査」2012年。
鄭功成『中国社会保障30年』人民出版社，2008年。
中央財政大学中国発展與改革研究院編『発展與改革藍皮書——中国改革開放30年』社会科学文献出版社，2009年。
中国老齢科学研究中心『中国城郷老年人口一次抽様調査数据分析』中国標準出版社，2003年。
中国老齢工作委員会編『全国養老服務政策文献滙編』華齢出版社，2009年。

あとがき

　本書を執筆するきっかけは，大学で「中国福祉文化特論」という講義を担当したことである。この機会を与えてくれたのは，恩師の故一番ヶ瀬康子先生であった。一番ヶ瀬康子先生は晩年，東アジア福祉研究の重要性を力説し，その上，長崎純心大学大学院社会福祉専攻後期課程の中に「東アジア福祉文化」コースを創設し，教育の現場でそれを実践することになった。そして，その「中国福祉文化特論」の担当教員として，私を推薦していただいた。2001年から2010年まで，毎年の春期と秋期に，私は東京から長崎純心大学に通って集中講義を行っていた。多忙な一番ヶ瀬康子先生も，時々に教室に入り，自分も中国の社会福祉を勉強したいと仰りながら，我々の議論に参加していた。教室の雰囲気がその瞬間から一気に熱くなった情景は，今になっても頭の中に時々蘇っている。

　本書は，基本的に長崎純心大学大学院で行った講義内容や日頃執筆した原稿を中心に展開したものである。博士課程の院生の中には，すでに大学の専任教員になった方も多く，院生の皆様とのホットな議論が，私に多くのヒントと刺激を与えてくれた。それを活かしながら，論点をさらに磨き，論文の体裁に書き直していた。その意味で，本書は日頃の営みをベースにしてでき上がったものとも言えよう。

　本書は，第Ⅰ部「中国社会福祉の本質」，第Ⅱ部「中国社会福祉の改革」，第Ⅲ部「中国社会福祉の実像」の3部12章からなる。こうした構成の趣旨は，現在と過去から連なる歴史の流れの中に中国社会福祉の実像を捉え，将来を展望していく視角が重要であることをより多くの方の共感して頂くことにあり，また，それに期待したい。

　筆者の日本滞在はすでに20年を超えた。来日前，中国の内から中国を見てき

たが，来日後は，外から中国の社会福祉を見つめる立場になり，どういう目線で，どういう方法で中国の社会福祉事情を捉えるべきか，常に困惑を感じてきた。その点からいえば，本書は，外からの目線で中国社会福祉の本質を追究するという意識を持ちながら，書き下ろしたものでもある。

　また，私の読みづらい日本語を丁寧に校正してくださった編集者の音田潔氏に心から御礼を申し上げる。そして，1996年における私の初めての日本語著書である『「満洲国」社会事業史』の出版や2007年の『中華圏の高齢者福祉と介護――中国・香港・台湾』の出版等，ミネルヴァ書房が少しもかわらず私の研究活動を支援してくださったことに感謝する次第である。

　　2014年1月

沈　　潔

索　引

あ 行

赤い割拠　25
空巣化　277
安源路砿工人消費合作社　59
安康計画　238
按労分配　107
『医院社会工作』　51
育嬰所　43
以工代賑　36, 94
以人為本　179
一大二公　80
一平二調　80
移民墾荒　73
医薬衛生体制改革に関する意見について　177
医療救助制度　179
医療ソーシャルワーカー　196
ヴェルサイユ条約　38
「現時代の社会主義──中国と世界」　172
エイズ児童　237
衛生医療制度　168
衛生改革の進化に関する数点の意見　167
『易林』　12
『炎黄春秋』　171
捐資興弁社会救済事業奨褒条例　49
王思斌　146
温家宝　174

か 行

街居制　93
外国資本　20, 53
介護の社会化　288
外資企業　143
街道　129, 205
解放区　3
科学的発展観　175
香河県第一信用合作社　36
各省市県社会救済事業協会組織規則　49
各省市県地方救済事業協会組織規則　50
各地方救済院規程　42
確定拠出方式　132
革命根拠地　27
何心隠　69
合作化運動　80
合作事業　22
合作社　80
　──運動　60
華洋義賑救済総会　36
関于組織犁牛合作社的訓令　59
感化救済　47
完全積立　132
監督慈善団体法　44, 93
　──施行規則　44, 93
管理私立救済施設規則　49
企業従業員老齢制度改革に関する規定　131
機構養老　290
基礎医療　136
基礎年金　136
救国の仁　21
救人の仁　21
『求是』　174
救世の仁　21
教育救助　126
業縁　92
狭義の社会福祉　15, 16
鞏献田　170
共産党　2
京師済良所章程　34
共富論　158
居民委員会　129, 205
近代国家　33
空間構造基準　139
軍人家族委員会　58
軍人保護院　58
訓政工作時期政府施政綱要　41
軍閥　25

301

計画経済期　118
恵工事業　37
経済的課題　120
景天魁　146
経路依存　6
血縁　92
言説政治　161
憲法改正　133
公益生活圏　223
工会条例　23, 38
工会草案条例　35
公学堂　70
広義の社会福祉　16
高級社会工作師　193
高級農業合作社　100
公教施設　74
砿業条例法令　34
興国土地法　53
公恤施設　74
工賑　23
工人福利社　46
江澤民　84, 136
工読学校　257
康有為　72
公養施設　74
公養制度　71
高齢化　276
高齢者介護福祉サービスシステム構築計画　287
高齢者権益保障法　199
『後漢書・仲長統伝』　12
胡錦濤　136
　　──政権　1, 29
国営企業従業員待業保険臨時条例　131
国際児童福祉連合　239
国民政府　41, 49, 93
国民党　2
　　──第1次全国代表大会　23
国務院発展研究センター　170
国有企業　119
　　──改革　209
国連児童基金　239
国連善後救済総署　51

五・四運動　20, 38
孤児救助強化に関する意見書　246
孤児所　43
孤児の生活救助基準の制定に関する通知　247
孤児の保護に関する通知　238, 247
孤児保護　245
互助社　23
個人口座　132
子育て支援策　252
国家資本主義　75
国家社会主義論　1, 75
国共合作　38, 41
固定工制度　121
『湖南教育』　79
五保戸　94
五保制度　101
コミュニティオーガニゼーション　217, 219

さ　行

在宅養老　290
　　──サービス　282
最低生活保障制度　29
里親制度　249
産業構造　137
産業構造基準　139
残疾人教育条例　262
残疾人就業条例　262
残疾人保障法　265
残障児童施設　256
三農　134
残廃所　43
三無者　125
施医所　43
視覚障害者　268
資格制度　191
詩経・大雅・民労　83
市場改革派　163
慈善救済　14
慈善事業　25
失業工人救済局　40
「失業者の救済に関する」通達　106
失業紹介所　37
疾病保険　39

児童・女性の人身売買禁止に関する法律 238
児童福利院 255
『児童福利簡安工作』 52
『児童福利研究報告』 52
児童福利站 46
児童保護センター 248
児童養護施設 246
ジニ係数 148
四不像 9
資本主義 32
社会改良 2
　　——思想 27
社会革命 2
　　——理論 27
社会救済 13, 14, 26
『社会救済』 51
社会救済事業整理処 49
社会救済法 46, 93
社会行政 46
社会工作師 192
社会工作者職業水準評価暫行規定 193
社会サービス 153
社会事業 13
社会主義 32
社会主義計画経済 142
　　——期 2, 17, 28
社会主義市場経済安定期 137
社会主義市場経済移行期 17, 137
社会主義市場経済期 2
社会主義市場経済成熟期 18
社会主義初級段階の歴史的任務及び我が国の対外政策に関するいくつかの問題 174
社会主義的ユートピア 79
　　——の幻想 1
社会処組織大綱 50
社会的課題 119, 143
社会的危機 148
社会福祉基礎構造改革 123
社会福祉サービス 153
社会福祉社会化の推進に関する意見書 217
社会服務部 46
社会福利 12
『社会福利事業之理論和実際』 51

社会部組織法令 49
社会プール 132
社会保険 131
『社会保険概述』 52
社会保険法 144, 182
社会保障 14, 123
社会利益保護派 163
社区 29, 124, 128, 129
社区建設 129, 217
社区公益事業 226
社区サービスセンター 129
社区集団資産 228
社区政策 211
社区福祉 203, 220
社区服務 128, 214
　　——処 214
社区養老 290
謝韜 171
11次5カ年社区服務体系発展計画 204
就業構造基準 139
終身雇用 120
住宅救助 126
集中扶養 101
12次5カ年社区服務体系発展計画 204
収養法 243
収恤之法 73
『周礼・司徒篇』 69
儒教 19
朱友漁 191
障害児教育 256
障害者就業条例 272
小康 6
　　——社会 6, 82
城市街道弁事処組織条例 205
城市居民委員会組織条例 205
城市居民委員会組織法 211
城市居民最低生活保障制度 127
城市居民最低生活保障線 127
商人通例 34
少年管教所 257
少年教養所 257
『職業介紹概述』 52
職業救済 47

女工保産　37
職工福利金条例　48
所得格差　148
所得再分配　18
助理社会工作師　193
城郷分治　3, 115
奨助社会福利事業暫行弁法　48
城鎮職工基本医療保険　178
私立救済施設減免賦税考核弁法　49
白猫黒猫論　84
仁愛　21, 69
辛亥革命　33
新型農村合作医療　151
新型農村養老保険　151, 180
人権思想　21
人口と計画生育法　244
賑済委員会　50
身体障害者の会　261
人民共和国都市居民委員会組織法　129
人民公社化運動　80
人力資源社会保障部　179
ストリートチルドレン　248
スポーツ障害者連盟　261
生活救助　126
生活共同体社会福祉　17
生活資源　18
生業救助　126
生計章程草案　34
生産合作社　59
生産自救　94, 205
政治動員　105, 123
生存権　133
　　——保障　147
08憲章　173
「1990年世界発展報告」　213
1990年代中国児童発展計画綱要　236
全国社会行政工作会議　52
全国都市社区建設モデル運動の指導要綱　218
銭信忠　167
戦争体制　104
先富論　82, 118, 158
専門職制度　188
相互扶助　92

ソーシャルワーカー　191
　　——育成10カ年計画　194
ソーシャルワーク　189
　　——処　189
　　——専門人材育成の強化に関する意見書　195
ソビエト社会主義　21
ソビエト土地法　53
孫文　1

た　行

貸款所　43
第1次産業　137
第1次全国労働大会　39
第1回全国都市社区服務会議　214
第1回全国労働大会　54
第1回労農兵代表大会　56
第9次5カ年障害者事業発展綱要　270
第3次産業　137
第10次5カ年障害者事業発展綱要　271
第11次5カ年障害者事業発展綱要　272
第11次障害者事業5カ年計画　267
第12次5カ年障害者事業発展綱要　273
大同　6, 68
　　——社会　6
　　『——書』　72
　　——福祉観　75
　　——ユートピア　78
第2次産業　137
太平天国の乱　70
単位社会　28
単位制　3
　　「——」社会　204
　　「——」生活保障　107
　　「——」生活保障制度　92, 97
小さな政府　4
地縁　92
知的障害者　268
地方政府　28
地方ソビエト政府暫行組織条例　61
中央政府　28
中華人民共和国公益事業寄贈法　227
中華人民共和国残疾人保障法　262

中華人民共和国労働保険条例　98
　　——実施細則修正草案　99
中華ソビエト共和国　27
　　——土地法　53
　　——労働法　56
中華民国　26
　　——臨時政府　33
中共中央関于建立社会主義市場経済若干問題的
　　決定　122
中国介護事業発展計画要綱　280
中国合作運動協会　23
『中国児童政策概論』　235
中国児童発展綱要2001-2010年　237
中国児童発展綱要2011-2020年　237
中国児童福祉政策報告書　234
中国社会福祉協会　189
中国障害者事業第9次5カ年計画　270
中国障害者連合会　261
中国精神衛生活動計画　280
中国善後救済総署　51
中国特色社会主義　166
中国モデル　174
中国養老事業7カ年発展要綱　279
中国養老事業発展の第10次5カ年計画要綱
　　279
中国養老事業発展の第11次5カ年計画要綱
　　279
中国養老事業発展の第12次5カ年計画要綱
　　279
中国労農紅軍優待条例決議　58
聴覚障害者の会　261
頂替制度　112
調和社会　147
積立方式　132
テイクオフ　139
低所得者　126
適度普恵型　5, 85, 136
　　「——」社会福祉　145
天朝田畝制度　71
桃源居社区公益事業　227
鄧小平　1, 82, 118
党政不分　163
党政分離　163

東北労働保護条例　57
都市化率　137, 138
土地改革　80

な　行

内務部　33
　　——官制　34
南京金陵大学　191
南巡講話　119
二五減租　40
21世紀社会福祉の構築　16
2005年人類発展報告　170
2013年中国老齢事業発展報告書　154, 276
人間本位　218
農工銀行　35
　　——条例　35
農工庁組織法　23
農賑　23
農村建設活動　36
農村新型合作医療保険　180
農村信用合作社　36
農村生活　23
農村組織　23
農村養老保険　151
農民協会章程　23
農民協同組織　36
農民銀行　54
農民信用合作社　23
農民信用組合　54
農民福利公社　13, 28
農民福利公社の設置方法　48, 93
ノーマライゼーション理念　265

は　行

パーク　203
博愛観　21
バリアフリー　269
ハロッド-ドーマー　139
半植民地・半封建社会　20
費孝通　128
非公有企業　143
貧困基準　149
貧困救済　47

305

貧民借本所　35
富悪論　158
賦課方式　132
福祉国家　171
福祉人材　189
　——処　189
福祉政治　7, 157, 161
福祉文化　6
普恵　69
撫恤委員会　58
婦女児童工作委員会　244
婦人権利の保護と婦人生活改善委員会の設立に関する組織及び活動　57
普遍的価値　171, 173
浮浪児　237
　——の発見・保護・送還に関する緊急救助システムづくり　247
　——保護施設　246
プロレタリア階級　20
分散扶養　101
辺区（共産党根拠地）戦時工場集体合同暫定準則　56
辺区労工保護暫定条例　57
母嬰保健法　239, 242
　——実施方法　242
北師楽戸管理規則　34
北洋軍閥政権　33
保甲制度　205
母子保健　254

ま　行

未成年者犯罪予防法　240
未成年犯罪実態調査　241
未成年者保護法　239
宮本太郎　161
民営化改革　121
民営企業　143
民主社会主義　165
　——に関する論考　172
民生　75
民政救済制度　92
民生主義　78, 174
民政部　17, 33, 189

民族資本主義　25
『孟子』　85
毛沢東　1, 79
模範社区服務基準　215

や　行

友愛組合運動　28
遊民習芸所章程　34
養子縁組　243
幼稚園管理条例　253
幼稚園教育指導綱要　253
養老護理員　198
　——国家職業基準　198
養老所　43

ら・わ行

『礼記・礼運大同篇』　69, 82
劉国光　170
劉波　173
臨時救済　47
臨時約法　41
『労工福利概述』　52
老人権益保障法　279, 282
老親扶養　288
労働契約制度　121
労働互助社　59
　——組織　59
　——組織綱要　59
労働社会保障部　15, 17
労働者福利公社　13, 28
労働者保険　92
　——制度　98
労働者保護運動　24
労働法　121
　——大綱　38, 39, 54
労働保護事業　27
労働保護条例　34
老齢化　277
老齢問題全国委員会　278
ロストウ，W. W.　139
和諧社会　1, 85

欧　文

IUCW　→国際児童福祉連合
MSW　192
NPO　123

SARS 騒動　85
SOS 児童村　257
UNICEF　→国連児童基金
WTO　119

著者紹介

沈　　潔（しん・けつ）
- 1954年　中国生まれ。
- 1995年　日本女子大学社会福祉学博士取得。
  1983年（中国）華中師範大学科社研究所講師，1989年日本に留学，華中師範大学社会学部助教授，教授，1998年県立高知女子大学教授を経て，
- 現　在　日本女子大学教授。
- 主　著　『「満州国」社会事業史』ミネルヴァ書房，1996年。
  『社会福祉改革とNPOの勃興――中国・日本からの発信』（編著）日本僑報社，2003年。
  『中華圏の高齢者福祉と介護――中国・香港・台湾』（編著）ミネルヴァ書房，2007年。
  『中国の社会保障改革と日本――アジア福祉ネットワークの構築に向けて』（共編著）ミネルヴァ書房，2007年。

MINERVA社会福祉学叢書㊻

中国の社会福祉改革は何を目指そうとしているのか
――社会主義・資本主義の調和――

2014年11月30日　初版第1刷発行　〈検印省略〉

定価はカバーに
表示しています

著　者	沈	潔
発行者	杉田	啓三
印刷者	江戸	宏介

発行所　株式会社　ミネルヴァ書房
607-8494 京都市山科区日ノ岡堤谷町1
電話代表　075-581-5191
振替口座　01020-0-8076

© 沈潔, 2014　　共同印刷工業・新生製本

ISBN978-4-623-07103-6
Printed in Japan

現代中国の社会と福祉

王文亮 編著

Ａ５判／224頁／本体2500円

東アジアにおける後発近代化と社会政策

李蓮花 著

Ａ５判／310頁／本体6500円

中国における医療保障改革

久保英也 編著

Ａ５判／274頁／本体3500円

世界はなぜ社会保障制度を創ったのか

田多英範 編著

Ａ５判／396頁／本体7500円

国際比較でみる日本の福祉国家

グレゴリー・Ｊ・カザ 著／堀江孝司 訳

Ａ５判／304頁／本体4000円

———— ミネルヴァ書房 ————

http://www.minervashobo.co.jp/